Dr. Roland Dosch, Bernd Utpatel

Betrifft Sozialkunde

Lehr- und Arbeitsbuch für die Fachhochschulreife (LB 4 und 5)

2. Auflage

Bestellnummer 01070

Bildungsverlag EINS

Haben Sie Anregungen oder Kritikpunkte zu diesem Produkt?
Dann senden Sie eine E-Mail an 01070_002@bv-1.de
Autoren und Verlag freuen sich auf Ihre Rückmeldung.

www.bildungsverlag1.de

Bildungsverlag EINS GmbH
Sieglarer Straße 2, 53842 Troisdorf

ISBN 978-3-427-**01070**-8

Inhalt

Vorwort

Liebe Schülerinnen und Schüler,

das vor Ihnen liegende Lehr- und Arbeitsbuch verdankt seine Entstehung dem neuen – nach Lernbausteinen organisierten – Lehrplan Sozialkunde/Wirtschaftslehre für Rheinland-Pfalz. Inhaltlich umfasst es Lernbaustein 4 (Idee und Praxis der repräsentativen Demokratie) und Lernbaustein 5 (Gesellschaftlicher und sozialer Wandel in der Bundesrepublik Deutschland), die zusammen das politische Bildungsangebot der Berufsoberschule I auf dem Weg zur Fachhochschulreife darstellen. Dementsprechend ist das Buch in zwei große Kapitel unterteilt.

Betrachten Sie das Lehr- und Arbeitsbuch als ein Angebot, das Ihnen bei der Erreichung der BOS-I-Zielvorgaben „vernetztes Denken, werteorientiertes Verhalten und verantwortliche Mitgestaltung des öffentlichen Lebens" helfen soll. Vom Unterricht wird erwartet, dass er sich nicht nur an Inhalten und Zielen orientiert, sondern vor allem einen aktiven, selbst gesteuerten und konstruktiven Prozess des Wissenserwerbs fördert. So weit wie möglich soll dieser Prozess zudem in situative und soziale Bezüge eingebettet sein.

Angesichts dieser Erwartungen müssen sich Lehrbuchautoren mit eigenen Texten zurückhalten und Ihnen stattdessen ein möglichst breites Spektrum von Quellentexten bereitstellen. Wir wollen hinführen, überleiten, Hilfen bei der Systematisierung geben und zusammenfassen, aber keine Auseinandersetzung mit den Texten vornehmen oder gar eine Meinung vorgeben. Darin wird Ihre Leistung bestehen! Die von uns vorgesehenen Auswertungsfragen sind deshalb auch nur als Vorschläge gedacht. Auch die Wiederholungsaufgaben sind lediglich Hilfen. Alternativ können in einer Lerngruppe eigene Testfragen erstellt werden. Ziel des vorliegenden Lehrbuchs ist es, die Kompetenz zur Auswertung von Sachtexten – eine wesentliche Voraussetzung für Studierfähigkeit – zu fördern.

Die beiden Lernbausteine unterscheiden sich in ihrem Ansatz. Während die Themen des Lernbausteins 5 aus dem aktuellen politischen und gesellschaftlichen Geschehen heraus nachzuvollziehen sind, gibt es für die Thematik des Lernbausteins 4 keinen unmittelbaren Zugang. Dort geht es um Demokratietheorie im weitesten Sinne. Theorie gilt üblicherweise als trocken. Wir haben versucht, diesem Vorurteil zu entgehen, indem wir andeutungsweise den historischen Kontext aufzeigen, in dem der Demokratiegedanke entstehen und wachsen konnte – ein durchaus spannender Zusammenhang!

Wir wünschen Ihnen viel Freude und Erfolg mit diesem Buch. Kritik und Anregungen nehmen wir gerne entgegen.

Roland Dosch,
Bernd Utpatel

Lernbaustein 4

Idee und Praxis der repräsentativen Demokratie

1 Die Vertragstheorie – auf dem Weg zum demokratischen Staat

Ein Gedankenexperiment – stellen Sie sich vor:

Unzählige Menschen leben nebeneinander. Es gibt keinen Ordnungsrahmen. Sie leben völlig frei und unabhängig, aber auch ohne jeden Schutz.
Die Menschen erkennen, dass sie aufeinander angewiesen sind. Sie suchen nach einer verbindlichen Ordnung.
Es stellt sich die Frage: Wie könnte oder müsste diese Ordnung – eine politische Ordnung – aussehen?

Formulieren Sie eine Antwort. Bei der Suche danach stoßen Sie auf das Kernproblem der Vertragstheorie.

Wie schafft man eine politische Ordnung, in der Freiheit, Recht und Gerechtigkeit herrschen?

1.1 Der Absolutismus als Herausforderung für die Vertragstheorie

Nach dem Ende des Dreißigjährigen Krieges 1648 entwickelt sich in mehreren Staaten Europas ein politisches System, das als „Absolutismus" bezeichnet wird. Könige und Fürsten streben nach uneingeschränkter Herrschaft und betrachten sich als alleinige Träger der staatlichen **Souveränität**. Der Herrscher nimmt für sich das Recht in Anspruch, Gesetze zu erlassen, sie ausführen zu lassen und über ihre Einhaltung zu wachen. Er bestimmt die Höhe der Steuern und lässt sie eintreiben. Vielfach kümmert sich der Souverän auch um die Entwicklung des Handels und des Gewerbes mit dem Ziel, die staatlichen Einnahmen zu erhöhen (**Merkantilismus**).
Als das eindrucksvollste Beispiel uneingeschränkter, also absoluter Herrschaft gilt der „Sonnenkönig" Ludwig XIV. (1638–1715) in Frankreich. So wie kein Leben ohne Sonne möglich ist, sieht er sich als unersetzbaren Mittelpunkt und Beweger des Staates und der Gesellschaft. Nach seinem Selbstverständnis verkörpert der Fürst den Staat allein. Er beruft sich dabei auf den göttlichen Auftrag. Angeblich soll er gesagt haben „L'état c'est moi", „Der Staat bin ich".
Theoretisch ist der Absolutismus von dem französischen Staatsdenker **Jean Bodin** (1529–1569) untermauert worden. Er formuliert zunächst die Lehre von der Staatssouveränität, wonach der Staat „die rechte Lenkung mehrerer Haushalte und ihrer gemeinsamen Belange vermittels einer souveränen Gewalt", d.h. einer absoluten, unteilbaren und immerwährenden Macht darstelle.

Damit will Bodin keineswegs fürstlicher Willkür das Wort reden. Vielmehr verpflichtet er den absoluten Herrscher dazu, stets das Naturrecht und die göttlichen Gebote zu achten sowie Familie und Eigentum zu schützen. Diese Verpflichtung erfüllen die meisten absolutistischen Herrscher jedoch nur unzureichend. Zwar modernisieren und straffen sie im Regelfall – letztlich zur Sicherung der Staatseinnahmen – die Verwaltung mithilfe einer ergebenen Beamtenschaft, doch vielfach missbrauchen sie ihre gewaltige Machtfülle für egoistische Zwecke. Sie verweigern ihren Untertanen ein ausreichendes Maß an Freiheit und Rechtssicherheit und vergeuden die Staatseinnahmen für aufwendige Hofhaltung und andauernde Kriege.

Ludwig XIV. als „Aufgehende Sonne" 1653

- **Absolutismus:** im 17./18. Jahrhundert in Europa vorherrschende Staatsform mit uneingeschränkter Alleinherrschaft eines Monarchen
- **Merkantilismus:** wirtschaftspolitisches System im Zeitalter des Absolutismus zwecks Stärkung der Staatsmacht
- **Naturrecht:** Auffassung, wonach der vernunftbegabte Mensch von Geburt an mit unveräußerlichen Rechten ausgestattet ist

Die Idee der Aufklärung

Das absolutistische Staats- und Herrschaftsverständnis wird durch die Idee der **Aufklärung** zunehmend infrage gestellt. Am Ende des 18. Jahrhunderts beschreibt **Immanuel Kant** das Wesen der Aufklärung folgendermaßen:

M 1 Was ist Aufklärung

Aufklärung ist der Ausgang des Menschen aus seiner selbstverschuldeten Unmündigkeit. Unmündigkeit ist das Unvermögen, sich seines Verstandes ohne Leitung eines anderen zu bedienen. *Selbstverschuldet* ist diese Unmündigkeit, wenn die Ursache derselben nicht am Mangel des Verstandes, sondern der Entschließung und des Mutes liegt, sich seiner ohne Leitung eines andern zu bedienen ... Habe den Mut, dich deines *eigenen* Verstandes zu bedienen!, ist also der Wahlspruch der Aufklärung.

Faulheit und Feigheit sind die Ursachen, warum ein so großer Teil der Menschen, nachdem sie die Natur längst von fremder Leitung freigesprochen ... dennoch gern zeitlebens unmündig bleiben; und warum es anderen so leicht wird, sich zu deren Vormündern aufzuwerfen. Es ist so bequem, unmündig zu sein.

Kant, Immanuel: Was ist Aufklärung? Ausgewählte kleine Schriften, Hamburg, Felix Meiner Verlag, 1999, S. 20

1. **Worauf führt Kant die Unmündigkeit der Menschen zurück?**
2. **Interpretieren Sie die Aussage „Es ist so bequem, unmündig zu sein".**

Kant, Immanuel (1724–1804), Philosoph, lebte und lehrte in Königsberg. Nach seiner Erkenntnistheorie beginnt alle Erkenntnis mit Erfahrung.

Descartes, René (1596–1650), französischer Philosoph, Mathematiker und Naturwissenschaftler

Die Aufklärung geht davon aus, dass der Mensch berechtigt und befähigt ist, seinen eigenen Weg aufgrund der eigenen Vernunft (ratio) gehen zu können. Von dem französischen Philosophen **René Descartes** stammt der Ausspruch „Ich denke, also bin ich".

Alle glaubensgebundenen Bevormundungen durch Staat und Kirche werden somit fragwürdig. Staatliche und kirchliche Autoritäten dürfen nur dann noch Anerkennung beanspruchen, wenn sich ihr Handeln mit den Prinzipien der Vernunft begründen lässt.

Die geistige Bewegung der Aufklärung wird maßgeblich von den Erkenntnissen und Erfolgen der aufkeimenden Naturwissenschaften beeinflusst. Bahnbrechend hierfür sind die von **Isaac Newton** (1643–1727) geschaffenen theoretischen Grundlagen. Seine Erkenntnisse auf dem Gebiet der Mathematik, der Optik und sein Gravitationsgesetz lassen empirische Forschungen zu und lösen die Menschen aus der Glaubensabhängigkeit. Demzufolge wird auch das Verhältnis des Menschen zu Staat und Gesellschaft neu durchdacht. Die Berufung auf das **Naturrecht** verstärkt diesen neuen Denkansatz. Damit ist gemeint, dass der Mensch durch die Geburt mit grundlegenden Rechten ausgestattet ist, unabhängig von der jeweiligen Rechtsordnung, in die er hineingeboren wird. Gegenüber der jeweils gültigen Rechtsordnung – der **positiven Rechtsordnung** – handelt es sich bei dem Naturrecht um überpositives Recht (Recht auf Leben, Recht auf Freiheit u. a.). In diesem Zusammenhang hat die naturrechtliche Argumentation auch wesentlich zur Begründung der allgemeinen Menschenrechte beigetragen.

1.2 Die Vertragstheorie bei Thomas Hobbes und John Locke

Die englischen Philosophen Thomas Hobbes (1588–1679) und John Locke (1632–1704) gelten neben Jean-Jacques Rousseau (S. 13) zu den Hauptvertretern der **Vertragstheorie**. In einigen Abhandlungen wird die Vertragstheorie auch als **kontraktualistische Staatstheorie** bezeichnet. Für alle Vertragstheoretiker gilt, dass sie kein wirkliches Geschehen beschreiben, sondern eine „vernünftige" Begründung für die Entstehung einer – wünschenswerten – politischen Ordnung liefern wollen. Ausgangspunkt der Überlegungen ist immer ein Naturzustand, in dem die Menschen leben. Da dieser Zustand jedoch keine Rechtssicherheit bieten kann, schließen die Menschen einen Gesellschaftsvertrag. Durch freiwillige Übereinkunft wird somit ein geordnetes Zusammenleben gesichert.

Thomas Hobbes

Hobbes hat ein negatives Menschenbild: Im Naturzustand ist „der Mensch des Mensches Wolf", ein Raubtier voller Bosheit. Von Natur aus ist der Mensch, so meint Hobbes, frei in seinen Handlungen. Getrieben von dem Wunsch nach Selbsterhaltung kämpft er ständig gegen andere Menschen in einem Krieg „aller gegen alle". In dieser Bedrohungssituation sind keine besonderen Leistungen möglich, denn die Furcht beherrscht das Leben der Menschen. Eine Änderung kann nur dadurch eintreten, dass jeder Mensch auf das Recht absoluter Freiheit verzichtet, indem alle Menschen freiwillig einen Vertrag (Gesellschaftsvertrag) abschließen. Durch den Vertrag endet der Naturzustand, eine künstlich geschaffene Macht – der Staat – garantiert zukünftig ein friedliches Zusammenleben. Dieser neuen Obrigkeit gibt Hobbes den Namen **Leviathan**. Wichtig dabei ist der Gedanke, dass die friedensstiftende Obrigkeit ihre Machtfülle nicht auf Gottes Gnaden begründet – so wie die absolutistischen Herrscher –, sondern auf die vertraglich geeinten Menschen.

Es liegt deshalb nahe, Hobbes´ Vertragsidee direkt auf Demokratie beziehen zu wollen. Das ist nur eingeschränkt möglich, denn „Leviathan" ist keinerlei Beschränkungen unterworfen, wenn es um die Friedenserhaltung geht. Im Sinne des demokratischen Verständnisses fehlt hier die Machtkontrolle.

Wesentlich näher führt **John Locke** an demokratische Grundlagen heran. Für ihn ist der Naturzustand ein Zustand des „Friedens, des Wohlwollens, der gegenseitigen Hilfe und Erhaltung", aber auch ein Leben, das letztlich als Regelmechanismus nur die Privatjustiz kennt. Um deren Auswüchse zu verhindern, bedarf es einer allseits verbindlichen Ordnung zwecks Sicherung des „Eigentums", das nach Locke ein Sammelbegriff für Freiheit, Leben und Vermögen ist.

Thomas Hobbes: Leviathan. Titelblatt der Erstausgabe, London 1681

Auch bei Locke entstehen Staaten aus freiwilliger Übereinkunft. Die oberste Staatsgewalt ist die gesetzgebende Gewalt (Legislative), die einer vom Volk – nach dem Prinzip der Mehrheitsentscheidung – gewählten Versammlung anvertraut werden sollte. Um einem Missbrauch der legislativen Gewalt vorzubeugen, sieht Locke eine zweite Gewalt – die Exekutive – vor. Die Trennung der Gewalten soll verhindern, dass die Legislative eigenen Interessen folgt. Letztlich sind Legislative und Exekutive jedoch gleichermaßen vom Vertrauen des Volkes abhängig. Sobald beide Gremien nicht mehr im Sinne des Gemeinwohls handeln, können sie abberufen oder verändert werden. Notfalls kann das Volk diese Veränderung sogar gewaltsam durch eine Revolution herbeiführen.

M 1 Im Vergleich

Hobbes:

- Um den permanenten Kriegszustand zu überwinden, schließen die Menschen einen Vertrag untereinander; es gilt das Majoritätsprinzip [Majorität = Mehrheit].
- Menschen, die am Vertrag nicht teilhaben wollen, können getötet werden, da diese weiterhin im Kriegszustand leben.
- Da „Verträge ohne das Schwert nur bloße Worte“ sind, wird eine „allgemeine Gewalt“ notwendig: der Leviathan.
- Der Leviathan kann eine Einzelperson oder eine Gruppe von Menschen sein; es handelt sich um einen absolutistischen Herrscher, ein „sterblicher Gott“. Er (oder sie) hat/haben sowohl Herrschaft über die Judikative [rechtsprechende Gewalt] und Legislative als auch über die Exekutive. Der Leviathan wird auf Ewigkeit gewählt und kann nicht entmachtet werden.
- Die Menschen tauschen die Angst vor dem Tod durch andere Menschen gegen die Angst vor dem Tod durch den Leviathan, der diesen unter optimalen Bedingungen aber nur beim Verstoß gegen den Vertrag anwendet.
- Tausch von Freiheit gegen Frieden (Sicherheit).

Locke:

- Da im Naturzustand nur mangelhafter Schutz für die „Gesetze der Natur“ (und damit für das Eigentum, d. h. Leben, Besitz und Freiheit) besteht, schließen sich die Menschen zu einem politischen Körper zusammen, bei dem jedes Mitglied Freiheiten zugunsten von Sicherheiten aufgibt.
- Auch hier gilt das Majoritätsprinzip.
- Es besteht die Möglichkeit verschiedener Staatsformen (sowohl Demokratie als auch Monarchie).
- Ansätze von Gewaltenteilung.

Fouquet, René: Demokratie und Staatsvertrag. Thomas Hobbes (1588–1679), John Locke (1632–1704) [Handout], veröff. am 18.04.2006 unter: http://www.politik.uni-kiel.de/SS2006/franke/hl.pdf (Auszug)

1. Stellen Sie Gemeinsamkeiten und Unterschiede bei beiden Denkern fest.
2. Inwiefern steht Locke einem modernen Verständnis von Demokratie näher als Hobbes?

1.3 Jean-Jacques Rousseau – die Ausformung der Vertragstheorie

Sein Leben

Jean-Jacques Rousseau, geboren am 28. Juni 1712 in Genf, wächst bei Verwandten auf und entdeckt schon als Kind sein Interesse für literarische und philosophische Texte. In Lyon und Paris kommt er mit den Ideen der Aufklärung in Berührung. Aufsehen erregt er mit der Beantwortung einer wissenschaftlichen Preisfrage, ob der Fortschritt von Wissenschaft und Kunst zur Läuterung von Sitte und Moral beigetragen habe. Er verneint diese Frage. In seinem vierten Lebensjahrzehnt verfasst er seine Hauptwerke: den Erziehungsroman „Emile" (Forderung nach freier Entfaltung der Persönlichkeit) und die staatstheoretische Abhandlung „Du Contract Social" – „Vom Gesellschaftsvertrag", die fernerhin großen Einfluss auf die politische Entwicklung in Frankreich (Französische Revolution) und die Rechtsphilosophien von Kant, Hegel und Marx hat. Nach Rousseaus Vorstellungen unterstellen sich die mündigen Bürger freiwillig dem alles bestimmenden Gemeinwillen (volonté générale), ohne dadurch ihre persönliche Freiheit aufzugeben.

Jean-Jacques Rousseau

Beide Schriften fordern die entschiedene Gegnerschaft der herrschenden kirchlichen und staatlichen Autoritäten heraus und setzen ihn der Verfolgung aus. Rousseau wechselt mehrmals den Wohnort, doch nirgendwo – ob in Frankreich, England, Holland oder in der Schweiz – wird der unbequeme Philosoph längere Zeit geduldet. Er stirbt am 2. Juli 1778 einsam und verbittert.

Das Menschenbild

Ursprünglich ist der Mensch für Rousseau frei und gut. Die Menschen sind einander gleichgestellt und leben friedlich zusammen. Das Leben ist gekennzeichnet durch absolute Selbstgenügsamkeit und Selbstständigkeit. Der Einzelne ist wirtschaftlich autark und bedarf demzufolge keiner Hilfe von anderen.
Indem die Menschen jedoch Anspruch auf Eigentum erheben, beginnt der Austritt aus dem Naturzustand. Die einsetzende Arbeitsteilung in Handwerk, Handel und Landwirtschaft beschleunigt die Entwicklung hin zu Lebensverhältnissen, die durch unterschiedlich großen Besitz, Ungleichheit und Abhängigkeiten gekennzeichnet sind. Die natürliche Freiheit ist damit unwiederbringlich verloren.
Mit dem Gesellschaftsvertrag mündet das menschliche Leben in eine andere Daseinsform und -ordnung ein.

M 1 Aus dem Gesellschaftsvertrag

I. Buch, 6. Kapitel: Inzwischen haben, so scheint mir, die Widrigkeiten, die den Menschen vom Naturzustand wegtreiben, die Oberhand gewonnen über jene, die dem Einzelnen vielleicht ermöglichen würden, sich in ihm zu behaupten. Deshalb kann diese Urbefindlichkeit auch nicht aufrechterhalten werden; das Menschengeschlecht ginge zuschanden, wenn es seine Daseinsweise nicht änderte.
Nun können die Menschen freilich keine neuen Kräfte erzeugen, sondern nur die bereits existenten vereinen und lenken. Daher bleibt ihnen zu ihrer Selbsterhaltung kein anderes Mittel, als durch Zusammenschluss eine Summe von Kräften zu bilden, die alle Widrigkeiten überwinden, und diese mithilfe einer einzigen Triebfeder in Bewegung zu setzen ...
Diese Summe von Kräften entsteht nur aus dem Zusammengehen mehrerer. ... [D]er Einzelne überantwortet sich mit allen seinen Rechten völlig der Gemeinschaft. Denn erstens ist die Bedingung für alle gleich, da sich jeder ganz hergibt, und weil sie für alle gleich ist, hat, zweitens, keiner ein Interesse daran, sie für die anderen beschwerlich zu machen. ... Ferner ist die Vereinigung so vollkommen, wie sie nur sein kann, denn die Entäußerung geschieht ohne Vorbehalt, und kein Mitglied hat Zusätzliches zu fordern. ... Streicht man vom Gesellschaftspakt alles Unwesentliche fort, wird man Folgendes als seinen Kern finden: „Jeder von uns stellt im Verbund mit allen anderen seine Person und seine ganze Kraft unter die oberste Autorität des Gemeinwillens, und wir, die Körperschaft, nehmen jeden als untrennbar zum Ganzen gehörendes Einzelglied auf."
Der Vertragsschluss bewirkt augenblicklich, dass nicht mehr Einzelpersonen handeln, sondern eine moralische Gesamtkörperschaft, die aus ebenso vielen Gliedern besteht, wie die Versammlung Stimmen hat, und die durch diesen Akt (der) Einheit, ein gemeinschaftliches Ich, ein Leben und einen Willen erhält. ... Die Glieder dieses Körpers nennen ihren Bund *Staat*. ... Sie selber heißen als Gesamtheit *Volk*; einzeln nennen sie sich als Teilhaber der höchsten Gewalt *Bürger* und im Hinblick auf den Gehorsam, den sie den staatlichen Gesetzen schulden, *Untertanen*.

I,8: Der erwähnte Übergang vom Naturstand zum bürgerlichen Stand bewirkt im Menschen eine höchst bemerkenswerte Veränderung: In seinem Verhalten tritt die Gerechtigkeit an die Stelle des Instinkts, und die Sittlichkeit prägt seine Handlungen, die ihnen zuvor fehlte. Erst jetzt, da nicht mehr der physische Trieb, sondern die Stimme der Pflicht gebietet, nicht mehr das Begehren, sondern das Rechtsempfinden, sieht sich der Mensch, der bisher nur sich selbst im Auge hatte, gezwungen, nach anderen Grundsätzen zu agieren und seine Vernunft zu befragen, ehe er seinen Neigungen Gehör schenkt. ... Durch den Gesellschaftsvertrag verliert der Mensch seine *natürliche Freiheit* und das unbegrenzte Recht auf alles, wonach ihn gelüstet und was er zu erreichen vermag; er erhält die *bürgerliche Freiheit* und das Eigentum an allem, was er besitzt. ... [H]ier die natürliche Freiheit, die keine anderen Grenzen kennt als die der Kräfte des Individuums, dort die bürgerliche Freiheit, die durch den Gemeinwillen ihre Beschränkung erfährt.

Rousseau, Jean-Jacques: Der Gesellschaftsvertrag oder Prinzipien des Staatsrechts, übers. v. Ulrich Bossier, hrsg. v. Peter Godman, Wiesbaden, Marix Verlag, 2006, S. 42 ff., S. 50 f.

1. **Warum und wodurch kommt der Gesellschaftsvertrag zustande?**
2. **Welche Bedeutung hat der Gesellschaftsvertrag für die Vertragspartner?**
3. **Erklären sie den Unterschied zwischen „natürlicher Freiheit" und „bürgerlicher Freiheit".**

Der Staat entsteht durch den freien Entschluss der Menschen. Im Gesellschaftsvertrag (Contract Social) werden die vielen Einzelwillen zum Gesamtwillen oder Gemeinwillen (Volonté Générale) gebündelt. Der Gesellschaftsvertrag und der Gemeinwille sind nach Rousseau die Fundamente der geordneten Gesellschaft: des Staates. Der Staat wird erst durch den Willen aller Gesellschaftsmitglieder zum Souverän (Herrscher). Die Gemeinschaft der Vertragsschließenden wird so selbst zum Souverän. Insofern sind nach Rousseau alle „Glieder des Staates" gleichermaßen an der Herrschaft beteiligt. Nach seiner Vorstellung unterwirft sich somit jedes Gesellschaftsmitglied sich selbst. Herrscher und Beherrschte bilden eine Einheit. Daraus ergeben sich Rechte und Pflichten.

M 2 Aus dem Gesellschaftsvertrag

I. Buch, 7. Kapitel: Der Akt des Zusammenschlusses beinhaltet ... eine gegenseitige Verpflichtung zwischen der Öffentlichkeit und den Einzelnen, wobei jeder Einzelne, indem er gewissermaßen mit sich selbst einen Vertrag macht, sich doppelt verpflichtet: erstens als Glied des Souveräns gegenüber dem Einzelnen, zweitens als Glied des Staates gegenüber dem Souverän. ...
Sobald sich die Menge wie geschildert zu einem Körper vereint hat, kann man kein Glied desselben verletzen, ohne den ganzen Körper anzugreifen; noch weniger kann man den Körper verletzen, ohne dass alle Glieder litten. Dergestalt zwingen Pflicht und Interesse beide Vertragsparteien gleichermaßen zu gegenseitiger Hilfe, und dieselben Menschen müssen versuchen, in dieser Doppelbeziehung alle Vorteile zu vereinen, die sie hergibt. ...
Tatsächlich kann jedes Individuum als Mensch einen Sonderwillen haben, der dem Gemeinwillen, den er als Bürger hat, zuwiderläuft oder partiell von diesem abweicht. Sein Privatinteresse gibt ihm möglicherweise etwas ganz anderes ein als das Gesamtinteresse; sein selbstständiges und naturgemäß unabhängiges Wesen verführt ihn vielleicht, das, was er der gemeinsamen Sache schuldet, als einen überflüssigen Beitrag anzusehen, welchen er getrost verweigern dürfe ... Damit aber der Gesellschaftspakt keine leere Form bleibe, enthält er stillschweigend diese bindende Bestimmung, die allein den anderen Bestimmungen Gewicht verleiht: Wer dem Gemeinwillen den Gehorsam verweigert, wird von der gesamten Körperschaft dazu gezwungen. Was nichts anderes heißt, als dass man ihn zwingt, frei zu sein.

Rousseau, Jean-Jacques: Der Gesellschaftsvertrag oder Prinzipien des Staatsrechts,übers. v. Ulrich Bossier, hrsg. v. Peter Godman, Wiesbaden, Marix Verlag, 2006, S. 46 ff.

1. **Inwiefern geht jeder Einzelne mit dem Gesellschaftsvertrag eine doppelseitige Selbstverpflichtung ein?**
2. **Beurteilen Sie den Ausspruch Rousseaus, wonach der Einzelne gezwungen werden könne, „frei zu sein".**

Der Gemeinwille

Im Verlauf der weiteren Abhandlung zum Gesellschaftsvertrag (Gesellschaftspakt) wird sichtbar, welche zentrale Bedeutung der Gemeinwille (Volonté Générale) im Denken Rousseaus einnimmt. Der Gemeinwille ist bei ihm das Ergebnis des Gesellschaftsvertrages und die Legitimierung (Rechtfertigung) der Herrschaftsausübung durch die Gemeinschaft (Staat). In diesem Zusammenhang führt er den Begriff **Souveränität** ein.

M 3 Aus dem Gesellschaftsvertrag

II. Buch, 1. Kapitel: Die erste und wichtigste Konsequenz aus den oben erstellten Prinzipien lautet: Allein der Gemeinwille kann die Kräfte des Staates gemäß dem Zweck seiner Einrichtung leiten, nämlich dem Gesamtwohl. ... Ich behaupte deshalb, dass die Souveränität, da sie nichts anderes ist als die Ausübung des Gemeinwillens, niemals veräußert werden und der Souverän, der nichts anders ist als ein Gesamtwesen, nur durch sich selbst vertreten werden kann; ...
II, 2: Was die Souveränität unveräußerlich macht, bedingt auch ihre Unteilbarkeit. Denn der Wille ist entweder allgemein, oder er ist es nicht; er ist entweder Ausdruck der Gesamtheit des Volkes oder nur der eines Teils davon. Im ersten Fall beinhaltet dieser erklärte Wille einen Akt der Souveränität und hat Gesetzeskraft. Im zweiten Fall – als ... Sonderwillen – wäre er nur ein Verwaltungsakt, höchstens eine Verordnung. ...
II, 3: Aus dem Vorigen folgt, dass der Gemeinwille stets auf dem rechten Weg ist und das öffentliche Wohl im Blick hat. Dies heißt jedoch nicht, dass die Beschlüsse des Volkes immer von gleicher Billigkeit wären. Wir wollen immer, was uns zum Vorteil gereicht, aber wir erkennen es nicht immer. ...
II, 4: Wie die Natur jedem Menschen unbeschränkte Gewalt über all seine Glieder gegeben hat, so gibt der Gesellschaftspakt dem politischen Körper unbeschränkte Gewalt über all die seinen. Ebendiese vom Gemeinwillen geleitete Gewalt nun trägt ... den Namen *Souveränität.*

Rousseau, Jean-Jacques: Der Gesellschaftsvertrag oder Prinzipien des Staatsrechts, übers. v. Ulrich Bossier, hrsg. v. Peter Godman, Wiesbaden, Marix Verlag, 2006, S. 59, 61, 64, 66

1. **Wie definiert Rousseau „Souveränität"?**
2. **Welches sind die besonderen Merkmale der Souveränität?**

Praktische Umsetzung und Ziel des Gemeinwillens

Im Folgenden führt Rousseau aus, wie er sich die Umsetzung des Gemeinwillens in der gesellschaftlich-politischen Praxis vorstellt und welches Ziel damit verbunden ist. Er ist sich dabei durchaus bewusst, dass es in der Demokratie, in der nach seinem Verständnis die gesetzgebende Gewalt (Legislative) und ausführende Gewalt (Exekutive) eine Einheit bilden, große praktische Schwierigkeiten zu überwinden sind. Eine Gewaltenteilung, so wie sie von französischen Staatsphilosophen **Charles Montesquieu** (1689–1755) gefordert wird, verstößt nach Rousseaus Auffassung gegen die Grundlage des Gesellschaftsvertrages.

M 4 Aus dem Gesellschaftsvertrag

II. Buch, 6. Kapitel: Durch den Gesellschaftsvertrag haben wir dem politischen Körper Dasein und Leben gegeben; nun ist ihm durch das Gesetz Antrieb und Willen zu verleihen. ... Wir benötigen deshalb Abmachungen und Gesetze, um Pflichten und Rechte miteinander zu verbinden und der Gerechtigkeit ein Ziel zu geben. ...

II, 11: Wenn man untersucht, worin das höchste Wohl aller genau besteht, das den Endzweck jeder Art Gesetzgebung bilden soll, wird man finden, dass es sich auf zwei Hauptwerte zurückführen lässt: *Freiheit* und *Gleichheit* ...

III. Buch, 1. Kapitel: Wir haben schon erörtert, dass die Legislative dem Volk gehört und nur ihm gehören kann. Demgegenüber ersieht man aus den oben aufgestellten Grundsätzen leicht, dass die Exekutive nicht der gesetzgebenden und souveränen Allgemeinheit übertragen werden kann. ... Die Staatsgewalt braucht folglich einen eigenen Organisator, der ihre Kräfte bündelt und sie gemäß den Weisungen des Gemeinwillens ins Werk bringt. Dieser Organisator stellt die Verbindung zwischen Staat und Souverän her. Er bewirkt quasi für die öffentliche Person, was die Vereinigung von Seele und Leib für den Menschen bewirkt. Diesen Sinn hat die Regierung im Staat; sehr zu Unrecht verwechselt man sie oft mit dem Souverän: Sie ist nur dessen Diener.
Was muss man also in einer Regierung sehen? Eine vermittelnde Körperschaft zwischen Untertanen und Souverän, eingesetzt zur gegenseitigen Abstimmung, beauftragt mit dem Vollzug der Gesetze und dem Erhalt der bürgerlichen wie der politischen Freiheit. ...

III, 13: Es reicht nicht, wenn das Volk die Verfassung des Staates einmal durch Bestätigung eines Gesetzeswerkes absegnet; es reicht nicht, wenn das Volk einmal bestimmt, wie eine Regierung gebildet wird und wie deren Amtsträger zu wählen seien. Vielmehr müssen immer wieder Versammlungen stattfinden, und zwar regelmäßig, zu festen Terminen, die niemals aufgehoben oder verlegt werden dürfen. ...

III, 15: Souveränität aber kann nicht vertreten werden, und zwar aus dem gleichen Grunde nicht, der auch ihre Veräußerung hindert: Sie besteht wesentlich im Gemeinwillen, und ein Wille lässt sich nicht vertreten – er ist derselbe oder ein anderer; dazwischen gibt es nichts. Die Abgeordneten des Volkes sind also nicht seine Vertreter, noch können sie es sein; sie sind nur seine Beauftragten. Ein Mandat, endgültige Beschlüsse zu treffen, haben sie nicht. Jedes Gesetz, welches das Volk nicht ausdrücklich bestätigt hat, ist nichtig; ja, es ist überhaupt kein Gesetz. ...
Da das Gesetz nur Bekundung des Gemeinwillens ist, liegt auf der Hand, dass das Volk als Legislative nicht vertreten werden kann; dagegen kann und muss es sogar vertreten werden als Exekutive, die nur die gemäß dem Gesetz angewandte Gewalt ist. ...

III, 18: Der Akt, der eine Regierung installiert, ist kein Vertrag, sondern ein Gesetz. Die Träger der Exekutive sind nicht Herren, sondern Beamte des Volkes. Das Volk darf sie ein- und absetzen, wie es ihm gefällt. ...

IV. Buch, 2. Kapitel: Je mehr Übereinstimmung bei den Versammlungen herrscht, d. h. je näher die Meinungen der Einmütigkeit kommen, umso stärker dominiert auch der Gemeinwille. ...

Rousseau, Jean-Jacques: Der Gesellschaftsvertrag oder Prinzipien des Staatsrechts, übers. v. Ulrich Bossier, hrsg. v. Peter Godman, Wiesbaden, Marix Verlag, 2006, S. 76 f., 100, 109 f., 163, 170, 171, 178, 189

Werten Sie die vorstehenden Auszüge aus und formulieren Sie hierzu entsprechende Fragen, z. B.
1. **Worin sieht Rousseau das Ziel der Gesetzgebung?**
2. **Welche rechtliche Stellung hat – nach Rousseau – die Regierung?**
3. **Welche Funktion billigt Rousseau den Abgeordneten zu?**

Rousseaus Einfluss und Wirkung

Rousseau übt mit seiner politischen Theorie großen Einfluss auf seine Zeit aus. Seine Forderung, wonach der Einzelne als Teil des Gesamtwillens zugleich Träger der einzig legitimierenden Souveränität sein solle, wird als revolutionär und – von den zeitgenössischen Machthabern – gefährlich empfunden. Bald nach seinem Tod werden seine Ideen in der **Französischen Revolution** (S. 37) begierig aufgegriffen. Die revolutionären Parolen „Freiheit, Gleichheit, Brüderlichkeit", denen das absolutistische Denken nichts entgegenzusetzen hat, sind darauf zurückzuführen. Allerdings missbrauchen in der radikalen Phase der Revolution die diktatorisch agierenden **Jakobiner** Rousseaus Denken, indem sie in seinem Namen unbedingte Gleichheit aller einfordern und vorgeben, durch den „Wohlfahrtsausschuss" den Gemeinwillen zum Ausdruck zu bringen. Bereits hier zeigt sich die Anfälligkeit von Rousseaus Staatstheorie für ideologischen Missbrauch.

Jakobiner: Mitglieder des radikalsten politischen Clubs der Französischen Revolution. Ihr Erkennungszeichen war eine rote Wollmütze (Jakobinermütze), ein antikes Freiheitssymbol.

Rousseau vertritt eine **identitäre Demokratie**, eine Regierungs- und Staatsform, die von der Übereinstimmung von Regierenden und Regierten ausgeht. In Erweiterung dieser Grundüberlegung ergeben sich folgende Eckpunkte einer umfassenden **Identitätstheorie**.

M 5

Grundsätze	Identität von Regierenden und Regierten	Plebiszit (Volksabstimmung)
	Imperatives Mandat (Abgeordnete gebunden)	Homogener (einheitlicher) Volkswille
	Objektives, einheitliches Gemeinwohl	
Anwendung	Autoritäre Staatslehre (Extremfall: Führerstaat)	Radikale Demokratie (Extremfall: kommunistische Diktatur)
Kritik	Erziehungsdiktatur (Aufzwingen von Werten)	Zwanghafte Gemeinwohlorientierung

Jesse, Eckhard: Was ist Demokratie?, in: Parlamentarische Demokratie 1, Informationen zur politischen Bildung, Heft 227/2000 (Neudruck), S. 2 (gekürzt)

Die Absolutheit des Gemeinwillens gegenüber individuellen Interessen birgt vom theoretischen Anspruch her die Gefahr in sich, dass radikale Kräfte diesen Begriff missbrauchen, um ihre Machtinteressen durchzusetzen. Rousseaus Lehre vom Gesellschaftsvertrag eignet sich dann gut als theoretisches Alibi. Zwangsmaßnahmen gegen „Abweichler" können mit dem Hinweis auf den überragenden Gemeinwillen gerechtfertigt werden, eine Interpretation, die Rousseau allerdings niemals gebilligt hätte!

Zudem dürfte Rousseaus Staatsmodell schon aus praktischen Gründen zum Scheitern verurteilt sein. Die Grundlegung eines einheitlichen Willens erscheint utopisch und unrealistisch. Die Form der Vollversammlungsherrschaft ließe sich allenfalls in sehr kleinen, überschaubaren politischen Einheiten durchsetzen. Seine Gedanken werden in der Folgezeit jedoch immer wieder aufgenommen, indem die direkte Beteiligung der Bürgerinnen und Bürger in den Mittelpunkt der demokratischen Überlegungen (direkte Demokratie) gestellt wird.

M 6 Anwendbar auf heute?

Rousseaus Staat ist ein kleiner und zugleich möglichst autarker Staat. Im Zeitalter der (vor allem wirtschaftlichen) Globalisierung somit eigentlich ein Auslaufmodell. Genauso wie *Rousseau* – bei seinem Entwurf – das Eigentum als ein bestehendes Faktum berücksichtigen musste, ist heute die wirtschaftliche Globalisierung und auch die Herausbildung von multinationalen Staatengemeinschaften zu beachten. Sind beispielsweise die überwiegende Mehrzahl der Einzelstaaten der *EU* schon zu groß für einen Staat *Rousseauscher* Prägung, so wird sein Modell spätestens für die übergeordnete Struktur der *EU* indiskutabel. Wer tatsächliche Volkssouveränität auf ein solches Gebilde anwenden möchte, dem bleibt es überlassen ein entsprechendes Modell zu entwickeln, eine Berufung auf *Rousseau* ist in jedem Fall unredlich.
Es ist allerdings diskussionswürdig, inwieweit *Rousseaus* Ansätze nicht spätestens auf Ebene der Kommunen Berücksichtigung finden könnten.

Egert, Hubertus: Der Gleichheitsbegriff bei Jean-Jacques Rousseau. Eine Betrachtung auf Grundlage der „Abhandlung über die Ungleichheit“ und des „Gesellschaftvertrags“, Zugriff am 22.01.2009 unter: http://www.hubertus-egert.de/texte/rousseau.php

Ungeachtet des möglichen Missbrauchs der praktischen Undurchführbarkeit ist es das große Verdienst Rousseaus, entschiedener und konsequenter als andere Vertragstheoretiker auf die Grundlage staatlicher Legitimation hingewiesen zu haben. Indem er den Ausgangspunkt der Souveränität unabdingbar im Bürger verankerte, lieferte er einen wesentlichen Baustein für das moderne Demokratieverständnis.

1.4 Ein fiktives Streitgespräch: Wozu braucht man einen Staat?

Stellen Sie sich vor, Thomas Hobbes, John Locke und Jean-Jacques Rousseau kämen zu einer Fernsehdiskussion zusammen ...

M 1

Moderator: Meine sehr verehrten Damen und Herren, willkommen zur heutigen Ausgabe unserer Sendereihe „Forum Philosophie“. Diesmal geht es um die Frage: Wozu braucht man eigentlich einen Staat? Ich freue mich, dass es uns gelungen ist, drei der bedeutendsten Staatsphilosophen in unser Studio zu holen. Ich begrüße den Franzosen Jean-Jacques Rousseau, den Engländer John Locke und seinen Landsmann Thomas Hobbes. Herr Hobbes, zunächst zu Ihnen. Sie gelten als Begründer der modernen Staatsphiloso-

phie. Ihr politisches Hauptwerk, das 1651 veröffentlicht wurde, haben Sie „Leviathan“ genannt. Was soll dieser rätselhafte Titel eigentlich bedeuten?

Hobbes: Nun, zu meiner Zeit kannten sich die Menschen noch im Alten Testament aus. Dort wird in den Büchern Hiob und Jesaja, auch in den Psalmen, ein Meeresungeheuer namens Leviathan – eine Art Schlange oder Drache – erwähnt, das den Menschen Furcht und Schrecken einjagt. Ich habe dieses Ungeheuer als Sinnbild für die Staatsgewalt benutzt. Der Staat verbreitet als höchste irdische Macht Furcht und Schrecken und unterwirft sich dadurch alle anderen Mächte.

Moderator: Das ist ja eine ganz andere Auffassung vom Staat als die des antiken Philosophen Aristoteles, die bis ins Mittelalter hinein gültig war. Für Aristoteles, der den Menschen als soziales Wesen ansieht, ist der Staat nichts Furchterregendes, sondern gewissermaßen die Erfüllung des Menschseins.

Hobbes: Ja, sie haben vollkommen recht. Aber ich betrachte den Menschen nicht mehr als soziales Wesen, sondern gehe vom einzelnen Menschen und seiner individuellen Freiheit aus. Niemand ist von Natur aus einem anderen untertan, sodass jegliche Einschränkung dieser Freiheit, eben auch durch den Staat, nur gerechtfertigt ist, wenn ihr jeder einzelne Bürger zustimmen kann. Ich wollte im „Leviathan“ zeigen, dass der Staat, der Furcht und Schrecken verbreitet, letztlich auf der Zustimmung aller Menschen beruht.

Moderator: Können Sie Ihre Argumente hier noch einmal wiederholen?

Hobbes: Sehen Sie: Um die Existenz des Staates zu rechtfertigen, gehe ich vom Naturzustand aus, also vom Gegenteil dessen, was ich beweisen will.

Moderator: Aber einen solchen Zustand gibt es doch nirgendwo mehr auf der Erde. Wo leben Menschen denn noch unter natürlichen Verhältnissen?

Hobbes: Sie haben mich nicht richtig verstanden. Mit Naturzustand meine ich nicht einen primitiven Entwicklungszustand, in dem die Menschen noch ohne technische Hilfsmittel auskommen müssen. Darunter verstehe ich vielmehr den Zustand, in dem die Menschheit sich befindet, wenn es keinen Staat gibt, also einen Zustand ohne Herrschaft, ohne Gesetze usw. Außerdem handelt es sich dabei ja um ein Gedankenexperiment. Ich nehme einen solchen Zustand ohne Staat an, um zu untersuchen, welche Mängel dann auftreten würden. Daraus ließe sich dann ableiten, wozu ein Staat notwendig ist. Ich gehe davon aus, dass alle Menschen einer staatlichen Autorität zustimmen würden, wenn sie diese Mängel abstellen könnte.

Moderator: Mmh, ich verstehe. Und um welche Mängel handelt es sich denn?

Hobbes: Der Naturzustand ist für mich gekennzeichnet durch einen „Krieg eines jeden gegen jeden". Damit will ich nicht sagen, dass Menschen ohne Staat immer in einem Kriegszustand leben würden, aber sie ständen sich misstrauisch und feindselig gegenüber und wären jederzeit bereit, mit Waffengewalt aufeinander loszugehen. Um es bildlich auszudrücken: Der Mensch ist dem Menschen ein Wolf ...

Rousseau: ... aber das ist doch Unsinn, der Mensch ist von Natur aus gar nicht egoistisch und bösartig, wie ich in meinem „Diskurs über den Ursprung und die Grundlagen der Ungleichheit der Menschen" gezeigt habe.

Moderator: Herr Rousseau, bitte lassen Sie Herrn Hobbes ausreden. Sie werden gleich Gelegenheit haben, Ihre Position darzulegen.

Hobbes: Doch, Herr Rousseau, wenn man es realistisch betrachtet, sind die Menschen vor allen Dingen an ihrem eigenen Wohlergehen interessiert, sie sind Egoisten. Dieses – wenn Sie so wollen, pessimistische – Menschenbild habe ich während der langen Zeit des Bürgerkrieges in meinem Land gewonnen, der meine Existenz bedrohte und mich 1640 dazu bewog, für zehn Jahre ins Exil nach Frankreich zu gehen. – Eine zweite Voraussetzung, die ich mache, besteht darin, dass die Natur die Menschen annähernd gleich geschaffen hat. Auch der Schwächste ist noch stark genug, den Stärksten zu töten, wenn er sich einer List bedient oder sich mit anderen verbündet. Daraus folgt, dass im Naturzustand niemand einen Vorteil für sich beanspruchen kann, den nicht ein anderer ebenso gut für sich verlangen könnte. Wenn es keinen Staat gibt, dann hat eben jeder ein Recht auf alles. Und so kommt es zu Konkurrenz und Streit, eben zu dem, was ich „Krieg eines jeden gegen jeden" genannt habe.

Moderator: Wie ließe sich ein solcher Krieg denn vermeiden?

Hobbes: Der alleinige Weg dazu besteht in der Errichtung einer allgemeinen Gewalt, d. h. in der Errichtung eines Staates. Ich habe diesen Geburtsakt des Staates als Gesellschaftsvertrag bezeichnet. Er darf nicht mit dem Herrschaftsvertrag verwechselt werden, der zwischen dem Fürsten und dem Volk abgeschlossen wird. Den Gesellschaftsvertrag gehen die Bürger untereinander, nicht mit dem Herrscher, ein. Wenn die Ursache des Krieges das Recht auf alles ist, dann müssen die Menschen, um Frieden zu halten, untereinander einen Vertrag schließen, in dem sie erklären, dass sie auf dieses Recht auf alles verzichten, und ihre Macht auf einen Menschen, den Souverän, übertragen. Der Souverän ist durch seine Macht in der Lage, sie vor gegenseitigen Übergriffen und auch vor den Angriffen Fremder zu schützen. Diese Aufgabe kann übrigens auch von einer Versammlung von Menschen übernommen werden.

Moderator: Gehen Sie wirklich davon aus, dass Menschen freiwillig auf ihre Rechte verzichten?

Hobbes: Ja, denn selbst ein Egoist sieht ein, dass es für ihn auf lange Sicht vorteilhafter ist, in Frieden und Sicherheit zu leben als in ständiger Todesfurcht, die er im Kriegszustand ja haben muss. Und ein Egoist möchte ja möglichst angenehm leben, wozu der Friede eine Voraussetzung ist.

Moderator: Aber was geschieht, wenn sich einige Menschen ausschließen und nun den Vertrag nicht unterzeichnen?

Hobbes: Das wäre in der Tat ein Problem. Ein Mensch wird ja nur dann bereit sein, auf etwas zu verzichten, wenn alle anderen dies auch tun und keinen Vorteil daraus ziehen, dass er sein Recht aufgibt. Aber eben deshalb kann sich auch jeder ausrechnen, dass der Vertrag erst gar nicht zustande käme, wenn nicht alle – mit Ausnahme des Souveräns – auf ihre Rechte verzichten würden. – Ich muss Sie jedoch noch einmal daran erinnern, dass wir uns hier in einem Gedankenexperiment befinden. Der Vertrag wird ja nicht wirklich abgeschlossen. Ich glaube aber nun gezeigt zu haben, dass alle Menschen, wenn sie darüber nachdenken würden, einem solchen Vertrag zustimmen würden. Und daraus leite ich ab, dass man unterstellen kann, dass ein Staat gerechtfertigt ist.

Moderator: Ich verstehe. Und wie groß ist Ihrer Ansicht nach die Macht des Staates?

Hobbes: Das ergibt sich aus dem, was bisher gesagt wurde. Solange der Staat den Bürgern Frieden und Sicherheit garantiert, schulden sie ihm totalen Gehorsam. Kein Mensch hat das Recht, dem Willen des Souveräns Widerstand zu leisten, auch dann nicht, wenn er sich ungerecht behandelt fühlt. Der Souverän kann nicht einmal zur Rechenschaft gezogen werden, wenn er einen Menschen unschuldig hinrichten lässt, wenn er glaubt, dass dies im Interesse des Friedens nötig ist. Die Gehorsamspflicht der Untertanen endet erst dann, wenn der Staat seiner Aufgabe der Friedenssicherung nicht mehr nachkommen kann.

Rousseau: Skandalös! Damit könnte man ja sogar eine absolute Monarchie rechtfertigen. Das ist für mich als Demokrat überhaupt nicht akzeptabel. Und damit, dass die Bürger keine Freiheiten und Rechte haben, kann doch niemand einverstanden sein.

Hobbes: Aber bedenken Sie doch: Nur ein starker Staat kann wirklich Frieden stiften. Das ist jedenfalls mein Fazit aus den Wirren des Bürgerkrieges in meinem Land, der 1649 erst durch die Diktatur Cromwells beendet werden konnte. Gegenüber dem Terror der Anarchie erscheint mir die Gefahr der Despotie als das weitaus geringere Übel.

Moderator: Ich bin mir nicht sicher, ob diese Alternative richtig ist. – Aber nun zu Ihnen, Herr Locke. Sie gelten mit ihren „Zwei Abhandlungen über die Regierung" von 1689/90 als Begründer des Liberalismus und als einer der Wegbereiter der amerikanischen Verfassung. Was halten Sie von den staatsphilosophischen Überlegungen Ihres Kollegen Hobbes?

Locke: Ich beurteile sie sehr zwiespältig. Die Rechtfertigung des Staates durch den Gesellschaftsvertrag ist für mich eine der genialsten Ideen der politischen Philosophie, darin bin ich Hobbes gefolgt. Aber ich habe eine ganz andere Auffassung vom Naturzustand – und daraus ergibt sich für mich auch eine ganz andere Sicht des Staates. Selbst ein Zustand ohne staatliche Autorität ist für mich noch kein zügelloser Zustand, denn es gibt natürliche Rechte und Pflichten. Die Vernunft, wenn sie denn nur zu Rate gezogen wird, lehrt die Menschen, dass niemand den anderen töten, verletzen, bestehlen oder seiner Freiheit berauben darf. Denn wenn alle Menschen gleich sind, muss ich das, was ich für mich in Anspruch nehme, auch den anderen zubilligen: also das Recht auf Leben und körperliche Unversehrtheit, das Recht auf Freiheit und das Recht auf Eigentum.

Moderator: Die Menschenrechte?

Locke: Ja, ich habe sie „natürliche Rechte" genannt. Das sind unveräußerliche Rechte, die jedem Menschen als Menschen zukommen, also nicht erst durch den Staat verliehen werden, sondern schon im Naturzustand existieren.

Moderator: Aber wo gibt es dann noch Probleme im Zusammenleben der Menschen, wenn es schon im Naturzustand diese Rechte und ihnen entsprechende Pflichten gibt?

Locke: Sehen Sie: Die natürlichen Rechte, so wie die Vernunft sie uns eingibt, sind allgemein und abstrakt. Da die Rechte nicht eindeutig formuliert sind, kann es bei der Anwendung Probleme geben. Es kann Streit darüber entstehen, wie diese Rechte im konkreten Einzelfall zu interpretieren sind, besonders, wenn die Kontrahenten parteiisch sind. Ferner ist es möglich, dass es Probleme gibt, diese Rechte gegen Widerstände durchzusetzen, sodass jemand zwar im Recht ist, aber nicht Recht bekommt.

Moderator: Und welche Aufgaben des Staates ergeben sich daraus?

Locke: Das liegt doch nun auf der Hand: Der Staat hat die Aufgabe, die natürlichen Rechte durch eindeutig formulierte Gesetze zu konkretisieren. Er hat ferner darüber zu wachen, dass diese Gesetze auch eingehalten werden. Und im Streitfall braucht er Richter, die Gesetze unparteiisch auslegen. Wenn man dies zusammenfasst, könnte man sagen: Der Staat hat die Aufgabe der Sicherung der natürlichen Rechte.

Moderator: Darf der Staat eigentlich selber gegen diese Rechte verstoßen?

Locke: Nein, auf keinen Fall. Auch der Staat muss die natürlichen Rechte beachten, die dem Menschen ja schon im Naturzustand zukommen. Das Gewaltmonopol des Staates stellt aber aus meiner Sicht – darin unterscheide ich mich von Herrn Hobbes – eine große Gefahr für die Freiheit der Bürger dar. Deshalb muss man den Staat so einrichten, dass die Bürger vor Machtmissbrauch geschützt werden. Das ist eine der Grundforderungen des Liberalismus.

Moderator: Wie wollen Sie das erreichen?

Locke: Durch Gewaltenteilung. Die Legislative, d. h. die gesetzgebende Gewalt, und die Exekutive, das ist die Gewalt, die den Gesetzen Anerkennung verschafft, müssen getrennt sein, und die Legislative muss einer Kontrolle unterzogen werden können. Ich denke da an eine gesetzgebende Versammlung, die vom Volk abberufen oder geändert werden kann, wenn sie dem in sie gesetzten Vertrauen zuwiderhandelt. Mein französischer Kollege Montesquieu hat den Gedanken der Gewaltenteilung übrigens weiterentwickelt und auf die richterliche Gewalt, die Judikative, ausgedehnt. So kann die Freiheit der Bürger wirksam geschützt werden.

Rousseau: Unglaublich! Dieser sogenannte Liberalismus hat doch nicht wirklich etwas mit Freiheit zu tun, sondern ist nichts anderes als eine Rechtfertigung der bürgerlichen Klasse. Freiheit bedeutet für Sie, Herr Locke, doch nur die Freiheit der Reichen und Besitzenden. Ihr Staat ist nichts anderes als ein „Nachtwächterstaat", der darüber wacht, dass den wohlhabenden Bürgern nichts gestohlen wird. Für mich hat ein Mensch nicht nur das Recht, dass ihm nichts weggenommen wird, sondern einen positiven Anspruch auf Eigentum. Das bedeutet, dass die gesellschaftlichen Güter an alle Menschen gleich verteilt werden müssen, dass der Staat die Aufgabe hat, den Unterschied zwischen Arm und Reich aufzuheben.

Moderator: Nachdem Sie sich nun schon wieder einmal dazwischengedrängt haben, nun also zu Ihnen, Herr Rousseau. Wenn ich Sie auch kurz vorstellen darf: Sie gelten als einer der geistigen Väter der Französischen Revolution, jedenfalls haben die Revolutionäre sich auf Ihre Ideen berufen. Wie wir ja schon alle gehört haben, lehnen Sie die Gedanken von Hobbes und auch Locke radikal ab. Da verwundert es mich sehr, dass Ihr politisches Hauptwerk den Titel „Vom Gesellschaftsvertrag" trägt.

Rousseau: Das ist aber auch die einzige Gemeinsamkeit mit diesen beiden Herren, ansonsten möchte ich mit ihnen nichts zu tun haben. Und ich behaupte, dass ich der Einzige bin, der die Idee des Gesellschaftsvertrages richtig verstanden hat. Wie ich schon gesagt habe, geht es mir um die Freiheit des Menschen. Und da ist mir damals – im Jahr 1762 – Folgendes aufgegangen: Im Naturzustand ist der Mensch vollkommen frei. Wo ich aber auch hinsah: Überall war der Mensch in Ketten. Das Grundproblem der politischen Philosophie lautet daher: Wie kann man eine Staatsform finden, die den Einzelnen schützt, in der er aber seine Freiheit nicht aufgeben muss?

Hobbes: Das ist doch unmöglich!

Rousseau: Nein, es ist möglich, wenn mehrere Voraussetzungen erfüllt sind, von denen ich hier aus Zeitgründen nur zwei erläutern kann. Die erste Voraussetzung ist die, dass bei Vertragsschluss alle Menschen wirklich gleich behandelt werden, ohne eine einzige Ausnahme. Daher darf es nicht – wie bei Hobbes – einen Souverän geben, der außerhalb des Gesellschaftsvertrages steht, der nicht auf seine Rechte verzichtet, sondern auf den alle Rechte übertragen werden. Nicht die Willkür eines Souveräns soll das staatliche Handeln lenken, sondern der „allgemeine Wille". In politischen Fragen muss der Wille des Volkes maßgeblich sein; die Idee des Gesellschaftsvertrages führt also notwendig zur Demokratie. Darunter verstehe ich direkte Befragung aller Bürger bei allen politischen Beschlüssen. Nur so kann die natürliche Freiheit der Bürger im Staat erhalten bleiben: Wenn der staatliche Wille und der Wille des Einzelnen übereinstimmen, ist jeder frei, weil er, indem er dem Staat gehorsam ist, letztlich nur seinem eigenen Willen folgt.

Locke: Aber wenn man die Bürger in Abstimmungen befragt, dann ergeben sich doch sehr viele unterschiedliche Meinungen, dabei kommt doch kein einheitlicher Wille heraus. Und das ist ja auch ganz verständlich, weil die Interessen der Menschen ganz verschieden sind. Ein Fabrikant beispielsweise hat doch ganz andere Interessen als ein Arbeiter.

Rousseau: In diesem Punkt gebe ich Ihnen recht. Der allgemeine Wille ist nicht identisch mit der Summe der Einzelwillen. Und damit komme ich auch zu meiner zweiten Voraussetzung. Wenn die unterschiedlichen Willen wirklich auf unterschiedlichen Interessen beruhen, dann müssen wir eben dafür sorgen, dass Interessenunterschiede erst gar nicht entstehen. Und wenn diese Interessenunterschiede von unterschiedlichen Besitzverhältnissen herrühren, dann müssen wir dafür sorgen, dass alle das Gleiche besitzen. Deshalb ist es beim Gesellschaftsvertrag notwendig, dass die Menschen sich nicht nur ihrer Rechte entäußern, sondern auch ihres Besitzes. Für den Staat ergibt sich daraus die Aufgabe, die gesellschaftlichen Güter gleich zu verteilen. Unter dieser Voraussetzung, dass alle das Gleiche besitzen, gäbe es keine unterschiedlichen Interessen, sondern nur noch ein gemeinsames Interesse an der gemeinschaftlichen Sicherung des Lebens. Und so wären dann Herrschaft des allgemeinen Willens und damit Erhaltung der natürlichen Freiheit im Staat möglich.

Hobbes: Diese Ideen sind doch völlig unrealistisch! Der Verlauf der Geschichte hat ja auch gezeigt, dass sie sich nicht durchsetzen konnten. Direkte Demokratie – das geht vielleicht in einem kleinen Staat wie in Ihrem Geburtsort Genf. Aber in Flächenstaaten, die seit dem ausgehenden 18. Jahrhundert überall in der Welt entstanden sind, ist das ja wohl nicht durchführbar. Und Gleichverteilung von Gütern – das erinnert mich sehr an das Experiment des Kommunismus, das in den europäischen Ostblockstaaten kläglich gescheitert ist.

Rousseau: Vergessen Sie bitte nicht, dass in den Flächenstaaten die Demokratie immerhin in der Form der repräsentativen Demokratie eingeführt worden ist. Und ohne meine Forderung nach Gleichverteilung der Güter hätte es im 19. Jahrhundert wahrscheinlich nicht den Kampf um soziale Gerechtigkeit gegeben, der zur Einrichtung des Sozialstaates führte. Dem Staat darf das Wohlergehen seiner Bürger nicht völlig gleichgültig sein. Wenn er sich nicht um die sozial Schwachen, Kranken, Arbeitslosen oder sonst zu kurz Gekommenen kümmert, wer dann?

Locke: Aber der Staat geht bankrott, wenn er sich um alle Sozialfälle kümmern soll ...

Moderator: Meine Herren, das können wir jetzt leider nicht mehr ausdiskutieren, denn unsere Sendezeit ist abgelaufen und wir müssen zum Schluss kommen. Sie sind sich im Hinblick auf die Frage, wozu wir den Staat eigentlich brauchen, zwar nicht einig geworden. Mir scheint allerdings, dass Ihre Staatsentwürfe sich nicht völlig ausschließen. Zweifellos ist der Staat notwendig, um durch sein Gewaltmonopol den inneren und äußeren Frieden zu sichern, wie Sie, Herr Hobbes, betont haben. Wenn wir auf den modernen ... Staat sehen, erkennen wir, dass er als liberaler Verfassungsstaat auch die natürlichen Rechte der Menschen schützt, wie Sie, Herr Locke, gefordert haben. Und er versteht sich nicht zuletzt als demokratischer Wohlfahrtsstaat, der sich ganz in Ihrem Sinne, Herr Rousseau, auch um das Wohlergehen der Bürger kümmert und für sozialen Ausgleich sorgt. Meine Herren, vielen Dank für dieses Gespräch!

Rolf, Bernd: Wozu braucht man eigentlich einen Staat?, in: Zeitschrift für Didaktik der Philosophie und Ethik, Heft 4/1998, S. 240–245

1. **Vergleichen Sie die unterschiedlichen Auffassungen Hobbes', Lockes und Rousseaus hinsichtlich des Urzustandes des Menschen.**
2. **Wie begründen die Diskussionspartner jeweils die Notwendigkeit und Aufgabe des Staates?**
3. **Formulieren Sie anhand des Textes eigene Auswertungsfragen.**

Zusammenfassung

Nach dem Ende des Dreißigjährigen Krieges entwickelt sich in Europa ein politisches System, das als „Absolutismus" bezeichnet wird. Der absolute Herrscher leitet seinen Machtanspruch von göttlichem Auftrag ab. Er ist als oberster Gesetzgeber zugleich oberstes ausführendes Organ und somit Träger der Souveränität. Der französische König Ludwig XIV. sagt von sich: „L'état c'est moi!"

Die Idee der Aufklärung stellt die Sichtweise von gottgegebener Herrschaft infrage. Die englischen Philosophen Thomas Hobbes und John Locke sehen in einem Gesellschaftsvertrag den Ursprung staatlicher Ordnung. Die Souveränität wird auf die vertragsschließenden Gesellschaftsmitglieder zurückverlagert.

Am entschiedensten vertritt Jean-Jacques Rousseau das Prinzip der Volkssouveränität. Seinen Darlegungen im „Contract Social" zufolge entsteht durch den Gesellschaftsvertrag eine politische Körperschaft als neuer Träger der unteilbaren Souveränität. Maßgebend für Gesetzgebung und Regierung ist der Gemeinwille („Volonté Générale") des Volkes. Durch den Gemeinwillen ist jedes Gesellschaftsmitglied sowohl Herrschender als auch Beherrschter (Identitätstheorie). Eine Übertragung der Machtausübung auf Repräsentanten lehnt Rousseau ab. Das Gegenmodell zur Identitätstheorie ist in der Konkurrenztheorie abgebildet.

Die zentrale Bedeutung des Gemeinwillens hat Rousseau dem Verdacht ausgesetzt, er habe mit seinen Gedanken totalitären Systemen Vorschub geleistet, indem es den jeweiligen Machthabern leicht gemacht werde, jede politische Entscheidung als Ergebnis des Gemeinwillens darzustellen. Diese missbräuchliche Anwendung von Rousseaus Staatstheorie darf nicht von seiner bahnbrechenden Idee der Volkssouveränität ablenken.

Zusammenfassende Lernaufgaben

Erkennen

1. Erklären Sie den Ausspruch Ludwigs XIV. „L´état c´est moi!".
2. Was heißt „kontraktualistisch" in Bezug auf die Legitimierung staatlicher Macht?
3. Thomas Hobbes benennt mit Leviathan eine außerhalb der Gesellschaft stehende Macht. Welche Aufgabe hat Leviathan zu erfüllen?
4. Worauf kommt es John Locke bei seiner Vertragstheorie an?
5. Aus welchem Grund empfanden die im 18. Jahrhundert amtierenden Herrscher die Lehre vom Gesellschaftsvertrag als gefährlich für ihre Herrschaft?
6. Welche Bedeutung hat die „Volonté Générale" in J.-J. Rousseaus Lehre vom Gesellschaftsvertrag?
7. Beschreiben Sie die Grundüberlegung, auf der die Identitätstheorie basiert.
8. Weshalb wird Rousseaus Lehre mitunter mit der Praxis totalitärer Staaten in Zusammenhang gebracht?

Werten

1. Bewerten Sie die Bedeutung der jeweiligen Gesellschaftsvertragsentwürfe Hobbes', Lockes und Rousseaus für unser heutiges Demokratieverständnis.
2. Kann die Idee des Gesellschaftsvertrages bei der Behandlung gegenwärtiger Demokratieprobleme noch nützlich sein?

Anwenden

1. Bringen Sie sich an beliebiger Stelle in die obige Diskussion („Wozu braucht man einen Staat?") mit ein und formulieren Sie einen eigenen Beitrag.
2. Führen Sie die obige Diskussion („Wozu braucht man einen Staat?") fort.

2 Grundlagen und Elemente demokratischer Ordnungen

Was Demokratie ist – dafür gibt es keine allseits akzeptierte Lehrmeinung, die sich in einer einzigen handfesten Definitionsformel verdichten ließe. Es existiert eine Fülle gleichermaßen unbefriedigender Definitionsversuche, die meist ein Element als in besonderer Weise kennzeichnend herausstellen: Volkssouveränität, Gleichheit, Partizipation, Mehrheitsherrschaft, Toleranz, Herrschaftslimitierung und -kontrolle, Grundrechte, Gewaltenteilung, Rechts- und Sozialstaatlichkeit, Mehrparteiensystem, allgemeine Wahlen, Öffentlichkeit, Meinungswettbewerb, Pluralismus u.a.m.

Guggenberger, Bernd: Demokratie, in: Wörterbuch Staat und Politik, hrsg. v. Dieter Nohlen, München, Piper Verlag, 1991, S. 81

Wie lautet Ihre Demokratiedefinition?
(Zu Ihrer Hilfe werden im nachstehenden Text einige Erklärungen gegeben. Nach deren Lektüre sollten Sie – auf der Grundlage Ihres Wissens und Ihrer Meinung – eine Definition formulieren.)

2.1 Die Entwicklung des Verfassungs- und Rechtsstaates

Geschichtlicher Hintergrund

Anders als auf dem Kontinent entwickelt sich in England schon frühzeitig ein politisches System, das unsere heutigen Erwartungen und Vorstellungen von Demokratie entscheidend geprägt hat.

Schon sehr früh gelingt es den englischen Adligen, den schwachen König Johann „Ohneland" darauf zu verpflichten, sich vertraglichen Bindungen zu unterwerfen. Die **Magna Charta Libertatum** (1215) verbrieft in 63 Abschnitten die Bindung des Königs an das geltende Recht. Jedem Freien wird zugestanden, dass er nicht willkürlich verfolgt und abgeurteilt werden kann. Zwecks Einhaltung der Regeln wird ein Kontrollausschuss berufen und damit ein Widerstandsrecht gegen königliche Macht begründet. Außerdem entwickeln die Adligen und Geistlichen, später auch die (freien) Bürger Anfänge einer institutionalisierten Vertretung ihrer Interessen. Schon gegen Ende des 13. Jahrhunderts ruft der König allgemeine Versammlungen (Modellparlament) ein, die für alle verbindliche Beschlüsse fassen. Der Grundsatz der **Repräsentation** ist entstanden.

Die in der Folgezeit erstarkende Königsmacht blockiert eine rasche parlamentarische Entfaltung. Als sich jedoch im 17. Jahrhundert die englischen Könige anschicken, ähnlich wie auf dem Kontinent ihre Macht nach absolutistischem Vorbild auszubauen, kommt es zum offenen Konflikt mit dem Parlament. In der **Glorious Revolution** (1688) setzt sich das Parlament durch. Mit der **Declaration of Rights** (1689) und der **Bill of Rights** (1689) kommt es zur vertraglichen Übereinkunft zwischen dem neuen – vom Parlament berufenen – König und dem im Namen des souveränen Volkes handelnden Parlament. Damit wird die Macht des Königtums endgültig eingeschränkt. Der König kann sich nicht – wie ein absolutistischer Herrscher – auf göttlichen Auftrag berufen, sondern wird auf einen Vertrag verpflichtet, der grundlegende Bedeutung hat. Er ist zwar der Inhaber der ausführenden Gewalt, aber das Parlament übernimmt alleine die gesetzgebende Gewalt, die Rechte der Steuerbewilligung und die Aufsicht über die Verwendung der staatlichen Gelder. Die Bill of Rights steht am Beginn der **konstitutionellen** (verfassungsmäßigen) **Monarchie**. Aber auch die Magna Charta und die Declaration of Rights gelten in England bis heute als Dokumente mit **Verfassungsrang**.

Die englischen Adligen erzwingen von König Johann „Ohneland" die Unterschrift unter die Magna Charta Libertatum.

M 1 Bill of Rights (1689)

1. Die angemaßte Macht, durch königliche Autorität ohne Zustimmung des Parlaments Gesetze oder die Ausführung von Gesetzen auszusetzen, ist ungesetzlich.
2. Und angemaßte Macht, durch königliche Autorität Gesetze oder die Ausführung von Gesetzen aufzuheben, wie sie in der Vergangenheit angemaßt und ausgeübt wurde, ist ungesetzlich.
3. ...
4. Die Erhebung von Geld für den Gebrauch der Krone unter dem Vorwand königlichen Vorrechts ohne Bewilligung des Parlaments für längere Zeit und in anderer Weise, als sie bewilligt ist oder wird, ist ungesetzlich.
5. Es ist das Recht der Untertanen, an den König Gesuche zu richten. Alle Verhaftungen und Verfolgungen um solcher Petitionen willen sind ungesetzlich.
6. Das Aufstellen und Halten einer stehenden Armee im Königreich in Friedenszeiten, außer mit Zustimmung des Parlaments, ist ungesetzlich.

7. ...
8. Die Wahl der Mitglieder des Parlaments soll frei sein.
9. Die Freiheit der Rede, der Debatten und des Verfahrens im Parlament soll nicht vor irgendeinem Gerichtshof oder einer Stelle außerhalb des Parlaments verfolgt oder untersucht werden.

...

13. Für die Abstellung aller Klagen und für die Besserung, Bestätigung und Bewahrung der Gesetze sollen häufig Parlamente gehalten werden.

Franz, Günther: Staatsverfassungen. Eine Sammlung wichtiger Verfassungen der Vergangenheit und Gegenwart in Urtext und Übersetzung, 2. Aufl., Darmstadt, Wissenschaftliche Buchgesellschaft, 1964, S. 515

Woran erkennen Sie, dass sich der König bei seinen Handlungen nicht mehr auf göttlichen Auftrag (von Gottes Gnaden) berufen darf?

Im Kern zeigt die politische Entwicklung in England, später auch die in Nordamerika und im nachrevolutionären Frankreich, schon alle wesentlichen Elemente eines demokratisch verfassten Staates.

Der Konstitutionalismus

M 2

Der **Konstitutionalismus** ist im weitesten Sinne eine Herrschaftsform, bei der die Staatsgewalt im Rahmen einer Verfassung ausgeübt wird.

Schülerduden Politik und Gesellschaft, 4. Aufl., Mannheim, Dudenverlag, 2001, S. 230

Üblicherweise sind Verfassungstexte einheitlich abgefasste Dokumente, die zu einem bestimmten Zeitpunkt und aufgrund eines bestimmten Ereignisses niedergelegt worden sind. In England gibt es bis heute keinen in sich geschlossenen Verfassungstext. Das Verfassungsverständnis ist **historisch-evolutionär**, d. h., die Verfassung setzt sich aus einer Sammlung von Gesetzen zusammen, die im Laufe der Zeit zustande gekommen sind und einer nochmaligen dokumentarischen Erfassung nicht bedürfen.

Dagegen steht das **rational-voluntaristische** Verfassungsverständnis, d. h. das Bewusstsein, dass mit dem Akt der Verfassungsgebung die Geschichte einer (neuen) politischen Ordnung beginnt. Ein Beispiel hierfür ist die Verkündung des Grundgesetzes der Bundesrepublik Deutschland am 23. Mai 1949.
Ungeachtet der unterschiedlichen Entstehungsursachen sind Verfassungen für das gesellschaftliche und politische Leben überaus bedeutend.

M 3 Sinn und Zweck einer Verfassung

Verfassungen geben dem Politischen eine institutionelle Ordnung. Sie bestimmen die Regeln politischer Entscheidungsfindung. Sie legen fest, wer wie welche Entscheidungen zu treffen befugt ist. Die Verfassung ist deshalb, wie schon Aristoteles in seiner *Po-*

litik definierte, „eine Ordnung des Staates hinsichtlich der verschiedenen Ämter und vor allem der wichtigsten von allen. Das Wichtigste ist überall die Regierung des Staates." Die Verfassung beinhaltet also Regeln der Organisation und der Ausübung von Herrschaft. Es sind dies Regeln der Bestellung, der Zusammensetzung und der Kompetenzen der „höchsten" Staatsorgane. Aber in dieser Funktion des Spielregelwerks des Politischen erschöpft sich die Verfassung nicht. Sie ist darüber hinaus auch ein gesellschaftlicher Ordnungsentwurf, der die Ziele, die Zwecke und die Prinzipien der gesellschaftlichen Verfasstheit festlegt. Für die moderne Verfassung sind diese Prinzipien direkt einsichtig. Es ist die Geltung der Menschenrechte, es ist der Grundsatz der Demokratie, der Rechtsstaatlichkeit und der Sozialstaatlichkeit, es sind besondere Trennungs- und Verschränkungsregeln der verfassten politischen Gewalten. ...
Die Verfassung modernen Typs entsteht in der zweiten Hälfte des 18. Jahrhunderts, zuerst in Nordamerika und dann in Frankreich. Es ist die typische Kombination eines Grundrechtskatalogs mit dem Entwurf einer gewaltenteiligen Staatsorganisation in der Form der geschriebenen Verfassungsurkunde, die Vorrang vor dem einfachen Gesetz hat und die durch die verfassungsgebende Gewalt des Volkes konstituiert worden ist. ... Die Verfassung erhält zugleich Vorrang vor dem einfachen Gesetz, das sich, von den verfassten Gewalten (Parlament, Regierung, Gerichte) beschlossen und angewandt, an der Verfassung selbst messen lassen muss. „Eine Verfassung ist nicht der Akt einer Regierung", so ... Thomas Paine, sondern „der Akt eines Volkes, das sich eine Regierung gibt". ...
Die moderne Verfassung konstituiert ein politisches Gemeinwesen, und sie limitiert zugleich die politische Herrschaft ... Die Regeln, nach denen Politik sich vollzieht, müssen nicht immer wieder neu verhandelt und festgelegt werden. ...
Die moderne Verfassung trifft Vorentscheidungen über die institutionelle Struktur, über die Geltung von Menschenrechten und über Ziele des Gemeinwesens und legt damit vorab einen Minimalkonsens fest, der nicht immer wieder – und bisweilen auch leichtfertig – zur Disposition gestellt werden kann. Verfassungen treffen Vorentscheidungen, die ... dem politischen Prozess vorausliegen und beschränkend wieder auf ihn zurückwirken.
Eine Verfassung formt Institutionen und verfasst die staatlichen Gewalten in den drei Bereichen von gesetzgebender Gewalt (Legislative), ausführender Gewalt (Exekutive) und rechtsprechender Gewalt (Judikative). Sie bestimmt die Zuordnung, die Trennung und die Verschränkung von Gewalten, indem sie die Kompetenzen und die Verfahren politischer Willens- und Entscheidungsbildung festlegt. ...
Die Verfassung kann eine politische Ordnung dadurch legitimieren, dass sie auf den Ursprung und die besonderen Umstände ihrer Gründung zurückverweist. Im Akt der Verfassungsgebung haben „we the people", wie es in der amerikanischen Verfassung von 1787 heißt, beschlossen, sich eine Verfassung zu geben. 1949 gibt sich das „deutsche Volk" das Grundgesetz und damit eine neue Ordnung. Und auch im Grundgesetz des wiedervereinten Deutschland von 1990 heißt es, dass sich „das Deutsche Volk kraft seiner verfassunggebenden Gewalt dieses Grundgesetz gegeben" hat.
Es war das Anliegen der konstitutionellen Bewegung des 18. und 19. Jahrhunderts, die Willkürherrschaft absoluter Monarchen zu brechen und an deren Stelle die Herrschaft von Recht und Gesetz zu setzen. ... Moderne Verfassungen konstituieren damit eine politische Ordnung in der Weise, dass sie Macht von vornherein streng limitieren. Vor allem kommt es darauf an, im Konfliktfall diese Regeln der Verfassung auch durchzusetzen. Die Gewalten können untereinander in Streit geraten und sie können in unzulässiger Weise in die grundrechtlich geschützten Freiheitsräume des Bürgers eingreifen. In beiden Fällen kommt es darauf an, dass die Verfassung Wege, Mittel und Institutionen be-

reitstellt, den Streit um Kompetenzen zwischen den Gewalten zu schlichten und den Eingriffen staatlicher Gewalt in die Freiheitsräume des Bürgers zu wehren.

Vorländer, Hans: Die Verfassung. Idee und Geschichte, 2. überarb. Aufl., München, Verlag C. H. Beck, 2004, S. 9 ff., 17 ff.

1. **Gliedern Sie die Ausführungen hinsichtlich der Zwecke und Absichten, die mit einer Verfassung verbunden sind.**
2. **Wo spricht der Verfasser Begrifflichkeiten und Zusammenhänge an, die Ihrer Meinung nach für das Verständnis einer demokratischen Ordnung wesentlich sind?**

- **evolutionär**: sich allmählich weiterentwickeln
- **rational**: vernünftig, zweckbewusst
- **voluntaristisch**: willentlich
- **konstituieren:** gründen, begründen
- **limitieren:** begrenzen
- **Minimalkonsens:** Mindestübereinstimmung
- **Paine, Thomas** (1727–1909), engl.-amerikanischer Schriftsteller, Mitinitiator der amerikanischen Unabhängigkeitsbewegung

Rechtsstaat

- **Rechtsstaat** bedeutet formell die Bindung der Staatsgewalt an Recht und Gesetz sowie die Überprüfbarkeit staatlicher Maßnahmen durch unabhängige Gerichte.

Schülerduden Politik und Gesellschaft, 4. Aufl., Mannheim, Dudenverlag, 2001, S. 235

In engem Zusammenhang mit dem Konstitutionalismus steht die Entwicklung des **Rechtsstaates**. Der Anspruch auf eine Verfassung entspringt dem Bewusstsein für gegebene – natürliche – Grundrechte, deren Schutz durch die Staatsgewalt in der Verfassung zu garantieren ist. Im Vordergrund stehen hier die in der gesellschaftlichen Auseinandersetzung mit dem absolutistischen Staat gewonnenen Freiheitsrechte: Freiheit der Person, die Glaubens- und Bekenntnisfreiheit, Meinungsfreiheit, Vereins- und Versammlungsfreiheit sowie die Garantie des Privateigentums.

M 4 Zum Rechtsstaatsbegriff

Ideengeschichtlicher Ausgangspunkt des Rechtsstaates ist … der Autonomieanspruch des Individuums, das nicht mehr Untertan, sondern Bürger sein will. Die Staatszwecke werden auf den öffentlichen Bereich beschränkt; das Wohlergehen des Einzelnen ist seine Sache, nicht die des Staates. Der Streben nach Ausdehnung der individuellen Freiheit und nach einer Limitierung der Staatszwecke entspricht den Bedürfnissen der im 19. Jh. aufkommenden arbeitsteiligen Wirtschaft und der Industrialisierung. Der Rechtsstaat, der Ziel und Inhalt staatlicher Betätigung beschreibt und begrenzt, ist in diesem ursprünglichen Verständnis nicht nur eine besondere Staats- oder Regierungsform, sondern eine vom Absolutismus scharf abgegrenzte eigene Staatsgattung.

Die politisch durchgesetzten Freiheitsrechte, die auch in die Texte geschriebener Verfassungen aufgenommen wurden, sollten nun auch für das Verhältnis zwischen Staat und Bürger im Alltag maßgeblich werden. Damit rückt die Rolle der Verwaltung in den Mittelpunkt der Überlegungen. Es ist der administrative Bereich, in dem die erworbenen Freiheiten umgesetzt werden. Der Rechtsstaatsbegriff konzentriert – und verengt – sich dadurch auf die Gesetzmäßigkeit der Verwaltung. ... In diesem formalen Verständnis ist der Rechtsstaat nicht mehr eine eigene Staatsgattung, sondern bezeichnet nur eine besondere Art, in welcher der Staat tätig wird. ...
Das Rechtstaatsverständnis des Grundgesetzes der Bundesrepublik beschränkt sich nicht auf formale Sicherungen, sondern enthält inhaltliche Aussagen über die Staatstätigkeit, die an oberste Rechtsgrundsätze gebunden wird. Im ... Rechtsstaat wird auch der Staat selbst vom Recht beherrscht und so die Freiheit des Einzelnen gesichert. Alle staatliche Gewalt ist an die Grundrechte gebunden, die auch gegenüber der parlamentarischen Mehrheit durchgesetzt werden können. ...

Benda, Ernst: Rechtsstaat, in: Wörterbuch Staat und Politik, hrsg. v. Dieter Nohlen, München, Piper Verlag, 1991, S. 633

1. Unterscheiden Sie zwischen einem weiten und engen Rechtsstaatsbegriff.
2. Ist es vorstellbar, dass ein Staat ohne geschriebene Verfassung ein Rechtsstaat ist?

Eine staatsphilosophische Begründung

Konstitutionalismus und Rechtsstaatlichkeit sind der Demokratisierung zeitlich vorangegangen. Beide Elemente sind in einer demokratischen Ordnung zwar unerlässlich, aber sie können auch ohne Demokratie bestehen, so z. B. in einer konstitutionellen Monarchie.

Die politische Entwicklung in England zur konstitutionellen Monarchie findet ihre Entsprechung in der von **John Locke** verfassten Schrift „Two Treatises of Government". Gleichermaßen legt Locke damit den Grundstein für die moderne Demokratietheorie und -praxis.
Locke steht zum einen auf dem Boden der Vertragstheorien. Sein Grundanliegen ist es, eine Begründung für politische Herrschaft zu finden.

John Locke (1632–1704)

Nach Locke ist der Staat die vertragliche Sammlung aller Privatrechte zum Zwecke des Schutzes der individuellen Rechte auf Leben, Freiheit und Eigentum. Eine Regierung, deren Befugnisse zugleich durch den gesetzlichen Auftrag begrenzt sind, nimmt sich der Sicherung der individuellen Rechte an. Locke kennt demzufolge keinen Allmachts-Souverän (wie Hobbes), sondern lediglich eine vertrauensvolle Überführung legislativer und exekutiver Kompetenzen auf Instanzen. Deren Amtsträger sind die durch Wahlen beauftragten **Repräsentanten** des souveränen Volkes und

somit dem **Souverän** (Volk) auch verantwortlich. Um die Handlungsfähigkeit in diesem System herbeizuführen, führt er das **Majoritätsprinzip** ein und somit ein wichtiges demokratisches Element.
Insgesamt zeigt Locke in seinen Schriften die Konturen der späteren **liberal-repräsentativen Demokratie** auf, obwohl er diesen Begriff noch nicht verwendet.

M 5 John Locke über die Bedeutung der Mehrheit

II. Buch, § 97: Jeder Mensch also, der mit anderen übereinkommt, einen einzigen politischen Körper unter einer Regierung zu bilden, verpflichtet sich gegenüber jedem Einzelnen dieser Gesellschaft, sich dem Beschluss der *Mehrheit* zu unterwerfen und sich ihm zu fügen. Denn sonst würde dieser *ursprüngliche Vertrag*, durch den er sich mit anderen zu *einer Gesellschaft* vereinigt, keinerlei Bedeutung haben und kein Vertrag sein, wenn der Einzelne weiter frei bliebe und unter keiner anderen Verpflichtung stände als vorher im Naturzustand. ...

Locke, John: Zwei Abhandlungen über die Regierung. Politische Texte, übers. v. Hans Jörn Hoffmann, hrsg. und eingel. v. Walter Euchner, Frankfurt a. M., Europäische Verlagsanstalt, 1967, S. 265

1. **Wodurch wird deutlich, dass John Locke – anders als J.-J. Rousseau – den Grundsatz der Repräsentation vertritt?**
2. **Beurteilen Sie die von John Locke geforderte Unterwerfung unter den Mehrheitswillen.**

2.2 Die Elemente demokratischer Ordnungen

Geschichtlicher Hintergrund

Mit dem 17. Jahrhundert beginnt die dauerhafte Besiedlung Nordamerikas. Die Siedler kommen hauptsächlich aus England. Sie tragen ein starkes Freiheitsbedürfnis in sich. Zusammen mit einem durch die Herausforderungen der Kolonisation ausgeprägten Gemeinsinn entwickeln sie dem Mutterland gegenüber ein massives Selbstbewusstsein. Im Verlauf des 18. Jahrhunderts kommt es zu immer größeren Spannungen mit England. Als den Siedlern neue Steuern (Stempelsteuergesetz) auferlegt werden, bricht der Konflikt offen aus. Am 4. Juli 1776 erklären dreizehn Kolonien ihre Unabhängigkeit vom Mutterland.
In der von **Thomas Jefferson** (1743–1826; 1801–1809 Präsident der USA) entworfenen Unabhängigkeitserklärung werden Grundsätze zum Ausdruck gebracht, die für spätere demokratische Verfassungen richtungsweisend sind.

M 1 Unabhängigkeitserklärung der Vereinigten Staaten

Folgende Wahrheiten erachten wir als selbstverständlich: dass alle Menschen gleich geschaffen sind; dass sie von ihrem Schöpfer mit gewissen unveräußerlichen Rechten ausgestattet sind; dass dazu Leben, Freiheit und das Streben nach Glück gehören; dass zur Sicherung dieser Rechte Regierungen unter den Menschen eingesetzt werden, die ihre rechtmäßige Macht aus der Zustimmung der Regierten herleiten; dass, wenn immer irgendeine Regierungsform sich als diesen Zielen abträglich erweist, es Recht des Volkes ist, sie zu ändern oder abzuschaffen und eine neue Regierung einzusetzen und diese auf solchen Grundsätzen aufzubauen und ihre Gewalten in der Form zu organisieren, wie es ihm zur Gewährleistung seiner Sicherheit und seines Glückes geboten zu sein scheint.

Fitzek, Alfons: Staatsanschauungen im Wandel der Jahrhunderte. II. Von Luther bis zur Amerikanischen Unabhängigkeitserklärung, 3. erg. Aufl., Paderborn, Ferdinand Schöningh, 1995, S. 107

Ein Kongressmitglied unterzeichnet am 4. Juli 1776 die amerikanische Unabhängigkeitserklärung.

Zum Zusammenhang demokratischer Elemente

Nordamerika bietet zu dem Zeitpunkt der Unabhängigkeitserklärung günstige Voraussetzungen zur Herausbildung eines modernen Konstitutionalismus mit demokratischer Verankerung. Die Kolonisten stehen in der englischen Verfassungstradition und die Ideen von John Locke sind bestens bekannt. 1769 betätigt er sich selbst als Verfassungspraktiker, indem er die Verfassung von North Carolina entwirft.
Auf diesem gedanklichen Nährboden finden die Überzeugungen der Aufklärer vom Naturrecht des Menschen und die von **Charles de Montesquieu** (1689–1755) vorgetragene Lehre von der **Gewaltenteilung** Entfaltung.

M 2 Gewaltenteilung

Gewaltenteilung ist ein System der Hemmung und Balancierung der Staatsgewalt durch Aufteilung der öffentlichen Gewalten auf verschiedene Organe zur Mäßigung staatlich-politischer Macht und Herrschaft und zur Gewährung individueller Freiheit.

Schmidt, Manfred: Wörterbuch zur Politik, Stuttgart, Alfred Kröner Verlag, 2004, S. 275

Die 1787 verkündete Verfassung der Vereinigten Staaten von Nordamerika ist geprägt von einem komplizierten System der Gewaltenteilung zwischen Legislative (Kongress), Exekutive (Präsident) und der Judikative (Oberster Gerichtshof). Jede Gewalt stellt für die andere ein Gegengewicht dar (system of check and balances). Dadurch soll nach Absicht der Verfassungsväter jegliche Form der Machtanhäufung verhindert werden. Konsequent ist hier die Lehre von **Charles de Montesquieu** umgesetzt worden. Fälschlicherweise sind Montesquieus Darlegungen lange Zeit als die Lehre von der strikten Gewalten**trennung** missverstanden worden. Das trifft jedoch nicht zu. Vielmehr handelt es sich um ein Modell der Gewalten**verteilung** und Gewalten**beschränkung** mit dem Ziel des Ausgleichs und der gegenseitigen Ausbalancierung.

M 3 Montesquieus Gewaltenverteilungsmodell

Ausdrücklich spricht Montesquieu im XII. Buch des *Vom Geist der Gesetze* von einer „certaine distribution des trois pouvoirs“, also von Verteilung oder Aufteilung der öffentlichen Gewalten, nicht von Separierung und wechselseitigen Isolierung. Eindeutig handelt es sich um eine Gewaltenverteilungslehre. ... An erster Stelle ist die strikte Zügelung von Macht durch Macht zu erwähnen. Der Leitsatz ist, „que le pouvoir arrête le pouvoir“. Jede Staatsgewalt hat die andere in Schach zu halten. ... Hinzu kommt ... die Auffassung, die Gewaltenbalance sorge für Sicherheit und für Freiheit. ...
Montesquieus Gewaltenverteilungsmodell ist geprägt von seiner Bewunderung der politischen Institutionen Englands. Von der Freiheit, die er in England herrschen sieht, zeigt er sich verblüfft. England ist für ihn ‚gegenwärtig das freieste Land der Welt‘. Frei, weil der König nicht die Macht besitze, irgendeinem Bürger Unrecht zuzufügen, da seine Befugnisse durch das Gesetz des Parlaments beschränkt und kontrolliert sei. Andererseits sei auch die Herrschaft des Parlaments begrenzt. Vor allem fehle ihm der Zugriff auf die Exekutive. Montesquieu diagnostiziert ein Gleichgewicht von exekutiver und legislativer Gewalt im Zusammenspiel der englischen Institutionen. ...
Man hat darüber gestritten, ob Montesquieus England-Interpretation fehlerhaft oder geschönt ist, um einen besseren Angriffspunkt zur Kritik der französischen Verhältnisse zu erlangen. Unbestritten aber hat Montesquieu ein facettenreiches Bild von England gezeichnet. ...
Montesquieus Staatsmodell ist seiner Zeit voraus. Das gilt sowohl für die Gewaltenverteilungslehre wie für die Demokratieelemente in seinem Werk.

Schmidt, Manfred: Demokratietheorien, 3. Aufl., Weinheim, Beltz Verlag, 2000, S. 84, 87 ff.

J.-J. Rousseau war ein Gegner Montesquieus. Haben Sie eine Erklärung dafür?

Während der Diskussion um die neue Verfassung bilden sich zudem zwei weitere Elemente demokratischer Verfassungen heraus: **Pluralismus** und **Repräsentation**. Hierbei sind besonders die Beiträge der sogenannten **Federalists** (Federalist papers) bedeutsam.
Unter der Bezeichnung „Federalists“ treten drei Politiker (John Jay, Alexander Hamilton, James Madison) auf. In mehreren Zeitungsartikeln setzen sie sich in bewusster Abgrenzung zu Rousseaus identitärer „reiner“ Demokratie für eine demokratische Lösung ein, die den besonderen Bedingungen eines großen Flächenstaates entsprechen kann.
Dabei befürworten sie eine bundesstaatliche Lösung mit verhältnismäßig starker Zentralgewalt. Ihre Gegner, die Anti-Federalists, verschreiben sich der Idee des Staatenbundes und orientieren sich eher an dem Gedankengut Rousseaus.

M 4

- **Pluralismus** ist die Vielheit und gleichberechtigte Geltung verschiedener Standpunkte oder Normensysteme.
- **Repräsentation:** Form der Demokratie, in der die Bürger politische Entscheidungen nicht direkt selbst treffen, sondern sie – auf Zeit – gewählten Vertretern überlassen, die für sie stellvertretend tätig sind.

Schülerduden Politik und Gesellschaft, 4. Aufl., Mannheim, Dudenverlag, 2001, S. 316
Thurich, Eckart: Pocket Politik, 2. Aufl., Bundeszentrale für politische Bildung, 2003, S. 39

Abraham Lincoln (1809–1865)

Hingegen erfährt der Begriff **Volkssouveränität**, der von Rousseau in so nachdrücklicher Weise in den Vordergrund seiner staatstheoretischen Betrachtungen gerückt worden ist, über die Demokratieentwicklung in den Vereinigten Staaten eine sehr griffige Präzisierung. Knapp 80 Jahre nach der Verkündung der Verfassung der Vereinigten Staaten kennzeichnet der 16. amerikanische Präsident **Abraham Lincoln** (1809–1865) das Wesensmerkmal der Demokratie folgendermaßen:

M 5

- Government **of** the people, government **by** the people, government **for** the people. (Abraham Lincoln)

Pharos e.V. Stuttgart/Sarajevo, d@dalos (Hrsg.): Schaubild 1: Was ist Demokratie?, Zugriff am 08.12.2009 unter: http://www.dadalos-d.org/deutsch/Demokratie/demokratie/grundkurs1/Material/schaubild_1.htm

Verdeutlichen Sie den Inhalt dieses Ausspruchs (achten Sie dabei auf die Präpositionen!).

M 6

- **Volkssouveränität:** Grundlegendes demokratisches Prinzip, nach dem im Staat die oberste Gewalt (Souveränität) vom Volk ausgeht. Die Volkssouveränität ist im Grundgesetz verankert und kommt dadurch zum Ausdruck, dass das Volk durch Wahlen direkt oder indirekt seine Regierung, seine Gesetzgeber und seine Richter selbst bestimmt.

Thurich, Eckart: Pocket Politik, 2. Aufl., Bundeszentrale für politische Bildung, 2003, S. 45

2.3 Die Entwicklung der Demokratie

Mit der Ratifizierung der amerikanischen Verfassung entsteht zum ersten Mal in der Geschichte eine repräsentative Demokratie als Regierungsform und somit ein Grundmodell der modernen Demokratie. Alle wesentlichen Elemente für die Etablierung demokratischer Systeme liegen bereit. In Gegenüberstellung zur Identitätstheorie lassen sich die Eckpunkte des repräsentativen Demokratieansatzes zur **Konkurrenztheorie** zusammenfassen.

M 1

Grundsätze	Repräsentation (Herrschaft durch Vertreter)	Konkurrenz gegensätzlicher Teilinteressen
	Parlamentarismus	Gemeinwohl allenfalls Ergebnis von Interessenausgleich
	Freies Mandat	
Anwendung	Pluralismustheorie; liberale Demokratie	Parlamentarisches Repräsentativsystem
Kritik	Reiner Pragmatismus (Fehlen von Werten)	Vorherrschen von Privatinteressen

Jesse, Eckhard: Was ist Demokratie?, in: Parlamentarische Demokratie 1, Informationen zur politischen Bildung, Heft 227/2000 (Neudruck), S. 2 (gekürzt)

Zunächst scheint es so, als sollte die Entwicklung auf dem nordamerikanischen Kontinent in Europa schnell nachvollzogen werden. Den Anstoß dazu gibt die **Französische Revolution** von 1789. Indem sich das im dritten Stand vertretene Bürgertum zur Nationalversammlung erklärt und eine Verfassung für eine konstitutionelle Monarchie ausarbeitet, endet in Frankreich die absolutistische Herrschaft. Das Volk versteht sich ferner als Träger der Souveränität. Die Deklaration der Menschen- und Bürgerrechte vom 26. August 1789 unterstreicht dieses Selbstverständnis. Die bürgerliche und individuelle Rechtsgleichheit sowie die Gewaltenteilung (Art. 16 der Deklaration) sind die Basisbausteine für alle nachfolgenden demokratischen Systeme auf dem Kontinent.

Ballhausschwur: Schwur der Abgeordneten des dritten Standes im Ballhaus von Versailles, nicht vor Ausarbeitung einer neuen Verfassung für Frankreich auseinanderzugehen.

Art. 16 der Erklärung der Menschen- und Bürgerrechte

Eine Gesellschaft, in der die Wahrung des Rechts nicht gesichert und die Gewaltenteilung nicht festgesetzt ist, hat keine Verfassung.

Aber die gemäßigte Demokratie hat nicht lange Bestand, die Revolution nimmt eine radikale Wendung. Unter dem Druck der Straße wird die Monarchie beseitigt. Die gesamte Macht in der jungen Republik geht auf den Nationalkonvent (Aufhebung der Gewaltenteilung) über und ist dort in dem von den Jakobinern dominierten „Wohlfahrtsausschuss" zentralisiert. Der Führer der Jakobiner, Maximilien Robespierre (1758–1794), errichtet ein Schreckensregime (Tod der Königsfamilie durch die Guillotine), das viele Anhänger der demokratischen Republik außerhalb Frankreichs abstößt. Tatsächlich wird dadurch die demokratische Entwicklung auf dem Kontinent um Jahrzehnte verzögert. Daran ändert sich auch nichts, als Robespierre zum Tode verurteilt und die Gewaltenteilung wiederhergestellt wird. Durch den Staatsstreich Napoleons endet auch dieser erneute demokratische Ansatz nach kurzer Zeit. Frankreich wird unter Napoleon ein Kaiserreich ohne maßgebliche demokratische Strukturen. Erst nach 1830 begibt sich das Land wieder auf einen demokratischen Weg und übernimmt dann schließlich eine Vorreiterrolle in Kontinentaleuropa.

Demokratieforscher beziffern die weltweite Zahl der Demokratien zum Beginn des 21. Jahrhunderts auf rund 120 Staaten. Von diesen werden etwa 75 Staaten den „anspruchsvollen" Demokratien zugerechnet. Es sieht so aus, als befände sich die Regierungsform der Demokratie auf einem unaufhaltsamen Siegeszug, wenn man bedenkt, dass es bis zur ersten Hälfte des letzten Jahrhunderts nur knapp 30 Demokratien gegeben hat. Die eindrucksvollen Zahlen dürfen jedoch nicht darüber hinwegtäuschen, dass die Demokratie als Regierungsform wie in der Vergangenheit so auch in der Gegenwart und Zukunft vor beträchtlichen Herausforderungen steht.

M 2 Wandel der Demokratie

Über viele Jahrhunderte ... (galt) die Demokratie als instabile Regierungs- und Verfassungsform, an deren Stelle andere, monarchische oder aristokratische, Verfassungen treten sollten. Das lag vor allem daran, dass Demokratie als die „Herrschaft des Pöbels", des gemeinen Volkes und der Armen denunziert wurde. Dies war eine der Wortbedeutungen von „Demos", auf Deutsch: das Volk. ...

Doch im Sinne einer umfassenden Teilhabe des gesamten Volkes am politischen Entscheidungsprozess und der Legitimation politischer Herrschaft durch die Gesamtheit der Bürger gewinnt der Demokratiebegriff erst mit Rousseau und dann den Revolutionen des 18. Jahrhunderts an positiver Bedeutung und dann auch an erheblicher politischer Dynamik. ... Das führte dann vor allem im 18. und 19. Jahrhundert zur teilweisen Neuerfindung der Demokratie, die fortan als mittelbare, repräsentative Demokratie organisiert wurde. ...

So bestand die Ironie der Geschichte des Demokratiebegriffs darin, dass eigentlich von der Demokratie nicht die Rede war, als es darum ging, die moderne Demokratie zu etablieren. Vielmehr war, in Frankreich genauso wie in Nordamerika oder in Deutschland, von der Republik die Rede, wenn die neue Form der repräsentativen Demokratie gemeint war.

Erst unter dem Eindruck der Revolution von 1848 konnte es dann beispielsweise Guizot in Frankreich so vorkommen, als sei nun das Wort Demokratie zu einem *mot souverain, universel* geworden. ... Damit war nun Demokratie zum Gegenbegriff der absolutistisch-feudalen Herrschaftsordnung, zum Kampfbegriff gegen die alten Mächte geworden.
Vorländer, Hans: Demokratie, München, Verlag C. H. Beck, 2003, S. 9 ff, 49 f.

1. **Womit hängt es zusammen, dass der Begriff „Demokratie“ verhältnismäßig spät in die politische Diskussion und Praxis eingebracht worden ist?**
2. **Welche Überlegungen und gedanklichen Verbindungen löst der Begriff „Demokratie“ Ihrer Einschätzung und Ihrem Empfinden nach heute aus?**

Zusammenfassung

Die Anfänge des Verfassungsstaates liegen in England. Durch die Magna Charta Libertatum (1215) und die der Glorious Revolution nachfolgende Declaration of Rights (1689) wird die königliche Macht wesentlich eingegrenzt. Diese Dokumente haben bis heute Verfassungsrang. Die englische Entwicklung ist ein Beispiel für ein historisch-evolutionäres Verfassungsverständnis.

Dagegen steht das rational-voluntaristische Verfassungsverständnis. Danach beginnt mit dem Akt der Verfassungsgebung eine neue politische Ordnung. Dieser Vorgang ereignet sich in Nordamerika, als sich die amerikanischen Kolonien vom Mutterland England lösen und durch die Verfassung der Vereinigten Staaten (1787) einen neuen Typus staatlicher Ordnung begründen: die repräsentative Demokratie.

Alle wesentlichen Elemente einer demokratischen Ordnung (Volkssouveränität, Konstitutionalismus, Rechtsstaat, Pluralismus, Repräsentation) sind somit bereits zum Ende des 18. Jahrhunderts vorgezeichnet.
Maßgeblich hierfür sind die Gedanken von Charles de Montesquieu und John Locke. Montesquieu führt das Prinzip der Gewaltenteilung in das staatstheoretische Denken ein. Demnach sollen sich die einzelnen Staatsgewalten gegenseitig begrenzen. John Locke entwirft das Bild eines Staates, in dem sich die Menschen freiwillig einer von ihnen bestimmten Regierung unterstellen, um sich und ihr Eigentum zu schützen.

Durch die Französische Revolution, die Erklärung der Menschen- und Bürgerrechte findet die demokratische Entwicklung auch Eingang auf dem europäischen Kontinent. Etwa 120 Demokratien weltweit zu Beginn des 21. Jahrhunderts legen die Vermutung nahe, dass es sich bei der Regierungsform Demokratie um ein politisches Erfolgsmodell handeln könnte.

Zusammenfassende Lernaufgaben

Erkennen

1. Beschreiben Sie die Wirkungen, die von der Magna Charta und der Bill of Rights ausgehen.
2. Worin besteht der Unterschied zwischen historisch-evolutionärem und rational-voluntaristischem Verfassungsverständnis?

3. Worin besteht der Sinn einer Verfassung?
4. Erläutern Sie das Grundprinzip des Rechtsstaates.

Werten

Bewerten Sie die Bedeutung der nordamerikanischen Unabhängigkeitserklärung für unser heutiges Demokratieverständnis.

Anwenden

Entwickeln Sie eine Demokratiedefinition.

2.4 Unterschiedliche Demokratiemodelle

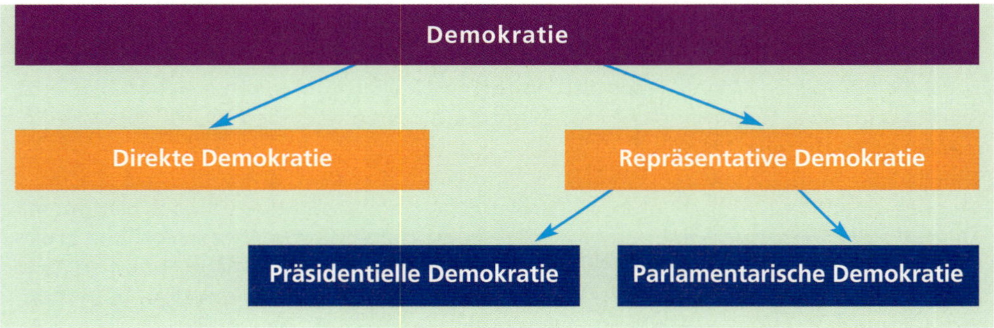

Direkte Demokratie

In der direkten Demokratie erfolgt die Willensbildung des Volkes – als dem Träger der Staatsgewalt – unmittelbar durch Mehrheitsentscheidungen. Alle stimmberechtigten Bürgerinnen und Bürger werden zur Beratung und Stimmabgabe über Gesetzesvorlagen aufgefordert. Die Form der direkten Demokratie eignet sich nur für kleine, überschaubare politische Systeme (z. B. Schweizer Kantone).

M 1 Mangelnde Durchführbarkeit

In den vormodernen Theorien war Demokratie als unmittelbare Volksherrschaft gedacht. In großen Flächenstaaten ist dieses Demokratiemodell nicht praktikabel. Selbst wenn jeder Bürger zur Beratung und Beschließung einer wichtigen Entscheidung nur zehn Minuten sprechen dürfte, müssten in einem nur 1 000 Vollbürger umfassenden Staatswesen alle 167 Stunden zuhören. Unterstellt man einen Acht-Stunden-Tag, käme man auf mehr als 20 Beratungstage. Und das nur für eine Entscheidung! Will man größere Staaten dennoch demokratisch verfassen, ist der Einbau repräsentativdemokratischer Einrichtungen unabdingbar. Das schließt direktdemokratische Institutionen nicht aus. Ob diese zum Zuge kommen und – wenn ja – in welchem Umfang, hängt von zahlreichen Faktoren ab.

Schmidt, Manfred: Demokratietheorien, 3. Aufl., Opladen, Leske + Budrich, 2000, S. 355

1. **Trotz der offenkundigen Schwierigkeiten gibt es immer wieder die Behauptung, nur eine direkte Demokratie sei eine „echte Demokratie". Welche Überlegungen könnten hinter dieser Behauptung stehen?**
2. **Inwiefern gibt es eine Verbindung zwischen der Idee der Volonté Générale bei J.-J. Rousseau und der direkten Demokratie?**

Zur direkten Demokratie zählen auch **Plebiszite**. Das ist eine Sammelbezeichnung für verschiedene Formen unmittelbarer direktdemokratischer Abstimmungen über Personal- oder Sachentscheidungen. In Deutschland ist auf Bundesebene das plebiszitäre Element kaum vorhanden. Eine direktdemokratische Abstimmung sieht das Grundgesetz nur für den Fall der Neugliederung des Bundesgebietes (Art. 29 GG) vor. Allerdings gibt es in den Bundesländern und auf Gemeindeebene verschiedene Formen der unmittelbaren Bürgerbeteiligung.

Die Landesverfassung für Rheinland-Pfalz sieht in Artikel 109 **Volksbegehren** und Volksentscheide vor. Volksbegehren können von 300 000 Stimmberechtigten innerhalb von drei Monaten durch namentlichen Listeneintrag gestellt werden. Sofern der Landtag dem Volksbegehren nicht innerhalb von drei Monaten entspricht, findet ein Volksentscheid statt. Die Gemeindeordnung für Rheinland-Pfalz regelt in § 17a die Bedingungen für **Bürgerbegehren** und Bürgerentscheid.
Bei dem Entwurf des Grundgesetzes haben die Mitglieder des Parlamentarischen Rates plebiszitäre Elemente vor allem aufgrund der Erfahrungen in der Weimarer Republik aus dem Verfassungstext ausgeklammert. Mit Entschiedenheit haben sie sich für eine parlamentarisch-repräsentative Demokratie eingesetzt.

Repräsentative Demokratie

Das Prinzip der repräsentativen Demokratie fußt auf dem freien Mandat, d.h., dass der Gewählte nicht an einen speziellen Auftrag seiner Wähler gebunden werden darf, sondern als Mitglied des Parlaments dem ganzen Volk (Souverän) gegenüber verantwortlich ist. Wegweisend für dieses Verständnis sind die Schriften des französischen Priesters Abbé Emmanuel **Sieyès** (1748–1836) und des Schweizers Johann Caspar **Bluntschli** (1808–1881).

M 2 Sièyes über Einzel- und Gemeinwillen

Im Maße, wie die Zahl der Bürger zunimmt, wird es für sie schwierig, ja unmöglich, sich zu versammeln, um die Einzelwillen einander gegenüberzustellen, sie auszugleichen und den Gemeinwillen zu ermitteln. Somit wird es nötig, dass die Gemeinschaft sich nach mehreren Bezirken aufgliedert und dass jede Teilgruppe einige ihrer Mitglieder damit beauftragt, ihre Stimme an einen gemeinsamen Sammelpunkt zu überbringen ...
Noch viel weniger kann ein großes Volk seinen gemeinschaftlichen Willen oder seine Gesetzgebung selbst direkt ausüben. Es wählt sich daher Stellvertreter und beauftragt sie, statt seiner zu wollen, und man kann schwerlich sagen, dass der gemeinschaftliche Wille dieser Stellvertreter nicht das wahre Gesetz sei und nicht für jedermann Gesetzeskraft habe ...

Sieyès, Emmanuel Joseph: Überblick über die Ausführungsmittel, die den Repräsentanten Frankreichs 1789 zur Verfügung stehen, in: Politische Schriften 1788–1790, übers. und hrsg. v. Eberhard Schmitt und Rolf Reichardt, Darmstadt und Neuwied, Hermann Luchterhand Verlag, 1975, S. 29 und 31

M 3

§ 8. Das Wesen und die Wirkungen der repräsentativen Republik

Das Prinzip der repräsentativen Demokratie ist: „Das Volk, d. h. die Gesamtheit, oder anstatt dieser die Mehrheit der Bürger beherrscht sich selbst, aber die Ausübung dieser Herrschaft wird in der Regel gewählten Stellvertretern anvertraut." Das Recht der Herrschaft wird der Mehrheit der freien und gleichen Bürger zugeschrieben, die Betätigung dieses Rechts aber voraus den Besseren unter ihnen zugestanden. Alle Bürger werden mit dem hohen Selbstgefühl der Herrschaft erfüllt, aber nur die Bürger gelangen zur Ausübung der höchsten Gewalt, welche das Vertrauen ihrer Mitbürger als die Besseren und Fähigeren emporhebt ...
Die Trennung der obrigkeitlichen Rechte von der Ausübung dieser Rechte ist der repräsentativen Republik eigentümlich. Das Recht wird im Prinzip der Mehrheit der Wähler, die Ausübung des Rechts der Minderheit der Gewählten zugeschrieben. Die Regierenden sind grundsätzlich abhängig von den Regierten und dennoch die Regierten genötigt, den Regierenden zu gehorchen. Diese Spaltung der Gewalt nach Recht und Ausübung gewährt allerdings eine Bürgschaft dafür, dass die Staatsgewalt nicht in eine Tyrannei über die Menge ausarte, sie schützt die großen Volksmassen gegen Unterdrückung. ...

Bluntschli, Johann Caspar: Deutsche Staatslehre für Gebildete, I. Teil, 3. Kapitel, § 8, Nördlingen, Verlag der C. H. Beck´schen Buchhandlung, 1874, S. 133 f.

1. Womit begründen Sieyès (M 2) und Bluntschli (M 3) die Notwendigkeit der Repräsentation?
2. Welche qualitativen Anforderungen werden an die Volksvertreter gestellt?
3. Wie gebraucht Bluntschli die Begriffe „Republik" und „Demokratie"?

Die formale Darstellung von Demokratiemodellen zeigt, dass es verschiedene Formen gibt, in welchen die Souveränität des Volkes als der „Volkswille" zum Ausdruck kommen kann. Das demokratische Selbstverständnis ist unabdingbar an diesen Begriff gebunden. Eine der möglichen Umsetzungsformen als „die richtige" oder „einzig demokratische" zu bewerten, verbietet jedoch der Respekt vor der jeweiligen Tradition demokratischer Länder.
Bei der Betrachtung repräsentativer Demokratie sind grundsätzlich zwei Formen zu unterscheiden: **parlamentarische** und **präsidentielle Demokratie**.

M 4 Ein Vergleich

Das Hauptunterscheidungsmerkmal der parlamentarischen Demokratie und der Präsidialform ist die Abberufbarkeit im Unterschied zur Nichtabberufbarkeit der Regierung oder des Regierungschefs durch die Legislative ... In der parlamentarischen Demokratie sind Amtsdauer und Amtsführung der Regierung grundsätzlich vom Vertrauen der Parlamentsmehrheit abhängig. In ihr hat die Parlamentsmehrheit das Recht, die Regierung einzuberufen. In der parlamentarischen Demokratie bestehen normalerweise enge Verbindungen zwischen der Parlamentsmehrheit und der Regierung. Die Regierung geht aus dem Parlament – meist aus dessen Mehrheit – hervor, und die Fraktionen der Parlamentsmehrheit tragen in der Regel im eigenen Interesse Sorge für die Stabilität und das politische Überleben der Regierung.

Präsidentielle Demokratie

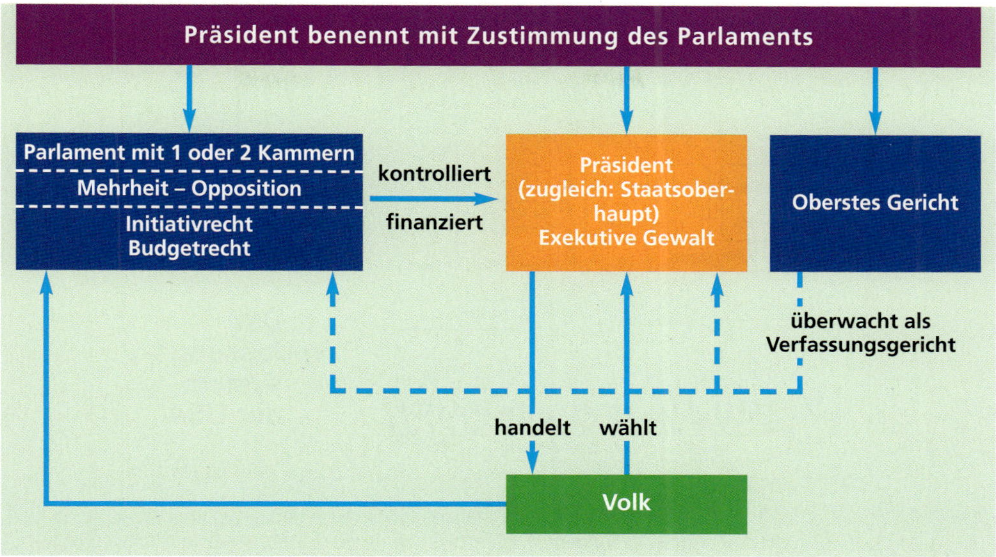

Quelle: Bundeszentrale für politische Bildung (Hg.), Zugriff am 10.01.2005 unter: www.bpb.de/files/EJJ8KH.jpg

Im präsidentiellen System hingegen sind Regierung und Parlament voneinander relativ unabhängig. Die Amtsdauer der Regierung ist in der Regel verfassungsrechtlich bindend festgelegt. Die Parlamentsmehrheit kann die Regierung aus politischen Gründen nicht abberufen, es sei denn, es handelt sich um schwerwiegenden Missbrauch des Amtes. Von dieser Ausnahme abgesehen, kann das Parlament den Präsidenten während seiner Amtszeit nicht stürzen, ungeachtet der Mehrheitsverhältnisse im Parlament. Unter Umständen hat der Präsident ein Parlament gegen sich, in dem die Oppositionspartei die Mehrheit der Abgeordneten hinter sich weiß ...

Paradebeispiel der präsidentiellen Demokratie sind die Vereinigten Staaten von Amerika. Dort findet man die Merkmale der idealtypischen Präsidialform der Demokratie weitgehend verwirklicht: weitgehende Trennung von Legislative und Exekutive, monistische Exekutive, in der Regierung und Staatsoberhaupt in einer Person vereint sind, Direktwahl des Präsidenten durch das Volk oder indirekte Wahl durch ein Wahlmännergremium, Nichtabberufbarkeit der Exekutive während der Amtsperiode (mit Ausnahme der Amtsenthebungsklage), kein Recht zur Parlamentsauflösung seitens des Präsidenten sowie schwache Fraktionsdisziplin und vergleichsweise locker gefügte Parteien ...

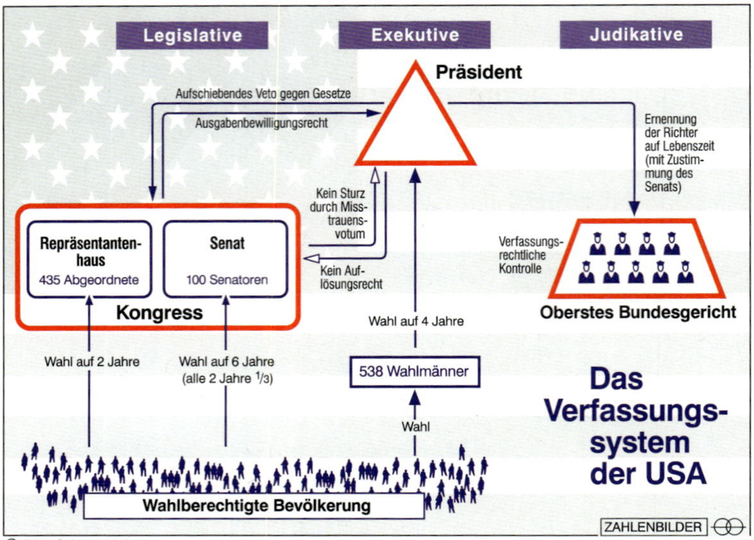

© Erich Schmidt Verlag

Kennzeichen der parlamentarischen Form der Demokratie sind demgegenüber die Spielregeln, die sich Ende des 18. und zu Beginn des 19. Jahrhunderts in England herausgebildet hatten. Zu ihnen gehört die „Schicksalsgemeinschaft" von Regierung und Opposition ... vor allem die Abberufbarkeit der Regierung und die Herausbildung einer parlamentarischen Opposition, die als offizieller innerparlamentarischer Gegenspieler der Regierungsmehrheit handelt. In der parlamentarischen Demokratie stehen sich nicht Parlament und Regierung gegenüber, sondern die parlamentarische Opposition auf der einen und die Parlamentsmehrheit sowie die von ihr gestützte Regierung auf der anderen Seite – sieht man von Minderheitsregierungen ab. In der parlamentarischen Demokratie spielt der Oppositionsführer naturgemäß eine besondere Rolle, wie insbesondere der britische Fall zeigt. Ganz anders verhält es sich im Präsidialsystem. Bezeichnenderweise gibt es dort den Oppositionsführer im britischen Sinne nicht ...

Parlamentarische Demokratie

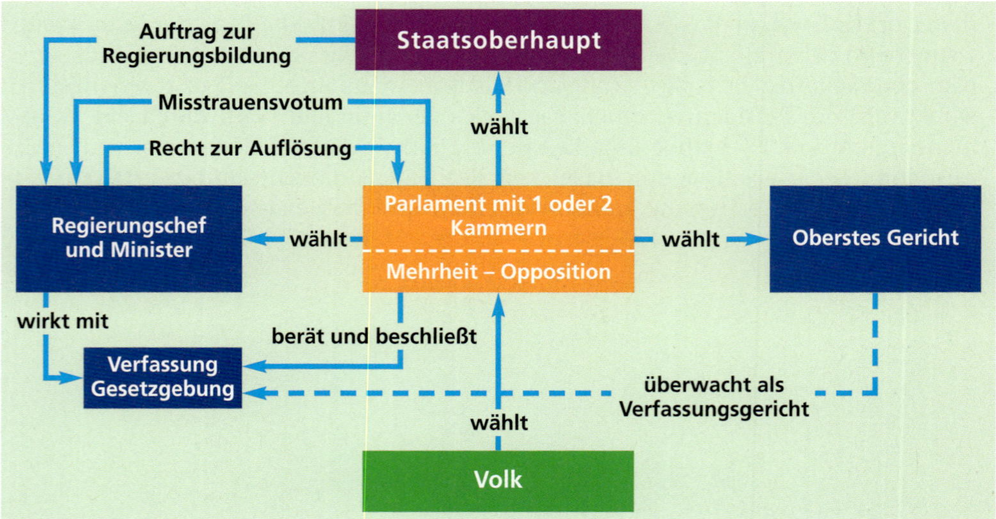

Quelle: Bundeszentrale für politische Bildung (Hg.), Zugriff am 01.02.2005 unter: www.bpb.de/files/56LRY5.jpg

Untrügliche Kennzeichen des parlamentarischen Regierungssystems sind die Abberufbarkeit der Regierung und die doppelte Exekutive. Die Exekutive besteht aus dem Regierungschef, beispielsweise dem Kanzler oder dem Ministerpräsidenten, und dem Staatsoberhaupt, beispielsweise dem Präsidenten eines Staates. Im reinen Präsidentialismus hingegen ist die Regierung nicht abberufbar und die Exekutive ist geschlossen: Funktion und Amt des Regierungschefs und des Staatsoberhaupts sind im Präsidenten vereint ...

Im Unterschied zu den semipräsidentiellen Ländern, wie Frankreich, Finnland, die Weimarer Republik und Polen in den 90er-Jahren, ist die Einstufung der Bundesrepublik Deutschland in der Typologie präsidentieller und parlamentarischer Demokratien unstrittig. Die Bundesrepublik Deutschland hat eine doppelte Exekutive mit Kanzlerdominanz und schwachem Präsidenten. Das ist das Ergebnis einer verfassungspolitischen Weichenstellung, die von der Negativerfahrung mit der Weimarer Reichsverfassung und der gezielten Abgrenzung von ihr geprägt wurde ...

Die Stabilität der Regierung und ihre Handlungsfähigkeit waren dem Verfassungsgeber tatsächlich ein besonders hoher Wert. Dafür wurde die Position des Kanzlers gestärkt, während die Kompetenzen des Bundespräsidenten im Vergleich zum Reichpräsidenten der Weimarer Republik drastisch beschnitten und die des Parlaments beträchtlich aufgewertet wurden. Nur unter außergewöhnlichen Bedingungen rückt der Bundespräsident in eine einflussreiche Stellung, beispielsweise wenn die Mehrheit der Bundestagsmitglieder sich nicht auf die Wahl eines Kanzlers einigen kann oder wenn Legislative und Exekutive nicht auf die verfassungsmäßig vorgesehene normale Weise funktionieren, so im Falle des Gesetzgebungsnotstandes nach Artikel 81 Grundgesetz. Ansonsten ist die Bundesrepublik ein parlamentarisches Regierungssystem mit Kanzlerdominanz, wenn nicht gar Kanzlerhegemonie. Deshalb gilt sie manchen auch als „Kanzlerdemokratie".

Schmidt, Manfred: Demokratietheorien, 3. Aufl., Opladen, Leske u. Budrich, 2000, S. 309 ff., 314 ff.
(Schaubilder nicht im Original)

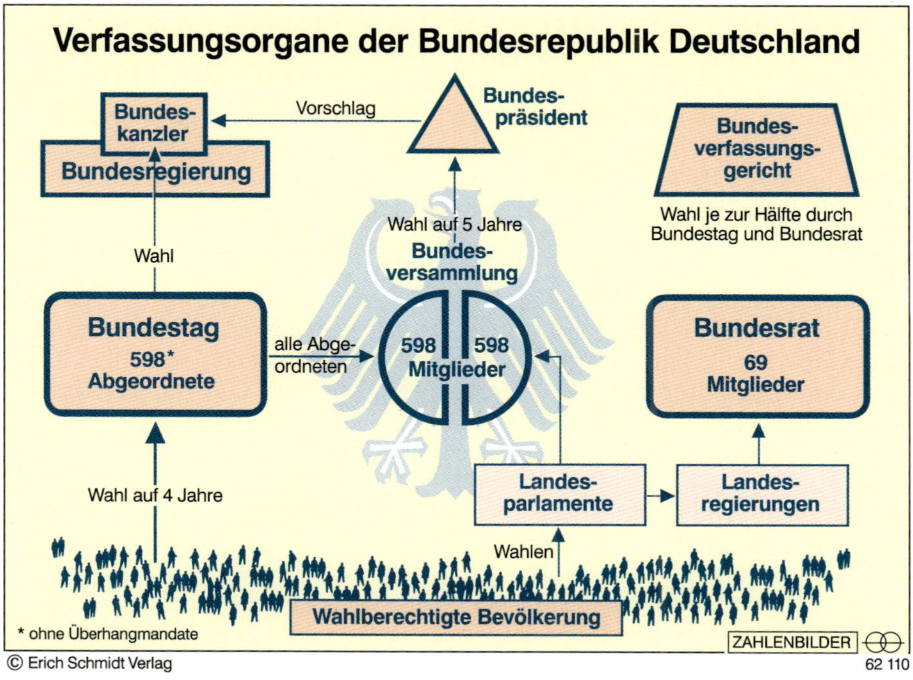

© Erich Schmidt Verlag

1. Vergleichen Sie das präsidentielle und parlamentarische Regierungssystem miteinander hinsichtlich folgender Punkte:
- **Stellung und Funktion des Volkes (Souverän)**
- **Stellung und Funktion des Präsidenten (Staatsoberhaupt)**
- **Stellung und Funktion des Parlaments (Legislative)**
- **Ausübung der Exekutive**
- **Gewaltenteilung**

2. Vergleichen Sie die schematischen Darstellungen mit dem realen Regierungssystem der USA bzw. der Bundesrepublik Deutschland. Wo stellen Sie Abweichungen von der schematischen Vorgabe fest?

3. Suchen Sie je ein weiteres Beispiel für eine präsidentielle und parlamentarische Demokratie und begründen Sie Ihre Zuordnung.

Ein nur formaler Vergleich zwischen Präsidentialdemokratie und parlamentarischer Demokratie würde zu kurz greifen, wenn nicht auch beide Demokratieformen hinsichtlich ihrer Wirkungsweise im politischen Prozess betrachtet werden könnten.

M 5 Vor- und Nachteile

Hinsichtlich der politischen Abläufe fällt vor allem die unterschiedliche Wertigkeit von Parteien in der Präsidentialdemokratie und der parlamentarischen Demokratie auf. Im parlamentarischen Regierungssystem sind relativ gut organisierte Parteien und disziplinierte Parteifraktionen im Parlament unerlässlich für das Funktionieren des Systems. In ihm stützt sich die Regierung meist auf die Parlamentsmehrheit oder – vor allem in Nordeuropa – auf eine parlamentarische Minderheit ... Beides aber setzt in der Regel eine relativ geschlossene Fraktion der Regierungspartei oder Regierungsparteien voraus. Auch die Opposition tritt unter den Bedingungen des parlamentarischen Systems eher geschlossen auf. Im parlamentarischen System kommt es deshalb meist zur Konfrontation von Regierungs- und Oppositionsparteien ...
Insgesamt neigen parlamentarische Systeme stärker zum „Parteienstaat", in dem die Parteien Schlüsselpositionen in der öffentlichen Willensbildung, der Regierungsbildung, der Regierungsausübung und der Besetzung öffentlicher Ämter einnehmen. ... Man mag die Machtstellung von Parteien im „Parteienstaat" befürworten oder bedauern: Sie ist eine notwendige Folge des parlamentarischen Regierungssystems im Zeitalter der Massendemokratie ...

Im Präsidentialismus hingegen sind der Parteienstaatscharakter und die Geschlossenheit der Parteien meist schwächer. Präsidentielle Systeme, allen voran die USA, können sich locker gefügte Parteien und letztlich ein geringeres Maß an dauerhaft hartem Parteienwettbewerb leisten. Größere Beweglichkeit im Parteiensystem und Wählerverhalten gehören dort zum System. Parteiendisziplin und Fraktionsdisziplin sind nicht in dem Maße erforderlich wie in parlamentarischen Systemen. ...

Parlamentarische und präsidentielle Demokratien unterscheiden sich zudem hinsichtlich der politischen Führung und der Regierungspraxis ...

Die Präsidialform kann dem Amtsinhaber große Macht verleihen. Deshalb ist mit einigem Recht behauptet worden, dass das Präsidialsystem der USA im Vergleich zum parlamentarischen System der Bundesrepublik in Ausnahmesituationen „handlungs- und reaktionsfähiger“ sei. ...

Andererseits steht dem Präsidenten eine sehr starke Legislative gegenüber, die sich regelmäßig nicht nach Parteifraktionen organisiert, sondern ihre Entschlüsse häufig auf der Basis wechselnder Koalitionen über Parteigrenzen hinweg fällt. Nicht selten kann der Kongress seine Stärke bis zur Blockierung der Staatstätigkeit unter Beweis stellen ... Politikstau ... ist in diesem System kein Zufall. ...

Schlussendlich ist vor zu enger Koppelung von Leistungsprofil einerseits und Parlamentarismus-Präsidentialismus andererseits zu warnen: Der Unterschied zwischen dem parlamentaristischen und dem semi- oder vollpräsidentiellen Regierungssystem ist nur **eine** [*Hervorhebung nicht im Original*] Variable unter vielen Faktoren, unter ihnen das Verhalten der politischen Elite und die Strukturen des Parteiensystems, die das politische Leistungsprofil eines Landes prägen ...

Schmidt, Manfred: Demokratietheorien, 3. Aufl., Opladen, Leske u. Budrich, 2000, S. 318 ff., 324

Fassen Sie die wichtigsten Punkte dieses Beitrags zusammen.

2.5 Akzeptanzprobleme in demokratischen Systemen

Politikverdrossenheit

M 1 Bürger und Politik – ein schwieriges Verhältnis

Um das Verhältnis zwischen Bürgern und Politik war es in der Bundesrepublik Deutschland nie sonderlich gut bestellt. Das wäre für unsere politische Kultur noch zu vertreten, hätten nicht auch die politischen Anomiepotenziale (wie z. B. Nichtwähleranteile, Verlust des politischen Interesses und Engagements, aufkeimender Rechtsextremismus usw.) innerhalb der letzten drei Jahrzehnten bedenkliche Formen angenommen. Dabei haben sich Wähler und Parteien immer weiter voneinander entfernt und noch nie waren sie sich so fremd wie heute. Infolgedessen hat sich der Bürger von der Politik entfremdet und umgekehrt ist ihm auch die Politik fremd geworden. D. h. der Bürger versteht die Politik nicht mehr und er kann sie nicht mehr nachvollziehen und die Politik erreicht ihn als Adressaten nicht mehr. Dieses Phänomen ist zugleich Erscheinungsbild als auch Ursache der Politik- und Politikerverdrossenheit, da es zu einem Teufelskreis führt, der sich wechselseitig bedingt und inzwischen eine prekäre Eigendynamik angenommen hat.

Ebenso stehen sich zwei wesentliche Komponenten gegenüber, denen die Hauptursachen der Politiker- und Politikverdrossenheit zugeordnet werden können. Auf der politischen Seite werden dringende Sachprobleme gar nicht oder nicht angemessen und nicht rechtzeitig gelöst. Auf der Seite des Volkes hat der Bürger praktisch kaum etwas zu sagen und mitzubestimmen, sowohl in der politischen Sache als auch bei der Auswahl der meisten Politiker. An dieser Stelle treffen die „Repräsentationsdefizite“ der Politiker auf „Partizipationsdefizite“ des Bürgers. Realisiert der Bürger diesen Sachverhalt und sieht er sich davon persönlich betroffen, entwickeln sich bei ihm Verdrossenheitsmomente – er fühlt sich ohnmächtig und entmündigt. Überdies gewinnt er den Eindruck, dass er nur noch eine Statistenrolle im politischen Geschehen spielt und seine Stimme/Meinung lediglich zu Wahlzeiten und ansonsten nicht gefragt ist.

Der Bürger ist nur nominell Herr und Souverän in unserer Demokratie, in Wahrheit besitzt er aber kaum Einflussmöglichkeiten. Die Entmündigung der deutschen Wähler zeigt sich besonders auf der Bundesebene, auf der nach der Kompetenzverteilung des Grundgesetzes die wichtigsten Entscheidungen fallen. Sachentscheidungen im Wege des Volksbegehrens und Volksentscheids existieren auf der Bundesebene nicht. Aber selbst bei der Ausübung seines „Königsrechts", dem Wahlrecht, wird der Bürger von den Parteien bevormundet und gegängelt, denn wer in das Parlament einziehen darf, entscheidet die Partei. ...

Die Entmündigung des Bürgers führt zudem auch zu einer gewissen Sprachlosigkeit, er sieht keine Möglichkeit mehr sich ins politische Geschehen einzubringen, schweigt und gibt auf. Diese Sprachlosigkeit weiter Teile der Bevölkerung ist vor allem deshalb bemerkenswert, weil sie über ein längerfristiges Absinken der Wahlbeteiligung und ein Verfolgen von Eigeninteressen hinaus zu einer Beeinträchtigung weiterer Bindungen führt. Indikatoren hieraus sind z. B. die sinkenden Mitgliederzahlen in Vereinen und Verbänden.

Huth, Iris: Politische Verdrossenheit, Münster, LIT-Verlag, 2004, S. 242 f.

1. Worauf ist nach Ansicht der Verfasserin „Politikverdrossenheit" zurückzuführen?
2. Beurteilen Sie die Ausführungen der Verfasserin.

Im Jahr 1992 wird „Politikverdrossenheit" als „Wort des Jahres" ausgewählt. Der Begriff geht leicht über die Lippen, ist mediengängig, bringt aber eher ein diffuses Gefühl der gesellschaftlichen Befindlichkeit als ein konkretes Anliegen zum Ausdruck. Ist damit eine allgemeine Distanz der Bürgerinnen und Bürger zu Politik gemeint, ein Misstrauen gegenüber den politischen Akteuren und Institutionen, ein kaum fassbarer Rechtfertigungsgrund für fehlenden Partizipationswillen oder eine allgemeine Unzufriedenheit mit der Leistungsfähigkeit des demokratischen Systems?

Umfragen

M 2 Paradoxe Ergebnisse?

Das durchschnittliche Politikinteresse „ganz normaler" Leute ist nicht so gering, wie gemeinhin angenommen wird. Allen Unkenrufen über „das unpolitische Volk" und mutmaßlicher Apathie zum Trotz können sich die Zahlen durchaus sehen lassen.

Frage: „Wie stark *interessieren* Sie sich für Politik?"
Sehr stark 4 % / Stark 26% / Etwas 45 % / Kaum 18 % / Gar nicht 7 %

Außer den Parteianhängern (35–45 %) sind überdurchschnittlich interessiert: Pensionäre (65 %), einfache und qualifizierte Beamte (59 %), Angehörige höherer sozialer Schichten (57 %), leitende Angestellte und Beamte (54 %), Befragte mit Abitur (50 %), Selbstständige (49 %), Menschen mit einem monatlichen Haushaltsnettoeinkommen über 3.000 Euro (45 %) und Männer (40 %). „Etwas interessiert" zeigen sich 45 % der Befragten. Darunter häufig: Teilzeitbeschäftigte (Frauen) (53 %), Angestellte (53 %) und Facharbeiter (50 %). Mehr oder weniger desinteressiert sind insgesamt 25 %, vor allem potenzielle Nichtwähler (59 %), Arbeiter (55 %), Arbeitslose (43 %), Befragte aus Hartz-

IV-Haushalten (42 %), Menschen mit einem monatlichen Haushaltsnettoeinkommen unter 700 Euro (41 %) und unter 24-Jährige (41 %).
Die Dominanz des „Etwas" (45 %) zeigt – auch wenn es natürlich bildungs- und schichtenspezifische Unterschiede gibt –, dass der durchschnittliche Zustand des politischen Bewusstseins unaufgeregt ist. Man interessiert sich für Politik, wenn Entscheidungen anstehen und Diskurse über die großen Fragen übers Land gehen. Doch der Normalzustand der meisten Menschen ist im Grunde ein mehr oder weniger aufgeklärter Ruhezustand, den man bei Bedarf verlässt, um sich – sei's am Biertisch oder bei wichtigen Entscheidungen an der Wahlurne – als Staatsbürgerin oder Staatsbürger zu positionieren. Addiert man diese Haltung zu derjenigen der „stark" und „sehr stark" Interessierten, kommt man immerhin auf 75 %, die mindestens potenziell oder auch virulent an politischen Fragen interessiert sind.
Fragt man nun dieselben Leute, ob sie sich vorstellen können, an der nächsten Bundestagswahl nicht teilzunehmen, gelangt man zu einem scheinbar entgegengesetzten Befund.

Frage: „Können Sie sich vorstellen, dass Sie bei der nächsten Bundestagswahl nicht wählen gehen?"
Ja, *kann* ich mir vorstellen: 47 % / Nein, kommt für mich nicht infrage: 52 %.
...
Dieses scheinbare Paradox – einerseits ist man mehrheitlich durchaus am Politischen interessiert, andererseits hält man sich von der konkret zur Wahl stehenden Politik auch gerne fern – markiert die Spannung, die ... in die leitende These mündet: Es ist eine bestimmte Politik fehlender sozialer und politischer Teilhabe, die aus dem potenziellen Politikinteresse eine ermüdete Haltung gegenüber der Demokratie werden lässt.

Embacher, Serge: Demokratie – Nein danke?, Bonn, Verlag J. H. W. Dietz Nachf., 2009, S. 25 ff.

Dieses Ergebnis ist Teil einer repräsentativen Befragung von 2 503 Teilnehmerinnen und Teilnehmern zum Thema Demokratie. U. a. wurden folgende Fragen vorgelegt:

M 3

Was glauben Sie, funktioniert die Demokratie bei uns in Deutschland sehr gut, gut, weniger gut oder schlecht?

Sehr gut	8 %
Gut	54 %
Weniger gut	31 %
Schlecht	6 %

Wenn jemand sagt: Mit der Demokratie können wir die Probleme lösen, die wir in Deutschland haben. Würden Sie dem voll und ganz, eher, eher nicht oder gar nicht zustimmen?

Stimme voll und ganz zu	13 %
Stimme eher zu	54 %
Stimme eher nicht zu	26 %
Stimme überhaupt nicht zu	6 %

Hier auf dem Blatt steht eine Aussage: „Eigentlich will ich die Demokratie, aber so, wie sie heute bei uns ist, habe ich damit nichts zu tun.“ Stimmt das Ihrer Meinung nach?

Finde, das stimmt	25 %
Stimmt nicht, kann aber die Aussage nachvollziehen	34 %
Stimmt nicht und ich habe auch keine Verständnis für so eine Aussage	29 %
Weiß nicht/keine Angabe	11 %

Ist die demokratische Ordnung verteidigungswert?

Ja	25 %
Eher ja	53 %
Eher nein	18 %
Nein	4 %

Embacher, Serge: Demokratie – Nein danke?, Bonn, Verlag J. H. W. Dietz Nachf., 2009, S. 67, 69 ff.

Die Initiatoren der Repräsentativ-Befragung geben sich mit den einfachen Ergebnissen nicht zufrieden. Sie verknüpfen sie mit verschiedenen sozialen Faktoren (Einkommen, Bildungsstand, Reformbetroffenheit u. a.) und gelangen zu folgendem Fazit:

M 4 Schlussfolgerung

Insofern lautet der (immer vorläufige) Schluss, den man aus der Untersuchung ziehen kann, dass ohne eine Politik des sozialen Ausgleichs und der politischen Teilhabe gesellschaftliche Integration auf Dauer nicht mehr gewährleistet ist. Nicht Armut ... als solche führ[t] zu Demokratiedistanz und Politikverdruss, sondern eine Politik, die als sozial ungerecht und mangelhaft begründet empfunden wird. Daraus folgen zwei Lösungsstrategien ...

Demokratische Politik muss wieder viel stärker an die Vorstellung von Demokratie als soziale Demokratie herangeführt werden, wenn das politische System einer auf Dauer gestellten Legitimationskrise entgehen will. ...

Der Wert der demokratischen Teilhabe muss viel stärker betont werden als bislang. Die gegenwärtige Krise der Politik ist vor allem auch eine Krise des repräsentativen Systems der Demokratie. ... Die Reformen der letzten Jahre sind ... vor allem ein Beispiel für mangelhaften gesellschaftlichen Diskurs und fehlende Teilhabe an fundamentalen Entscheidungen für das Gemeinwesen.

Embacher, Serge: Demokratie – Nein danke?, Bonn, Verlag J. H. W. Dietz Nachf., 2009, S. 72

2.6 Parteienkritik – die Kehrseite des Pluralismus?

Sind die Parteien schuld?

Artikel 21, GG:

(1) Die Parteien wirken bei der politischen Willensbildung des Volkes mit. ...

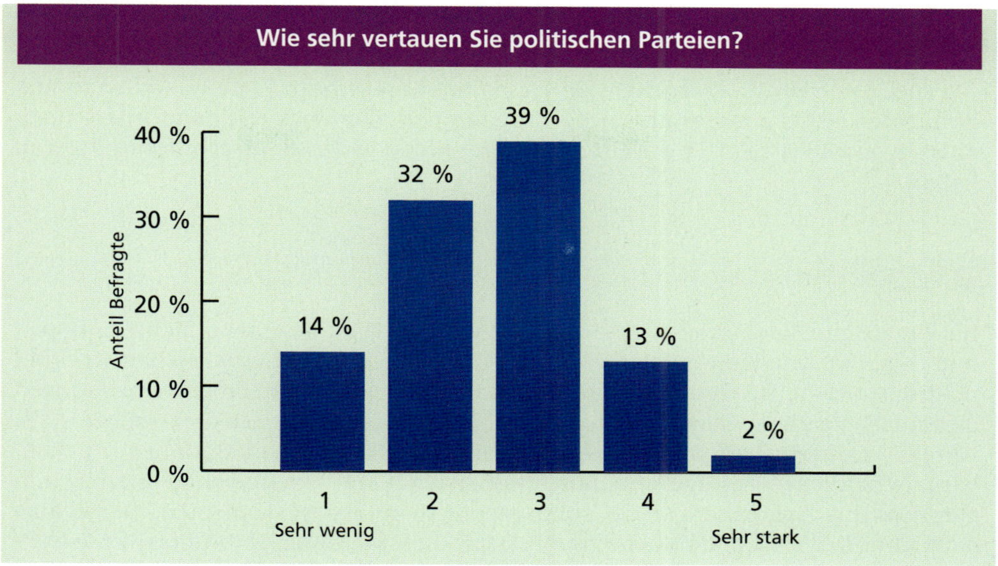

Befragt wurden Jugendliche im Alter von 15 bis 25 Jahren

Quelle: TNS Infratest Sozialforschung GmbH, München/15. Shell Jugendstudie 2006

Es scheint so, als würde ein Gutteil sogenannter Politikverdrossenheit von der Kritik an dem Parteiensystem herrühren. Auf Parteien zu schimpfen, ihnen Unfähigkeit und Eigeninteresse vorzuwerfen, ist heute weitverbreitete Gepflogenheit der Alltagskommunikation. Oftmals wird auch der Vorwurf des „Parteienfilzes" laut. Gemeint ist damit der massive Einfluss der Parteien auf die Vergabe von Ämtern und Positionen weit über den eigentlich politischen Bereich hinaus (z. B. Medien, Hochschulen, Kultur, Sport). Der Verdacht wird geäußert, dass es in bestimmten Bereichen nicht mehr möglich sei, beruflich Karriere zu machen, ohne ein Parteibuch in der Tasche zu haben. Parteispendenaffären und das Bekanntwerden von heimlichen Nebeneinkünften namhafter Politiker haben dem Ansehen der Parteien weiter geschadet. Von daher sind auch ernst zu nehmende Kritiker der Ansicht, dass Bereitschaft und Befähigung von Parteien zur Problemlösung gering seien, hingegen ihre Neigung zu unmäßigem Machtgewinn und Ämterpatronage groß.
Mögen alle diese Vorwürfe insgesamt oder auch nur teilweise berechtigt sein, so wäre es im Sinne einer gewissenhaften Auseinandersetzung mit den Parteien falsch, es bei dieser mitunter auch klischeehaften und pauschalierenden Kritik zu belassen. Zu fragen ist deshalb zunächst nach dem Auftrag der Parteien in der parlamentarischen Demokratie der Bundesrepublik Deutschland.

Aus der Perspektive der klassischen Demokratie-Theorie sind Parteien kein unerlässlicher Bestandteil der Demokratie. Radikale Demokraten in der Nachfolge von J.-J. Rousseau haben sich stets parteiablehnend gezeigt, weil sie mit irgendeiner Gruppenbildung das gesamtgesellschaftliche Interesse zu verleugnen glaubten. Diese Vorstellung widerspricht jedoch der Realität einer modernen Gesellschaft. In ihr gibt es eine Vielzahl von Gruppen, in denen sich Menschen mit gleichen Interessen und Absichten zusammenschließen. Diese Gruppen – mit unterschiedlich hohem Organisationsgrad – verdeutlichen das Grundrecht jedes Gesellschaftsmitgliedes auf freie

Entscheidung. Die Theorie des **Pluralismus** geht davon aus, dass die einzelnen Gruppen in Konkurrenz zueinander stehen und zwangsläufig Kompromisse finden müssen zugunsten des Wohlergehens der gesamten Gesellschaft. Parteien stellen formal betrachtet nichts anderes als solche Gruppen dar, allerdings mit dem Unterschied, dass sie gemäß Artikel 21 des Grundgesetzes einen verfassungsrechtlichen Auftrag haben.

M 1 Pluralismus

Im Pluralismus konkurrieren eine Vielzahl verschiedener gesellschaftlicher Gruppen und Organisationen mit- und gegeneinander um gesellschaftliche, wirtschaftliche und politische Macht. Sie versuchen ihren Einfluss in den politischen Prozess einzubringen und auf die staatliche Gewalt durchzusetzen. Verschiedene intermediäre Gruppen – z. B. Parteien, Gewerkschaften, Arbeitgeberverbände, karikative Organisationen, Kirchen, wissenschaftliche Vereinigungen, Bürgerinitiativen u. a. m. – verfolgen selbständig und autonom ihre Ziele innerhalb des politischen Systems, wobei sie theoretisch gleichberechtigt sind. Wie im politischen System „Staat" die Staatsgewalt institutionell zwischen den Organen der Staatsgewalt aufgeteilt ist, so sollen die verschiedenen gesellschaftlichen Gruppen und Organisationen ihre Macht gegenseitig begrenzen, d. h. dass im pluralistischen System idealtypisch einer Organisation immer eine oder mehrere gleichmächtige Gegenorganisation(en) gegenüberstehen soll(en) (z. B. Arbeitgeber/Gewerkschaften). ...
Pluralismus in modernen hochindustrialisierten Gesellschaften kann sich nicht ausschließlich individuell widerspiegeln, sondern bedarf Institutionen, die das breit geprägte Bild unterschiedlicher Vorstellungen bündeln. Wichtigste Kräfte dabei sind Parteien und Verbände (Interessengruppen). Ein funktionsfähiges Mehrparteiensystem, die effektive Möglichkeit zur Bildung von Parteien auf rechtsstaatlicher Basis, verfassungsmäßig garantierter Minderheitenschutz sowie der Wechsel von Regierung und Opposition sind weitere bedeutsame Kennzeichen für einen funktionierenden Pluralismus.

Woyke, Wichard: Pluralismus, in: Handwörterbuch des politischen Systems der Bundesrepublik, Zugriff am 03.08.2009 unter: www.bpb.de/wissen

1. **Kennzeichnen Sie die Grundidee des Pluralismus.**
2. **Nennen Sie die gesellschaftlichen und politischen Bedingungen für einen funktionierenden Pluralismus.**

Parteien im Spannungsfeld

Die Parteien haben aufgrund ihres verfassungsmäßigen Auftrages eine höhere gesellschaftliche Verantwortung als jede andere Gruppierung. Andererseits sind es Organisationen mit allen üblichen Führungs-, Strukturierungs- und Zielproblemen. Hieraus entsteht ein brisantes Spannungsfeld zwischen hohem Auftrag und Anspruch einerseits und nüchternem Organisationsalltag andererseits. Dadurch geraten die Parteien aber auch sehr schnell in die öffentliche Kritik, je nachdem von welchem Bezugspunkt man sie betrachtet.

M 2

Angeborene Handicaps

Die meisten der populären Vorwürfe gegen die politischen Parteien resultieren aus den strukturellen Widersprüchen des Betriebes

Fünfzig Prozent des Wahlvolkes fühlt sich von allen Parteien enttäuscht. In der politischen Debatte werden sie mit Schimpf und Schande überschüttet, die immer gleichen Mängelrügen werden aufgetischt. Unter den Tisch fällt dabei die Stumpfsinnigkeit so mancher Kritik. Die meisten Vorwürfe resultieren aus Widersprüchen, die dieser politischen Organisationsform in die Wiege gelegt sind.

1. Die Partei will die speziellen Interessen ihrer Mitglieder artikulieren und zur Geltung bringen. Dafür ist sie gegründet worden. Andererseits muss sie, will sie nicht zur special-interest-group degenerieren, eine beachtliche Bandbreite von Interessen integrieren. Um Wählerstimmen zu maximieren, muss sie für breite Kreise anschlussfähig sein. Der Kampf um die wahlentscheidende Mitte spielt eine herausragende Rolle. Die Zeugen der Anklage sind schnell gefunden: Entweder verrät die Partei ihre Anhänger, indem sie auch viele andere anzusprechen versucht. Oder sie verschreckt große Wählerschichten, weil sie sich nur im Horizont ihrer Klientel bewegt.
Die Zeugen treten oft im Duett auf. Sie beklagen sich dann auch darüber, dass die Parteien nicht mehr unterscheidbar seien. Im Einheitslook kämen sie daher. Aber zugleich werden Parteien, die sich um ein markantes Profil bemühen, ideologischer Beschränktheit verdächtigt und für mehrheitsunfähig erklärt.

Bürokratisiert und abgehoben

2. Die Partei will gesellschaftlich, im Alltag der Bürgerinnen und Bürger, verankert sein. Andererseits soll sie in den staatlichen Institutionen kompetent vertreten sein. Die Kritik liegt auf der Hand: Entweder hat die Partei kein Know-how, kann mit dem Regierungs- und Verwaltungsapparat nicht umgehen. Oder sie ist bürokratisiert, abgehoben, ohne Zugang zum Leben normaler Menschen ...

3. Als Regierende zielt die Partei auf das Ganze – sie trägt Verantwortung und ist für das allgemeine Wohl zuständig. Zugleich verrät bereits ihre Bezeichnung, dass sie nur einen Teil, lateinisch *parș*, repräsentiert. Schon dies öffnet Tür und Tor für Vorwürfe: Entweder bedient sie nur ihre soziale Basis und lässt den Blick auf das Allgemeine vermissen ... Oder eine Regierungspartei agiert staatstragend und lässt das Besondere unterbelichtet. Als Gerhard Schröder im März des Jahres 2003 seine Agenda 2010 verkündete, brach an der sozialdemokratischen Parteibasis helles Entsetzen aus. Der Kanzler berief sich auf die Staatsräson, viele seiner Parteifreunde beschworen sozialdemokratische Tugenden.

Machtbesessen und realitätsfremd

4. Die Partei braucht ehrgeizige und qualifizierte Akteure, die nach Macht streben, die wichtige politische Funktionen ausüben können und wollen. Andererseits ist sie auf ehrenamtliches Engagement angewiesen, auf Motivation im Dienste der guten Sache. Ankläger treten hier wie dort auf: Entweder den Parteipolitikern geht es nicht mehr um Ziele und Ideale, sondern nur um Macht und Karriere. Oder die Partei ist nur ein Nest für Weicheier, die realitätsfremden Utopien anhängen, ohne den Gang der Dinge wirksam beeinflussen zu können.
Seit das Mediensystem als eigenständiger politischer Akteur etabliert ist, kommt Punkt 5 dazu: Die Partei muss in der Lage sein, massenmedial erfolgreich zu kommunizieren, also der Funktionslogik des Mediensystems sich anzupassen. Andererseits hat sie Rücksicht zu nehmen auf die –

langsam verlaufenden – Prozesse innerparteilicher Meinungs- und Willensbildung und darf den unverändert hohen Stellenwert direkter Kommunikation nicht unterschätzen. Der Vorwurf füllt inzwischen Blätter und Bücher: Entweder wird Parteiarbeit zum Showbusiness, in dem medientrainierte Politprofis symbolische Politik unterhaltsam präsentieren. Oder dröge Routiniers reden vor tristen Kulissen langatmiges Politikchinesisch.

... [D]iese Dilemmate sind es, die es den Kritikern so leicht und den Parteien so schwer machen. Hinzu kommt, dass die Parteien Hohn- und Spottgesänge kräftig mitsingen. Im Kampf um die Wähler ist ihnen jede Kritik an anderen Parteien willkommen. Sie betreiben sogar *negative campaining*, bis an keiner von ihnen mehr ein gutes Haar auffindbar ist. Wenn Wirtschaftskonkurrenten oder Sportwettkämpfer so miteinander umgingen, wären auch Wirtschaft und Sport auf der nach unten offenen Imageskala tiefer im Keller ...

Solche Parteien haben schon verloren, die den Stress des Sowohl-als-auch nicht aushalten, die die Pole dieser strukturellen Widersprüche nicht austarieren. Populisten, die eine Antipartei ohne diese Widersprüche versprechen, entpuppen sich regelmäßig als Lügner. Sich auf eine Seite zu schlagen, also z. B. nur noch „mittig", staatstragend, machtgeil und medienkonform zu agieren, ist auch kein Erfolgs-, noch nicht einmal ein Überlebenskonzept. Konflikte um die Feinabstimmung, um die Gewichtung der Pole hingegen sind positive Lebenszeichen, keine Schwächesymptome ...

Statt den politischen Parteien immer wieder ihre angeborenen Handicaps vorzuhalten, wäre es produktiver, ihre innovativen Ambitionen zu fördern, ihr Öffnungsprozesse zu stärken, ihre Dialog- und Lernbereitschaft zu unterstützen. Wie noch keine bessere Staatsform als die Demokratie, so ist auch noch keine bessere politische Organisationsform als die Partei erfunden.

Braun, Tim; Meyer, Stefan; Vogel, Carsten; Wagner, Andreas: Angeborene Handicaps, in: Frankfurter Rundschau, 19.02.2004, S. 7

1. **Fassen Sie die Meinung der Verfasser in einer Kernaussage zusammen.**
2. **Beurteilen Sie folgende Aussage: „Wenn sich die Parteien die Fähigkeit zur stetigen Selbsterneuerung bewahren, brauchen sie die Zukunft nicht zu fürchten."**
3. **Kontrastieren Sie den Text (M 2) mit der folgenden Karikatur. Äußern Sie Ihre Meinung.**

Zusammenfassung

Grundsätzlich gibt es zwei Ausformungen der demokratischen Ordnung: direkte und repräsentative Demokratie. Die repräsentative Demokratie wird unterteilt in präsidentielle und parlamentarische Demokratie. In der direkten Demokratie erfolgt die Willensbildung des Volkes unmittelbar durch Mehrheitsentscheidungen. Elemente der direkten Demokratie sind auch Plebiszite als Volks- und Bürgerbegehren bzw. Volks- und Bürgerentscheide.

In der repräsentativen Demokratie sind die vom Volk gewählten Abgeordneten in ihrer freien Entscheidung dem ganzen Volk (Souverän) gegenüber verantwortlich. In der präsidentiellen Demokratie wählt das Volk einen Präsidenten als den Inhaber der ausführenden Gewalt (Exekutive). In der parlamentarischen Demokratie wählt das Parlament aus seiner Mitte heraus die Exekutivgewalt. Das bekannteste Beispiel für eine präsidentielle Demokratie sind die Vereinigten Staaten von Amerika. Die Bundesrepublik Deutschland ist eine parlamentarische Demokratie mit starker Stellung des Bundeskanzlers. In den meisten Staaten gibt es Mischformen zwischen beiden Demokratiemodellen. Es fehlen eindeutige Hinweise darauf, welches Demokratiemodell in der politischen Praxis wirkungsvoller und erfolgreicher ist. Hierzu sind weitere Faktoren in Betracht zu ziehen, die in der politischen Kultur des jeweiligen Landes gründen.

Der modische Begriff „Politikverdrossenheit“ steht für einige Akzeptanzprobleme hinsichtlich Transparenz und Leistungsfähigkeit des demokratischen Systems. Die vorhandene Unzufriedenheit schlägt sich in sinkender Wahlbeteiligung nieder.
Ein wesentlicher Kritikpunkt betrifft die empfundene Ineffizienz der Parteien, denen das Grundgesetz der Bundesrepublik Deutschland eine wichtige Mittlerrolle im politischen Prozess zuschreibt. Im Sinne eines praktikablen Pluralismus scheinen jedoch Parteien unverzichtbar. Es ist deshalb sorgsam abzuwägen, was Parteien im politischen System bewirken sollen und tatsächlich bewirken können.

Zusammenfassende Lernaufgaben

Erkennen

1. Warum ist die direkte Demokratie in Reinform in großen Flächenstaaten nicht praktikabel?
2. Worin besteht der Unterschied zwischen Volks-/Bürgerbegehren und Volks-/Bürgerentscheid?
3. Aus welchem historischen Grund sieht das Grundgesetz keine direktdemokratischen Elemente auf Bundesebene vor?

Bewerten

1. Beurteilen Sie die Systeme der präsidentiellen und parlamentarischen Demokratie hinsichtlich ihrer jeweiligen Vor- und Nachteile.
2. Nehmen Sie Stellung: „Politikverdrossenheit“ – ein überholtes Schlagwort?

Anwenden

1. Beantworten Sie die Fragen unter M 3 (S. 49) und erstellen Sie mit Ihren Mitschülerinnen und Mitschülern ein Meinungsprofil Ihrer Lerngruppe.
2. Vergleichen Sie Ihre Ergebnisse mit den Ergebnissen der Umfrage.
3. Versuchen Sie, auf der Grundlage der Ergebnisse in Ihrer Lerngruppe und der dokumentierten Umfrageergebnisse den Begriff „Politikverdrossenheit“ zu präzisieren.

3 Die Zukunft des politischen Systems der Bundesrepublik Deutschland

Welche Staatsform wäre euch in der BRD am liebsten?

Alina

Also, um es gleich zu sagen, ich halte die Demokratie als Staatsform für die geeignetste, um die Probleme der Menschheit wirklich zu lösen, ohne dass irgendwer irgendwem versucht das aufzuzwingen, was er unter Recht versteht.
Zurückblickend in die Geschichte, und hier meine ich nicht nur in die deutsche, kann man sicher ohne jeden Zweifel sagen, dass die Staatsform der Bundesrepublik Deutschland die demokratischste ist, die es jemals in Deutschland gab.
Nur darf sich eine Staatsform rückwärts gewandt orientieren, getreu dem Motto: Unter den Blinden ist der Einäugige König? Auch diese Frage kann man eindeutig beantworten, mit einem klaren Nein.
Die Frage ist nun, leben wir denn wirklich in einer Demokratie, also Volksherrschaft?
Und hier geht das Dilemma los.
So manchem, was hier bereits dazu gesagt worden ist, stimme ich zu. Ich denke mal, dass die herrschende Staatsform in der BRD immer noch so viel Demokratiedefizite aufweist, dass man von einer wirklichen Volksherrschaft nicht wirklich reden kann.
Das System, in dem wir leben, wird dominiert durch Parteien und diese wiederum durch Interessengruppen. Jede freie Willensbekundung bei Wahlen wird geprägt durch die Stimmabgabe für eine Partei oder Wählergemeinschaft (was im Ergebnis auch nix anderes ist als eine Partei).
Einmal gewählt werden Parteien ihren Auftrag zur parteilichen Interessenvertretung in den Parlamenten wahrnehmen und wenn es hochkommt, maximal ihre Parteimitglieder befragen.
…
Demokratie hat nur dann wirklich eine Chance, wenn sie sich vorwärtsentwickelt, sich öffnet und nicht, wie im Moment zu erleben, rückwärtsgewandt einengt.
In der BRD wird jeder Sozialabbau als Reform verkauft.
Es ist an der Zeit, dass wir endlich mal die Demokratie reformieren, und zwar durch deren Ausbau!
Das wäre dann mal wirklich eine Reform, die den Namen auch verdient.

Brathayn

Ja, mit der Demokratie fahren wir am besten. Das hat die Geschichte Deutschlands ja wohl zweifelsfrei bewiesen. Mir fällt keine andere bessere

Staatsform ein, auch in der Wissenschaft ist nicht mal in der Theorie ein besseres Modell bekannt.
Ich würde mir lediglich eine Ergänzung um direktdemokratische Elemente auf Bundesebene wünschen.

Sonja Ich finde die Demokratie nicht schlecht, nur die Politiker sollten sich mehr um die Meinung der Bürger kümmern oder um ihre Wünsche.

Diskussion in einem Internetforum: Yahoo! Clever, Zugriff am 07.08.2009 unter: http:de.answer.yahoo.com/question/indes?qid=20090720034926AAsKgSa (Auszug)

Beantworten Sie die Frage („Welche Staatsform wäre euch in der BRD am liebsten?") zunächst spontan und dann noch einmal nach der Durcharbeitung des Kapitels.

3.1 Das politische System im Wandel der Zeit

Versuche einer demokratischen Ordnung

Erst nach drei Anläufen hat sich in Deutschland eine demokratische Ordnung festigen können. Anders als in England ist es in dem bis 1870 politisch zerstückelten Deutschen Reich zu keinem Zeitpunkt gelungen, Kaiser und Fürsten Rechte abzuringen, welche die Souveränität des Volkes begründet hätten.
Erst gegen Mitte des vorletzten Jahrhunderts haben demokratische Kräfte aus dem aufstrebenden Bürgertum – angeregt durch die revolutionären Vorgänge in Frankreich und durch einen starken Vereinigungswillen – einen demokratischen Ansatz versucht. Frei gewählte Abgeordnete aus allen deutschen Ländern kommen 1848/49 zur Nationalversammlung in der **Frankfurter Paulskirche** zusammen. Mit sehr viel Idealismus und Engagement entwerfen sie eine demokratische Verfassung. Danach ist das Volk als Souverän Träger der politischen Gewalt. Die Gesetzgebung liegt in Händen des Parlaments. Die Exekutive soll vom Kaiser gemäß der vom Volk beschlossenen Verfassung ausgeübt werden. Mit diesem Verfassungsentwurf schließt sich die Frankfurter Nationalversammlung der westlichen Verfassungsentwicklung an. Doch der preußische König Friedrich Wilhelm IV., dem die Kaiserkrone angeboten wird, lehnt die Krone aus Volkes Hand ab. Die Reichsverfassung tritt nicht in Kraft. Der erste demokratische Ansatz ist gescheitert; die Einigung Deutschlands erfolgt erst 1871, aber nicht auf demokratischer Grundlage.
Nach der **Verfassung von 1871** liegt die Souveränität beim Bundesrat, der Vertretung der Bundesstaaten. Der Reichskanzler wird vom Kaiser (Staatsoberhaupt) ernannt und entlassen. Der Reichstag als Volksvertretung hat auf die Regierungsbildung keinen Einfluss. Obwohl nicht demokratisch organisiert, ist das Deutsche Reich ein Rechtsstaat, der die bürgerlichen Freiheiten garantiert – ein typisch deutscher Konstitutionalismus hat sich gebildet!
Nach der Niederlage im 1. Weltkrieg und dem Zusammenbruch des Deutschen Reiches erfolgt der zweite Versuch zur Errichtung eines demokratischen Systems in Deutschland: die **Weimarer Republik**. Gemäß der in Weimar ausgearbeiteten Verfassung beschließt der vom Volk gewählte Reichstag die Gesetze. Reichskanzler und Minister bedürfen seines Vertrauens. Der unmittelbar vom Volk gewählte Reichspräsident ernennt und entlässt den Reichskanzler und hat das Recht, Notverordnungen zu erlassen, die für eine Übergangszeit gesetzliche Regelungen ersetzen oder ergänzen können. Volksbegehren und Volksentscheide sollen die direkte Einflussnahme des Volkes verstärken.

Die Weimarer Republik scheitert nicht – wie üblicherweise immer wieder behauptet wird – an der Vielzahl der im Parlament vertretenen Parteien, sondern an der Ablehnung des demokratischen Systems durch breite Bevölkerungsschichten und der schwachen Position des Reichskanzlers. Radikale Kräfte nutzen die wirtschaftlich schlechte Lage für ihre Zwecke aus, indem sie das politische System für die gesellschaftliche Verarmung verantwortlich machen. Durch den Machtantritt der **Nationalsozialisten** verändert sich die demokratische Ordnung zu einem totalitären Staat. Adolf Hitler, ab Januar 1933 Reichskanzler, drängt das Parlament durch Einschüchterung und Drohung zur Annahme des Ermächtigungsgesetzes und damit zur Selbstaufgabe. Deutschland ist kein Rechtsstaat mehr.

Der dritte demokratische Anlauf in Deutschland beginnt mit der ersten Sitzung des **Parlamentarischen Rates** am 1. September 1948. Die Frauen und Männer dieses Gremiums wollen die strukturellen Fehler der Weimarer Verfassung vermeiden. Deshalb hat der Präsident keinen Einfluss mehr auf die Regierungsbildung; im Wesentlichen bleiben ihm als Staatsoberhaupt nur noch repräsentative Aufgaben. Die Direktwahl des Präsidenten (Bundespräsident) und damit die direkte Legitimierung durch das Volk wird aufgehoben. Volksbegehren und Volksentscheide sieht die Verfassung (Grundgesetz) nicht mehr vor.

8. Mai 1949: Die Mehrheit des Parlamentarischen Rates erhebt sich nach der Annahme des Grundgesetzes. Die beiden KPD-Abgeordneten, die mit Nein gestimmt haben, bleiben sitzen.

Gegenüber dem Reichskanzler der Weimarer Republik nimmt der **Bundeskanzler** eine starke Stellung ein. Er wählt die Minister seiner Regierung aus, die dann keiner Bestätigung mehr durch den Bundestag bedürfen oder vom Bundestag abgewählt werden können. Er selbst kann vom Bundestag nur gestürzt werden, wenn das Parlament mit der Mehrheit seiner Mitglieder einen neuen Kanzler wählt (konstruktives Misstrauensvotum, Art. 68 GG).
Die „Staatsgewalt“ wird vom Volk „durch besondere Organe der Gesetzgebung, der vollziehenden Gewalt und der Rechtsprechung ausgeübt (Art. 20 Abs. 2 GG). Diese Be-

stimmung des Grundgesetzes wird als **Gewaltenteilungsnorm** bezeichnet. Vom theoretischen Anspruch her sind Legislative und Exekutive voneinander unabhängige und gleichgeordnete Organe. Die Abgeordneten im Bundestag sind „Vertreter des ganzen Volkes, an Aufträge und Weisungen nicht gebunden und nur ihrem Gewissen unterworfen" (Art. 38 Abs. 1 Satz 2 GG). Dahinter steht die Erwartung, dass die Abgeordneten ergebnisoffen, unabhängig von der jeweiligen Mehrheitsmeinung ihrer Fraktion bzw. Partei miteinander beraten und entscheiden sollen. Der Bundestag tritt somit in seiner legislativen Funktion als ein Ganzes, als ein Kollegium auf in klarer Abgrenzung zur Regierung. So weit die Theorie der Gewaltenteilungsnorm. Die politische Praxis hat aber diesem Anspruch nie genügen können.

In der Vorstellungswelt von Teilen der bundesdeutschen Bevölkerung existiert ebenfalls eine strikte Trennung zwischen Legislative und Exekutive – dies allerdings mit anderen Vorzeichen versehen als in der Konstruktion des Parlamentarischen Rates. Es ist zwar bekannt, dass die Regierung jeweils nach der Wahl zum Bundestag durch Mehrheitsbeschluss aus dem Bundestag hervorgeht, aber es entsteht der Eindruck, als habe man den Regierungschef, den Bundeskanzler, direkt gewählt und somit die Exekutive als eine vom Parlament unabhängige Gewalt direkt vom Volke aus eingesetzt. Verstärkt wird dieser Eindruck durch die Zuspitzung des Bundestagswahlkampfes auf die jeweiligen Kanzlerkandidaten.
Diese Vorstellung, die eher dem präsidentiellen als dem parlamentarischen Demokratiemodell entspricht, beruht auf der Vermutung, Gewaltenteilung ließe sich nur durch die strenge Trennung zwischen Legislative und Exekutive verwirklichen. Die Beobachtung, dass bei Debatten im Parlament die Abgeordneten der Regierungsparteien „ihre" Regierung gegenüber den oppositionellen Abgeordneten verteidigen, führt zu Irritationen und Fehldeutungen.

M 1 Die „neue" Gewaltenteilung

In den sechziger Jahren begann man in der Politikwissenschaft von der „neuen" Gewaltenteilung zwischen Regierungsmehrheit und Opposition zu sprechen. Grundlegend für ein neues Gewaltenteilungskonzept ist die Differenzierung zwischen der materiellen (inhaltlichen) Seite von Gewaltenteilung einerseits und der formalen – die staatsrechtlichen Kompetenzen betreffenden – Seite andererseits.
Die materielle und die formale Seite von Politik, die inhaltliche Entscheidung einerseits und die staatsrechtlich wirksame Beschlussfassung andererseits, sind in der Praxis so gut wie immer voneinander getrennt. Über den Inhalt eines Gesetzes entscheiden in der Regel allein die jeweiligen Mehrheitsfraktionen bzw. -parteien; diese Entscheidungen sind bereits getroffen, bevor eine Plenardebatte beginnt. Erst einige Zeit nach der inhaltlichen Entscheidung erfolgt die formale Beschlussfassung durch das Staatsorgan Bundestag.
Die Gewaltenteilung zwischen Legislative und Exekutive ist nicht formal, sondern *materiell* gescheitert. Die Stellung des Bundestages als unabhängiges Gesetzgebungsorgan ist formal – hinsichtlich seiner staatsrechtlichen Kompetenzen (Befugnisse) – unangetastet, heute ebenso wie 1949. Allein der Bundestag insgesamt hat das Recht, Gesetze rechtswirksam zu beschließen (Art. 77 Abs. 1 Satz 1 GG; zur Mitwirkung des Bundesrates: Art 50, 77, 78 GG).

Schütt-Wetschky, Eberhard: Gewaltenteilung zwischen Legislative und Exekutive, in: Aus Politik und Zeitgeschichte, Beilage zur Wochenzeitung Das Parlament, B 28/2000, S. 9

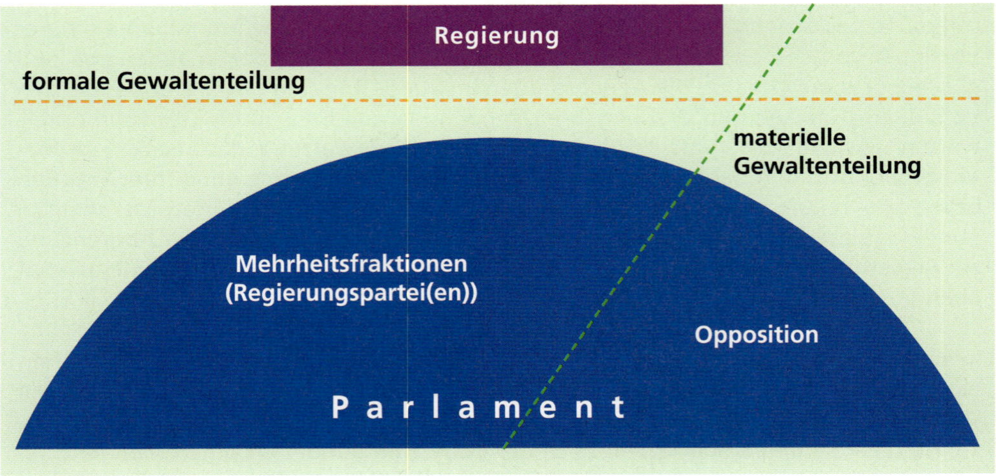

Die De-facto-Auflösung des klassischen Gewaltenteilungskonzepts auf Bundesebene kann jedoch auch zu Forderungen führen, die letztlich die Zurücknahme repräsentativer und den Ausbau direktdemokratischer Elemente im politischen System mit sich brächten.

1. **Was besagt die Gewaltenteilungsnorm des Grundgesetzes?**
2. **Inwiefern weicht die „neue" Gewaltenteilung von der traditionellen Gewaltenteilung ab?**

3.2 Mehr direkte Demokratie wagen?

Problematische Ausgangslage

M 1 Aufhebung der Gewaltenteilung

Im heutigen parlamentarischen System der Bundesrepublik stehen Parlament und Regierung einander nicht mehr in der Weise gegenüber, wie es die klassische Lehre noch verlangte. Die Grenze verläuft heute quer durch das Parlament: „Regierung und die sie unterstützende Parlamentsmehrheit bilden gegenüber der Opposition politisch eine Einheit" und ziehen regelmäßig am selben Strang. Politisches Gegengewicht ist die Opposition, auf die auch die Funktion der öffentlichen Kontrolle zu einem guten Teil übergegangen ist. Dies geschieht zur Sicherung der Geschlossenheit und damit primär aus Gründen des Machterhalts beziehungsweise des Machterwerbs. Damit ist eine neue Form der Gewaltenteilung entstanden, die allerdings hinkt, weil die eine Seite die Mehrheit hat und die andere überstimmen kann. Da die wesentlichen Kontrollmittel nach wie vor auf den Bundestag als Ganzes bezogen sind, fehlen der Opposition oft die Instrumente für eine wirksame Kontrolle: Das Parlament als Ganzes ist kontrollfähig, aber nicht kontrollwillig, die Opposition kontrollwillig, aber nicht -fähig. Damit besteht die Gewaltenteilung zwischen Parlament und Regierung, die Montesquieu noch vor Augen hatte, nicht mehr.
Dass von einer echten Gewaltenteilung zwischen Legislative und Exekutive im klassischen Sinn nicht mehr die Rede sein kann, sieht man, wenn es um Kritik an der Regie-

rung wegen möglicher Verfehlungen geht. Dann versucht die Parlamentsmehrheit regelmäßig, „ihre“ Regierung zu decken, gegen Kritik abzuschirmen und eventuelle Angriffspunkte möglichst unter den Teppich zu kehren. ...

Der Parlamentarische Rat war noch von der klassischen Gewaltenteilung zwischen Regierung und Parlament im Sinne von Montesquieu ausgegangen. Doch die besteht faktisch nicht mehr.

Die herrschende Auffassung hat deshalb die Norm geändert und gemildert. Gewaltenteilung zwischen Regierung und Parlament wird nicht mehr strikt verlangt, eben weil sie nicht vorliegt. Regierungsmitglieder dürfen sogar gleichzeitig dem Parlament angehören. Stattdessen wird eine neue Form der Gewaltenteilung postuliert, auf deren einer Seite die Regierung samt parlamentarischer Mehrheit steht. Auf der anderen Seite steht die Opposition, die aber jederzeit überstimmt werden kann, sodass eine echte Gewaltenteilung in Wahrheit gar nicht mehr vorliegt.

Eine Beschönigung der Wirklichkeit ist insoweit zu finden, als man die Mängel dieses Systems nicht offen ausspricht, weder die Entmachtung der Parlamente noch die mangelnde Kontrolle der Regierung, wie sie sich etwa in der weitgehenden Unwirksamkeit von Untersuchungsausschüssen widerspiegelt.

Wird das System geändert und der Chef der Regierung direkt vom Volk gewählt, so besteht mit einem Schlag wieder vollständige Gewaltenteilung zwischen Regierung und Parlament. Voraussetzung ist, dass der Regierungschef auch seine Regierungsmitglieder aus eigener Kraft ernennen und entlassen kann.
Wird dem Volk dann auch noch die Möglichkeit direkter Sachentscheidungen gegeben, so würde die Gewaltenteilung auch insoweit wieder hergestellt, als damit ein wirksames Gegengewicht gegen die politische Klasse geschaffen wurde.

Arnim, Herbert Hans von: Das System, München, Knaurs Taschenbuch Verlag, 2004, S. 304 f., 315 f.

Fassen Sie die kritischen Ausführungen des Verfassers mit eigenen Worten zusammen.

68er und Bürgerrechtsbewegung

Die Forderung nach mehr direkter Demokratie ist nicht neu. Zum ersten Mal in der Geschichte der Bundesrepublik wird diese Forderung gegen Ende der 60er-Jahre erhoben. Der Hintergrund ist die Unzufriedenheit zumeist jüngerer Anhänger politischer Alternativbewegungen, die sogenannten 68er, denen das politische System des Nachkriegsdeutschlands bereits verkrustet erscheint. Zudem tauchen Zweifel hinsichtlich der Leistungsfähigkeit des politischen Systems auf, nachdem nach den Jahren schnellen wirtschaftlichen Wachstums eine Phase der Stagnation eintritt. Allerdings verblasst diese Idee, nachdem es Teilen der Alternativkultur gelingt, sich als neue Partei in das politische System einzubringen (Die Grünen).

Mai 1968: Demonstration gegen die Notstandsgesetze, die vom Deutschen Bundestag trotz heftiger Kritik der Gewerkschaften und der Studentenbewegung mit Zweidrittelmehrheit verabschiedet worden waren.

Erneut wird das Thema „direkte Demokratie" im Zusammenhang mit der Wiedervereinigung 1990 diskutiert. Insbesondere die ostdeutsche **Bürgerrechtsbewegung** dringt auf die Aufnahme neuer Ideen in das politische Programm. Die Chance scheint gegeben durch den Entwurf einer neuen Verfassung. Eine durchaus berechtigte Erwartung in Anbetracht dessen, dass das Grundgesetz für den Fall des geeinten Deutschlands eine Verfassungsreform ausdrücklich vorgesehen hat.

Dazu kommt es nicht. Um die neuen Bundesländer möglichst schnell integrieren zu können, fällt die Entscheidung für die Beibehaltung des Grundgesetzes durch Anschluss der neuen Länder gemäß Artikel 23 GG. Somit finden direktdemokratische Elemente auch weiterhin keine verfassungsmäßige Legitimierung.

Dennoch bleibt der Anspruch erhalten. Neue wirtschaftliche und soziale Probleme – ungenügendes Wirtschaftswachstum, Arbeitslosigkeit, steigende Sozialabgaben – beeinträchtigen das Vertrauen in das repräsentative System. Nach der Bundestagswahl 1998 bringen die Regierungsparteien (SPD/Die Grünen) das Anliegen in den Koalitionsvertrag ein. Volksbegehren und Volksentscheide sollen die parlamentarische Gesetzgebung ergänzen und verbessern. Mitte 2002 wird ein entsprechender Gesetzentwurf in das Plenum eingebracht. Er scheitert, weil er die dafür notwendige Zweidrittelmehrheit des Bundestages nicht erreicht.

Damit hat sich das Thema allerdings nicht erledigt. Nach wie vor gibt es gute Argumente für die eine wie die andere Lösung. Sie müssen sorgsam bedacht und im Einzelnen gewichtet werden. Eine Ideallösung wird es nicht geben, aber möglicherweise findet sich eine Konsensformel, welche die Demokratie in Deutschland dauerhaft stärken könnte. Die folgenden Texte erhellen die Diskussionsbreite.

Pro und kontra direkte Demokratie

M 2 Direkte Demokratie als Chance

Direkte Demokratie eröffnet eine eigene, ganz neue Welt. Sie wirft das bisher herrschende Denksystem über den Haufen und bildet quasi ein neues Paradigma heraus – theoretisch und praktisch.
Theoretisch werden als „selbstverständlich" geltende bisherige „Wahrheiten" der Staatsrechtslehre (und des Grundgesetzes, das ja auf rein repräsentativer gedanklicher Basis beruht) infrage gestellt, ja geradezu in ihr Gegenteil verkehrt:

- Die repräsentative Demokratie setzt die Gemeinwohlorientierung der Repräsentanten und Amtsträger voraus. Genau diese Voraussetzung stellt das der direkten Demokratie zugrunde liegende Konzept radikal in Abrede. Es geht von der Prämisse aus, dass Repräsentanten in der Realität durchaus eigene Interessen haben, denen sie im Zweifel Vorrang einzuräumen suchen.
- Die repräsentative Demokratie ... geht von der Vermutung der inhaltlichen „Richtigkeit" repräsentativ-demokratischer Verfahren (und der darin zustande gekommenen Ergebnisse) aus und umgekehrt – meist unausgesprochen – von der Vermutung der Unrichtigkeit direktdemokratischer Verfahren. Dem Konzept der direkten Demokratie liegt dagegen die Vermutung der Unrichtigkeit repräsentativer Entscheidungsverfahren und die Vermutung der Richtigkeit direktdemokratischer Verfahren zugrunde.

Direkte Demokratie erlaubt eine viel bessere Kontrolle der politischen Klasse und verschiebt die Machtverteilung hin zum Volk, das heißt, sie entzieht den bisherigen Machtinhabern das Monopol politischer Macht und damit einen Teil ihres politischen Einflusses. Das erklärt zu einem guten Teil, warum eine sachliche Erörterung von Fragen der direkten Demokratie auch bei Politikern regelmäßig auf massive Widerstände stößt – nach dem Moto „right or wrong, my interest".
Es bildet sich also eine unheilige Allianz einer gewissen Richtung der Staatsrechtslehre, von Grundgesetzverteidigern und politischer Klasse. Dadurch wird es außerordentlich erschwert, über Fragen der direkten Demokratie und über den Vergleich von repräsentativer und direkter Demokratie sachlich, unemotional und empirisch belegt zu diskutieren. Dennoch bahnt sich hier ein Paradigmenwechsel an, und man wird ... in einiger Zeit vielleicht gar nicht mehr verstehen, warum die Durchsetzung der neuen Erkenntnisse so schwer war ...

Arnim, Hans Herbert von: Vom schönen Schein der Demokratie, München, Knaur Taschenbuch Verlag, 2004, S. 300, 302

M 3 Probleme der direkten Demokratie

Als das Grundgesetz geschrieben wurde, da verzichteten die Mütter und Väter der Verfassung ganz bewusst auf Instrumente der direkten Demokratie. Sie hatten erlebt, wie ein Volk sich willig dem kollektiven Wahn hingegeben hatte, und misstrauten den Massen zutiefst. Nach sechzig Jahren Demokratie in Deutschland hat sich diese Skepsis erledigt. Regelmäßig stimmen die Bundesbürger weit verantwortungsvoller ab, als es ihnen die Demoskopen zutrauen. Heute ist es nicht mehr die Furcht vor dem Wähler, die gegen Volksentscheide spricht.
Das Problem liegt vielmehr darin, dass sich die parlamentarische Demokratie nicht bruchlos durch Elemente der direkten Demokratie ergänzen lässt. Die Vorstellung, man

könne in das politische System der Bundesrepublik einfach ein wenig Plebiszit hineinrühren wie einen Löffel Zucker in den Kaffee, der die Sache süßer macht – diese Vorstellung ist eine Illusion.
Die simple Ja/Nein-Logik jeder Volksbefragung steht notwendig quer zu der hoch entfalteten bundesdeutschen Aushandlungsdemokratie, deren Wesensmerkmal gerade die Einbeziehung möglichst vieler Interessen in die Konsensbildung ist. Die fortlaufende Anhörung von Fachleuten, Lobbyisten, Wissenschaftlern, von Parteigremien, Ethikräten und Enquetekommissionen, die Verschränkung von Länder- und Bundesinteressen, die penible juristische Kontrolle jedes Verfahrensschrittes durch alle Gerichtsinstanzen – all das macht Entscheidungen bisweilen quälend schwierig, schließt aber aus, dass fundamentale Aspekte einer Frage übersehen oder größere Bevölkerungsgruppen einfach ignoriert werden. Die Binnenkorrekturkräfte des politischen Prozesses sind hierzulande so stark, dass es einer massiven Intervention von außen, einer roten Plebiszit-Karte, kaum je bedarf.

Direkte Demokratie hat ihren Preis – die Entmachtung der Parlamente

Nichts belegt das so deutlich wie die Geschichte der Plebiszit-Bewegung selbst. Sie entstand in den siebziger Jahren im Umfeld der Umweltschützer, die damals in den Parlamenten keine Vertreter hatten. Mittlerweile jedoch ist der ökologische Gedanke in allen Parteien Allgemeingut – nicht durch Plebiszite, sondern dank der Integrationskraft des parlamentarischen Systems.
Auch die romantische Annahme, das Plebiszit sei ein Instrument der Reinheit, in dem sich der Volkswille klar und unverfälscht Bahn breche, ist ein Irrtum. Es gibt in der Parteiendemokratie keine parteifreien Zonen. ...
All das spricht nicht endgültig gegen die direkte Demokratie. Man kann sie einführen. Aber sie hat ihren Preis – die mindestens teilweise Entmachtung der Parlamente und eine drastische Reduktion der Kontrolle politischer Entscheidungen durch die Gerichte. Wer das will, soll es sagen. Nur beides, unmittelbare und mittelbare Demokratie, geht nicht. Wer etwas anderes suggeriert, täuscht den Bürger und schürt den Verdruss an der Politik.

Wefing, Heinrich: Wähler-Täuschung, in: DIE ZEIT, Nr. 19, 30.04.2008, S. 1

1. **Fassen Sie die Argumente aus M 2 und M 3 stichwortartig zusammen.**
2. **Vergegenwärtigen Sie sich die Grundidee J.-J. Rousseaus. Lassen sich Bezüge zu dem Text M 2 herstellen?**
3. **Versuchen Sie fiktiv mit den Verfassern beider Texte ins Gespräch zu kommen. (Dazu bietet es sich an, dass die genannten Argumente nochmals verbal vorgetragen werden.)**

3.3 Neue Spielregeln im Föderalismus?

Kooperativer Föderalismus

Föderalismus (von lat. foedus = Bund) ist die Bezeichnung für eine gesellschaftliche oder staatliche Ordnung, die aus einem Bund von mehreren, weitgehend selbstständigen Teilen besteht. Gemäß Artikel 20 GG ist die Bundesrepublik ein demokratischer und sozialer **Bundesstaat.** Nicht souveräne Gliedstaaten (Länder), die jedoch über eine eigene Verfassung, eigene Parlamente, Regierungen und Verwaltungen verfügen, sind zu einem Gesamtverband (Bund = Bundesrepublik Deutschland) zusammengeschlossen. Staatliche Aufgaben sind zwischen Bund und Ländern aufgeteilt. Um sie bewältigen zu können, müssen beide Seiten zusammenarbeiten, aufeinander Rücksicht nehmen und sich gegenseitig kontrollieren.

Die Besonderheit des deutschen Föderalismus ist es, dass die Aufgabenteilung nicht nach Politikfeldern (z. B. Außen-, Innen-, Sozial- und Wirtschaftspolitik), sondern nach Kompetenzarten (verschiedene Mitwirkungsrechte im jeweiligen Politikfeld) vorgenommen wird. Diese Organisationsform wird als **kooperativer Föderalismus** bezeichnet. Die Koordination und das Zusammenwirken mehrerer Beteiligter (Bund, Länder, gegebenenfalls auch noch Kreise und Gemeinden) führen zu einer Verflechtung und Verschränkung einzelner Entscheidungsebenen.

Deutschland weist zudem eine – in der Welt einmalige – Besonderheit auf, indem die **Landesregierungen** über den Bundesrat unmittelbar an der Planung und Gesetzgebung des Bundes beteiligt sind. Das Mitwirkungsrecht der Bundesländer an den Entscheidungen des Gesamtstaates ist in Art. 79 Abs. 3 GG fest verankert („Ewigkeitsgarantie"). Dort heißt es: „Eine Änderung des Grundgesetzes, durch welche die Gliederung des Bundes in Länder, die grundsätzliche Mitwirkung der Länder bei der Gesetzgebung ... berührt werden, ist unzulässig."

Diese höchst komplexe Konstellation hat in der politischen Praxis mitunter zu unbefriedigenden Zuständen geführt, Kritik hervorgerufen und den Ruf nach Reformen laut werden lassen. Schwerpunkte der Kritik sind

- die Schwerfälligkeit der Entscheidungsprozesse in der Abstimmung zwischen Regierungen, Parlamenten und Verwaltungen von Bund und Ländern;
- die Unübersichtlichkeit der Staatstätigkeit bei 17 verschiedenen Entscheidungszentren in der Bundesrepublik Deutschland;
- die Möglichkeit von Reformhemmnissen durch den Bundesrat infolge parteipolitischer Interessen, insbesondere dann, wenn die Mehrheitsverhältnisse in Bundestag und Bundesrat **nicht** übereinstimmen, und
- die schleichende Aushöhlung des Föderalismus, indem die Bundesgesetzgebung eigene landesrechtliche Regelungen immer seltener zulässt.

Föderalismusreform

Die festgestellten Unzulänglichkeiten haben zur Einsetzung einer **Föderalismuskommission** geführt. Deren **Reformvorschläge** haben Bundestag und Bundesrat im Juni 2006 mit der erforderlichen Zweidrittelmehrheit gebilligt und damit die umfangreichste Grundgesetzänderung in der Geschichte der Bundesrepublik Deutschland vorgenommen. Ziel der Reform ist, die Handlungs- und Entscheidungsfreiheit von Bund und Ländern zu verbessern, die politischen Verantwortlichkeiten deutlicher zuzuordnen und damit insgesamt die zu leistenden Aufgaben besser zu erfüllen.

M 1 Reformen

Die Änderung von insgesamt 25 Artikeln des Grundgesetzes ordnet die Beziehungen zwischen Bund und Ländern neu: Mussten bislang rund 60 Prozent aller Bundesgesetze von der Länderkammer abgesegnet werden, werden in Zukunft nur noch 35 bis 40 Prozent zustimmungspflichtig sein ... Damit könnte der Bund in Zukunft in vielen Fällen schneller mit neuen Gesetzen auf Probleme reagieren. Außerdem würden parteipolitisch motivierte Blockaden erschwert, wenn sich in Bundestag und Bundesrat verschiedene Mehrheiten gegenüberstehen.

Atomenergie, Terrorabwehr, das Meldewesen und der Schutz deutschen Kulturgutes gegen Abwanderung ins Ausland werden nach der Reform reine Bundesangelegenheit sein. Auch im Bereich Umwelt und Abfallwirtschaft gewinnt der Bundestag neuen Entscheidungsspielraum: Er darf ein eigenes Bundesumweltgesetz schaffen.

Im Gegenzug erhalten die Länder die alleinige Zuständigkeit für die Besoldung und Versorgung von Landesbeamten, die Raumordnung und das Heimrecht, das die Behandlung von Pflegebedürftigen bestimmt. Auch Strafvollzug und Ladenschluss regeln die Länder künftig selbst. Außerdem müssen alle Gesetze vom Bundesrat gebilligt werden, die mit zusätzlichen finanziellen Leistungen der Länder an Dritte verbunden sind.

Bis zuletzt hart umkämpft war das Feld der Bildung ... Der Bund behält zwar das Recht, Regelungen zu Zulassung und Abschlüssen an den Hochschulen zu beschließen. Allerdings können die Länder nun mit eigenen Gesetzen davon abweichen. Auch der Hochschulbau ist in Zukunft reine Sache der Bundesländer, ebenso wie die Schulen. ... In letzter Minute war das Kompromisspaket im Bildungsbereich noch einmal nachgebessert worden. Bund und Länder können bei der Förderung von Vorhaben der Wissenschaft und Forschung an Hochschulen nun doch zusammenarbeiten ...

Bundeszentrale für politische Bildung: Föderalismusreform, veröff. am 03.07.2006 unter: http://www.bpb.de/themen/9ZE4WS,0,0F%F6deralismusreform.html

1. **Warum war zur Abstimmung über die Föderalismusreform eine Zweidrittelmehrheit erforderlich?**
2. **Was soll durch die Föderalismusreform erreicht werden?**

In der zweiten Stufe der Föderalismusreform geht es um die Neuregelung der Finanzbeziehungen zwischen Bund und Ländern. U. a. ist in diesem Zusammenhang eine neue gemeinsame Schuldenregel für Bund und Länder ab dem Haushaltsjahr 2011 vorgesehen. Danach sind Haushalte von Bund und Ländern grundsätzlich ohne Einnahmen aus Krediten auszugleichen.

3.4 Stärkung des politischen Systems durch außerparlamentarische Partizipation?

Partizipation via Internet

M 1 Alternative Wege

Partizipation – Immer mehr Bürger suchen nach außerparlamentarischen Beteiligungsformen

Die Partizipation in der parlamentarischen Demokratie scheint keine Konjunktur zu haben. So lässt sich eine Abnahme der Wahlbeteiligung, vor allem auf Landes- und Kommunalebene beobachten. Besonders dramatisch schlägt sich diese Entwicklung bei den Erstwählern nieder. Auch das Engagement in den Parteien, den Kernorganisationen parlamentarischer Systeme, sinkt. Die Parteien haben Schwierigkeiten, neue Mitglieder, vor allem in den jüngeren Altersgruppen zu gewinnen.

Politische Beteiligung ist jedoch nicht „out", nur sucht und findet sie neue und alternative Wege. Insbesondere im Internet haben sich in den vergangenen Jahren viele Foren etabliert, in denen gesellschaftliche und politische Probleme diskutiert und organisiert werden. Zudem haben es zivilgesellschaftliche Vereinigungen wie „Amnesty International" oder „attac" geschafft, politischem Engagement einen Platz zu geben.

Für die parlamentarische Demokratie stellt diese Entwicklung ein Problem dar, wenn sich die Entscheidungsfindung in Parlamenten und Parteien zu verselbstständigen und von der Lebenswirklichkeit gerade junger Menschen abzukoppeln droht. Für sie ist es essenziell, an den Formen außerparlamentarischen Engagements anzuknüpfen. Dort, wo dies gemacht wird, zeigen sich erstaunliche Potenziale. So haben durch die Einführung der E-Petition, also der Möglichkeit, eine Eingabe an den Bundestag online zu tätigen, deutlich mehr Bürger von ihrem Petitionsrecht Gebrauch gemacht. Parteien wiederum öffnen sich zunehmend unverbindlichen Formen des Engagements und bedienen sich des Internets, um mit ihren Mitgliedern in Kontakt zu bleiben und neue zu gewinnen. Andere

Möglichkeiten werden jedoch nur begrenzt genutzt, beispielsweise die Anbindung von (Online-)Bürgerkonferenzen an die parlamentarische Debatte.
Freilich kann es nicht darum gehen, alternative Formen des politischen Engagements zu vereinnahmen. Parlamente und Parteien müssen allerdings neue Beteiligungsformen ernst nehmen, ihnen eigene Räume zugestehen und – wo möglich und sinnvoll – Macht an sie abtreten. Von einer generellen Mobilisierung der Bürger profitiert nicht zuletzt auch die parlamentarische Demokratie.

Marschall, Stefan, in: Das Parlament, Nr. 15/16, 6./14. April 2009, S. 12

1. **Was versteht der Verfasser unter außerparlamentarischen Beteiligungsformen?**
2. **Welche Bedeutung haben außerparlamentarische Beteiligungsformen für das politische System?**

- **E-Petition** (auch: Online-Petition) bezeichnet eine Möglichkeit zur Einreichung einer Petition an den Petitionsausschuss des Deutschen Bundestages unter Verwendung eines vorgegebenen Online-Formulars. (Eine einfache E-Mail genügt nicht.) Diese Möglichkeit besteht seit dem 1. September 2005, nachdem elektronische Unterschriften ersatzweise zugelassen wurden.
- **Bürgerkonferenz** ist ein Verfahren zur Bürgerbeteiligung an politischen Entscheidungsprozessen. Bürgerkonferenzen sind vor allem in den Niederlanden, Dänemark und der Schweiz im Zusammenhang mit politisch-technischen Zukunftsfragen erprobt worden. Sie werden als ein neues, wirkungsvolles Instrument der Politikberatung gesehen.

Konventionelle und unkonventionelle Partizipation

Die globalisierungskritische Bewegung „attac" ist ein Beispiel für Partizipation.

„Partizipation" ist zunächst ein wissenschaftlicher Begriff. Er bezeichnet die Einbindung von Individuen und Organisationen in Entscheidungs- und Willensbildungsprozesse. Als **politische Partizipation** gelten alle Verhaltensweisen von Bürgerinnen und Bürgern, die freiwillig Einfluss auf Entscheidungen im politischen System ausüben wollen. Dabei sind konventionelle (verfasste) von unkonventionellen (nicht verfassten) Formen zu unterscheiden.
Zu den konventionellen Partizipationsformen gehören die Wahlbeteiligung, die aktive Beteiligung in Parteien und Gewerkschaften sowie die Übernahme von politischen Ämtern in Parlamenten. Zu den unkonventionellen Partizipationsformen zählen die Mitwirkung in Bürgerinitiativen, Verbänden, Vereinen und in neuen sozialen Bewegungen, sogenannten nichtstaatlichen Organisationen oder NGOs (engl. „non-governmental organisation", z. B. „at-

tac") sowie die Einreichung von Petitionen, die Beteiligung an Bürgerforen, Demonstrationen und Streiks. Durch die Verfügbarkeit des Internets ergeben sich dabei zusätzliche Möglichkeiten der E-Partizipation.
Regelmäßig wird nach Wahlen die Klage über die geringe Wahlbeteiligung laut und diese Feststellung mit einer generellen **Politikverdrossenheit** in Verbindung gebracht. Daraus lässt sich dann vorschnell eine Instabilität des politischen Systems, wenn nicht sogar eine Demokratiegefährdung folgern. Diese Betrachtungsweise übersieht jedoch das Potenzial, das in den vielfältigen unkonventionellen Partizipationsformen steckt. Die Beobachtung zeigt, dass überall da, wo eine direkte Betroffenheit besteht und zudem das Problem verständlich nahegebracht wird, die Beteiligungsbereitschaft groß ist. Auch Jugendliche machen hierbei keine Ausnahme. Demzufolge könnte es eine Zukunftsaufgabe sein, die konventionellen und unkonventionellen Partizipationsformen enger zu verknüpfen. Die Möglichkeiten der Informationsgesellschaft böten hierzu zusätzliche Realisierungschancen.

Zusammenfassung

Die Frage nach der Zufriedenheit mit dem gegenwärtigen politischen System lenkt den Blick auf das politische System im Wandel der Zeit.
Weder die Paulskirchenverfassung (1849) noch die Weimarer Verfassung (1919) hatten Bestand. Der dritte Versuch, in Deutschland eine demokratische Ordnung zu errichten, beginnt 1948 mit der Ausarbeitung des Grundgesetzes durch den Parlamentarischen Rat. Die Delegierten entwerfen eine Verfassung, die – anders als in der Weimarer Verfassung – die Stellung des Bundeskanzlers stärkt.
Der aus der Mitte des Bundestages gewählte Bundeskanzler und sein Kabinett, die von ihm ausgesuchten Minister, vertreten die ausführende Gewalt. Um systemabträgliche Fehldeutungen zu vermeiden, ist es sinnvoll, zu verdeutlichen, dass dieses klassische Konzept der Gewaltenteilung nicht der politischen Praxis entspricht. Die Trennlinie zwischen Legislative und Exekutive verläuft im Regelfall nicht zwischen Parlament und Regierung, sondern zwischen Parlamentsmehrheit und Regierung einerseits und der parlamentarischen Opposition andererseits. Dennoch ist dadurch die Gewaltenteilungsnorm des Grundgesetzes nicht außer Kraft gesetzt. Gesetze beschließen kann allein der Bundestag.
Befürworter der direkten Demokratie wollen die Machtposition des Volkes im Sinne des Gemeinwohls stärken. Als wichtiges Gegenargument wird angeführt, dass Volksbefragungen im Ja/Nein-Modus der Komplexität politischer Entscheidungen nicht gerecht würden und auf eine Entmachtung der Parlamente hinausliefen.
Durch die Föderalismusreform ist eine Entflechtung der Gesetzgebung erfolgt und die Neuordnung der Finanzbeziehungen zwischen Bund und Ländern angestoßen worden. Ziel der Reform ist es, die Leistungsfähigkeit des politischen Systems zu verbessern.
Eine mögliche Stärkung des politischen Systems könnte dadurch erfolgen, indem unkonventionelle Partizipationsformen (Bürgerinitiativen, soziale Bewegungen u. a.) mit konventionellen Partizipationsformen (Wahlen u. a.) verknüpft würden. Technische Hilfen könnten die neuen Medien bieten.

Zusammenfassende Lernaufgaben

Erkennen

1. Nennen Sie den Grund für das Scheitern des ersten demokratischen Ansatzes in Deutschland 1848/49.
2. Wo lagen die Schwachstellen der Weimarer Verfassung?
3. Wie wirkten sich die Erfahrungen aus der Weimarer Republik auf die Arbeit des Parlamentarischen Rates aus?
4. Was ist mit „kooperativem Föderalismus" gemeint?
5. Beschreiben Sie die Besonderheit einer „E-Petition".

Werten

1. Bewerten Sie die Bedeutung direktdemokratischer Elemente in der repräsentativen Demokratie.
2. Welche Chancen sehen Sie für außerparlamentarische Partizipationsformen in der repräsentativen Demokratie?

Anwenden

Beantworten Sie die auf Seite 56 gestellte Frage („Welche Staatsform ...?") umfassend und vergleichen Sie das Ergebnis mit der vorliegenden Spontanantwort.

Gesellschaftlicher und sozialer Wandel in der Bundesrepublik Deutschland

1 Bevölkerung im Wandel

1. Schreiben Sie Ihre Eindrücke zu den Bildern einzeln auf Karten.
2. Formulieren Sie Oberbegriffe, denen Sie die Karten aus Ihrer Klasse zuordnen.
3. Schauen Sie nach, wie sich die Oberbegriffe mit dem Buchkapital verbinden lassen.

1.1 Bevölkerungsanalyse

Die Gesellschaft als Forschungsgegenstand

M 1 Wo die Menschen tätig sind

„Test the best", Aufnahme der verwitterten East Side Gallery in Berlin

Gesellschaften verändern sich – und damit auch die Verhältnisse der Menschen, die in ihr leben. Dieser Vorgang wird als **sozialer Wandel** bezeichnet. Mitunter vollzieht er sich durch einen radikalen Bruch wie im östlichen Teil Deutschlands 1989. Meist verläuft er jedoch schleichend wie der Übergang von der Industrie- zur Wissensgesellschaft, in der die meisten Arbeitskräfte mit dem Umgang mit Informationen zu tun haben (wissensbasierte Dienstleistungen)(siehe Seite 157).

Die Wissenschaft, die sich mit solchen Vorgängen beschäftigt, ist die **Soziologie**. Sie beobachtet den Verlauf des sozialen Wandels und erforscht dessen Ursachen. Ihr Ziel ist es, mögliche Entwicklungen in der Zukunft zu beschreiben (**Prognosen**). Zur Analyse stützt sie sich dabei auf ein **Modell** mit drei Betrachtungsebenen: Auf der **Makroebene** nimmt sie die Gesellschaft als Ganzes in den Blick und fragt nach ihrem inneren Aufbau, der **Sozialstruktur** (z. B. Qualifikationsstruktur). Gegenstand der **Mesoebene** ist der Wandel der **Institutionen** einer Gesellschaft, also von organisierten Einrichtungen (z. B. Gewerkschaften). Die Veränderungen in den Lebensläufen der einzelnen Personen (**Individuen**) werden schließlich auf der **Mikroebene** beobachtet.

Die Analyse einer Gesellschaft ist **methodisch** nicht einfach. So lassen sich die Betrachtungsebenen nicht sauber voneinander trennen, sie sind vielmehr miteinander verschränkt und beeinflussen sich wechselseitig. Die damit verbundene Komplexität setzt der Aussagekraft von Prognosen enge Grenzen. Ein zweites Dilemma resultiert aus dem Prozesscharakter der Gesellschaft. Alle Daten, die durch empirische Erhebungen gewonnen werden, sind nur Momentaufnahmen und haben deshalb nur eine zeitbezogene Aussagekraft. Erschwerend kommt drittens hinzu, dass sich die Gesellschaft im Inneren unterschiedlich entwickelt und deshalb von ihren Mitgliedern (beispielsweise nach ihrer Einkommenssituation) unterschiedlich wahrgenommen wird.

M 2 Gleichzeitigkeit des Ungleichzeitigen

Die Eliten sind (in der Wissensgesellschaft) wieder wirklich elitär, rekrutieren sich ... aus sich selbst, nach den – höchst leistungswidrigen – Indikatoren von materiell vorgegebener Herkunft, vertrauter Zugehörigkeit, kulturellen Codes und abgrenzenden Gruppenhabitus. ... In Deutschland wächst wieder so etwas wie die Gleichzeitigkeit des Ungleichzeitigen heran. ... Die einen gewinnen maßlos und werden dies aller Wahrscheinlichkeit dann lustvoll luxuskonsumistisch inszenieren, die anderen werden an der Wohlstandsmehrung nicht den geringsten Anteil haben, werden den vorgeführten Kontrast zwischen unten und oben als demütigender empfinden denn je zuvor.

Walter, Franz: Gewinnen und scheitern, in: Spiegel Online, veröff. am 01.07.2006 unter: http://www.spiegel.de/politik/debatt8e/0,1518,druck-423838,00.html

1. **Konkretisieren Sie den Wandel zur Wissensgesellschaft unter Anwendung des Analysemodells der Soziologie.**
2. **Diskutieren Sie die in M 2 aufgestellte These zur Gesellschaftsentwicklung.**

Die Bevölkerung als Forschungsgegenstand

Politische Entscheidungen stützen sich auf Informationen über die **Bevölkerung**. Darunter werden alle Personen verstanden, die in einem festgelegten Gebiet ihre Hauptwohnung haben – also auch Ausländer, die im amtlichen Melderegister eingetragen sind. Die wichtigsten Stellgrößen der Bevölkerungsentwicklung sind die natürlichen und räumlichen **Bevölkerungsbewegungen**; das sind zum einen die Geburten und Sterbefälle und zum anderen die Zu- und Fortzüge. Beide bewirken eine Dynamik, durch die sich die Bevölkerung stets reproduziert, obwohl alle ihre Mitglieder früher oder später sterben.

Die Wissenschaft, die sich mit der Struktur der Bevölkerung und ihrer zahlenmäßigen Veränderung beschäftigt, ist die **Demografie**. Sie stützt sich auf die Daten der **Register** in den Behörden, beispielsweise der Standesämter (Geburten- und Sterbefälle) oder der Meldeämter (Zu- und Fortzüge). Die erfassten Daten werden von den statistischen Ämtern auf Landes- und Bundesebene ausgewertet und als **amtliche Statistik** veröffentlicht. Zur Vertiefung und Ergänzung werden zudem vierteljährlich Stichproben erhoben, bei denen eine repräsentative Auswahl von Bürgern im Umfang von einem Prozent der Bevölkerung zu bestimmten Themen befragt wird (**Mikrozensus**).

Ab dem Jahr 2011 beteiligt sich Deutschland an der EU-weiten Ermittlung von Kennzahlen zur Bevölkerung und deren Arbeits- und Wohnverhältnissen (**Zensus 2011**). Ein solcher Zensus soll zukünftig alle zehn Jahre erfolgen. In Deutschland werden die Daten im Gegensatz zu den früheren und viel kritisierten Volksbefragungen im Wesentlichen über vorhandene amtliche Register erhoben. Die Haushalte geben nur noch in Stichproben unmittelbar Auskunft und ihr Umfang ist auf maximal zehn Prozent der Bevölkerung begrenzt.

M 3 Politische Bedeutung statistischer Zahlen

Ein wichtiges Ziel eines Zensus ist die Feststellung der amtlichen Einwohnerzahl in Bund, Ländern und Gemeinden. ... [Sie wird] als Richtgröße für die Einteilung der Bundestagswahlkreise und für die Berechnung der Zahl der Stimmen der Länder im Bundesrat genutzt. Auf Ebene der Europäischen Union (EU) hängt zum Beispiel die Anzahl der Sitze eines Mitgliedstaates im Europäischen Parlament von der Einwohnerzahl ab. ... Auch bei der Verteilung der EU-Fördermittel spielt diese Zahl die entscheidende Rolle; die zu unterstützenden, strukturschwachen Gebiete werden anhand des Bruttoinlandsprodukts pro Kopf ausgewählt. Letztlich profitieren alle Bürgerinnen und Bürger von verlässlichen Bevölkerungszahlen. Dies gilt auch auf lokaler Ebene: Wie viele Schulen und Kindergärten braucht eine Stadt? Ist ein neues Krankenhaus notwendig? Für derartige Zukunftsentscheidungen sind verlässliche Daten unverzichtbar.

Statistische Ämter des Bundes und der Länder: Worin liegt der Nutzen eines Zensus?, Zugriff am 04.12.2009 unter: http://www.statistik-portal.de/Statistik-Portal/zensus/de_nutzen.asp

1. **Nach dem 2009 in Kraft getretenen EU-Reformvertrag muss eine qualifizierte Mehrheit im Ministerrat mindestens 65 Prozent der EU-Bevölkerung repräsentieren. Berechnen Sie die möglichen Machtkoalitionen in der EU.**
2. **Beurteilen Sie die politische Bedeutung der Demografie.**

Rechtliche Grenzen statistischer Erhebungen

M 4 Verfassungsgericht stemmt sich gegen den gläsernen Autofahrer

Das Bundesverfassungsgericht hat die in Hessen und Schleswig-Holstein praktizierte massenhafte automatische Erfassung von Autokennzeichen als nicht mit dem Grundgesetz vereinbar erklärt. Die entsprechenden Regelungen in den Polizeigesetzen seien verfassungswidrig und nichtig, betonten die Richter des Ersten Senats in Karlsruhe.

Krempl, Stefan: Verfassungsgericht stemmt sich gegen den gläsernen Autofahrer, in: heise online, veröff. am 11.03.2008 unter: http://www.heise.de/newsticker/Verfassungsgericht-stemmt-sich-gegen-den-glaesernen-Autofahrer—/meldung/104853

Die statistische Erfassung von persönlichen Daten ist politisch umstritten, da dies die Freiheitsrechte des einzelnen Bürgers berührt. Das Bundesverfassungsgericht hat deshalb mit dem Recht auf **informationelle Selbstbestimmung** enge Grenzen gezogen: Jeder Mensch darf grundsätzlich selbst darüber entscheiden, ob und wem und zu welchem Zweck er seine personenbezogenen Daten preisgibt. Diese sind also kein frei zugängliches Informationsmaterial und der Zugriff auf sie ist eine begründungsbedürftige Ausnahme.

M 5 Argumente zur gesetzlichen Verpflichtung, Kommunikationsdaten wie Handyverbindungen sechs Monate zu speichern (Vorratsdatenspeicherung)

Man kann ... nicht so allgemein sagen [wo eine Grenze der Erfassung von Daten erreicht ist]. Das hängt doch immer ganz stark davon ab, was wir für eine Gefahrenlage haben. Ich sage mal, wären solche Attentate wie in Madrid nicht passiert, dann wäre man nicht auf die Idee gekommen zu sagen, das sind wichtige Daten für uns zur Aufklärung solcher terroristischen Anschläge, und deshalb wollen wir die europaweit jetzt speichern. Das heißt also, je mehr wir solche terroristischen Anschläge haben oder auch uns anderen Formen von schwerster Kriminalität gegenüber sehen wie zum Beispiel organisierter Kriminalität, oder wenn der Rechtsradikalismus wieder stärker werden sollte, dann muss man natürlich als abwehrbereiter Staat zur Verteidigung unserer demokratischen Rechte auch bereit sein, etwas zu tun. Wo diese Grenze im Einzelnen ist, kann man so allgemein nicht sagen, sondern das muss dann immer sehr konkret abgewogen werden.

Interview mit Bundesjustizministerin Brigitte Zypries, in: Deutschlandradio, veröff. am 09.11.2007 unter: http://www.dradio.de/dlf/sendungen/interview_dlf/693733/

M 6

So umgehen Terroristen die Telefonüberwachung:

Wissen Politiker das etwa nicht?
Das neue Telekommunikationsüberwachungsgesetz kriminalisiert alle Bürger dieses Staates.

M 7 Anonymität und Demokratie

Wer damit rechnet, dass die Wahrnehmung unserer Freiheiten von anonymen Stellen registriert wird und dass ihm dadurch Risiken entstehen können, wird möglicherweise auf eine Ausübung seiner entsprechenden Grundrechte verzichten. Dies würde nicht nur die Entfaltungschancen des Einzelnen beeinträchtigen, sondern auch das Gemeinwohl, weil Selbstbestimmung eine elementare Grundbedingung eines auf Handlungs- und Mitwirkungsfähigkeit seiner Bürger begründeten freiheitlichen demokratischen Gemeinwesens ist.

Weichert, Thilo: Thema der Woche – Entdecke deine Freiheit – Grenzenlos frei: Kann bei uns jeder nach seiner Façon selig werden?, in: Unabhängiges Landeszentrum für Datenschutz Schleswig Holstein, Zugriff am 04.12.2009 unter: https://www.datenschutzzentrum.de/vortraege/050508_weichert_nordelbische.htm

1. **Problematisieren Sie die wachsende Bereitschaft, personenbezogene Daten im Internet anderen zur Verfügung zu stellen.**
2. **„Datenschutz ist Schutz der Demokratie!" Diskutieren Sie diese These.**

Aussagekraft statistischer Erhebungen

„Mit Statistiken kann man alles beweisen!" Diese allgemeine Redensart ist weithin bekannt, aber die Behauptung gilt nicht für jeden: Wer gelernt hat, Statistiken genau zu lesen, dem kann man so schnell nichts vormachen.
Die Demografie lebt von der Statistik. Um die darin enthaltenen Zahlen nicht falsch zu interpretieren, müssen sie in einen sinnvollen Zusammenhang gestellt werden. So ist

beispielsweise die Aussage „kleinere Menschen haben längere Haare" statistisch gesehen richtig, aber nicht wegen der Körpergröße, sondern wegen der weiblichen Haarmode und der Tatsache, dass Frauen in der Regel kleiner sind als Männer. Ferner ist zu fragen, wie die Zahlen entstanden sind, ob alle notwendigen Daten erfasst sind und die Stichprobe repräsentativ ist.

M 8

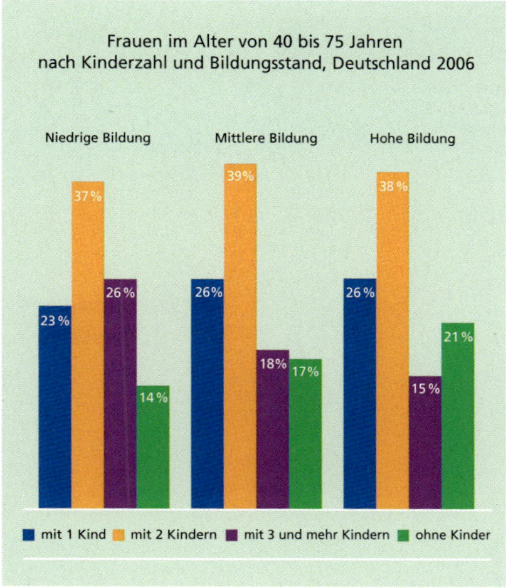

Statistisches Bundesamt, Geburten in Deutschland, Wiesbaden 2007, S. 33

M 9 Dramatische Zahlen oder das Drama der Zahlen?

Die Zahlen klingen dramatisch: 30, eventuell gar 40 Prozent der Akademikerinnen und damit potenziell beruflich erfolgreichen Frauen bleiben kinderlos. Heißt es. Denn genau weiß das niemand ... Das Problem mit den Zahlen liegt bei der Politik. Im sogenannten Mikrozensus fehlt die entscheidende Kinderfrage. Beispielsweise wird nicht gefragt, ob eine Frau jemals Kinder hatte, sondern nur, ob ein Kind zum Zeitpunkt der Befragung im Haushalt lebt. Sämtliche Internatsschüler, bereits ausgezogene Kinder oder auch verstorbene Kinder fallen so durch das Frageraster. Bei früheren Analysen war auch das Alter der befragten Frauen problematisch: Es endete bei 39 Jahren oder sogar früher. Sandra Maischberger, die mit 40 Jahren ihr erstes Kind bekommen hat, wäre demnach kinderlos geblieben. Auch wurden früher nur die Frauen mit Universitätsabschluss erfasst, die tatsächlich mit weit über 30 Prozent kinderlos bleiben. Die Frauen mit Fachhochschulabschluss bleiben aber deutlich weniger kinderlos, fielen aber durchs Raster, weil sie keinen Universitätsabschluss haben. Da das statistische Bundesamt an gesetzliche Vorschriften gebunden ist, werden entscheidende Fragen auch bis zum Jahr 2012 nicht gefragt werden, dann steht eine Erneuerung des Gesetzes an.

Prothmann, Hardy: Akademikerin = erfolgreich = kinderlos, in: Kinder-sind-Zukunft.ARD.de, Zugriff am 04.12.2009 unter: http://www.ard.de/zukunft/kinder-sind-zukunft/kinder-sind-gold-wert/kinderlose-akademikerinnen/-/id=520620/nid=520620/did=571668/y4lk73/index.html

1. **Stellen Sie dar, worauf bei Statistiken zu achten ist.**
2. **Problematisieren Sie die Statistik M 8 vor dem Hintergrund der in M 9 aufgezeigten Kritik.**

Elemente der Bevölkerungsstruktur

Ein Element des Bevölkerungsaufbaus ist die **Geschlechterstruktur**. Um die Anzahl von Frauen und Männern besser darstellen, analysieren und interpretieren zu können, wird sie häufig in Form einer **Kreuztabelle** oder eines **Diagramms** dargestellt.

M 10 Kreuztabelle

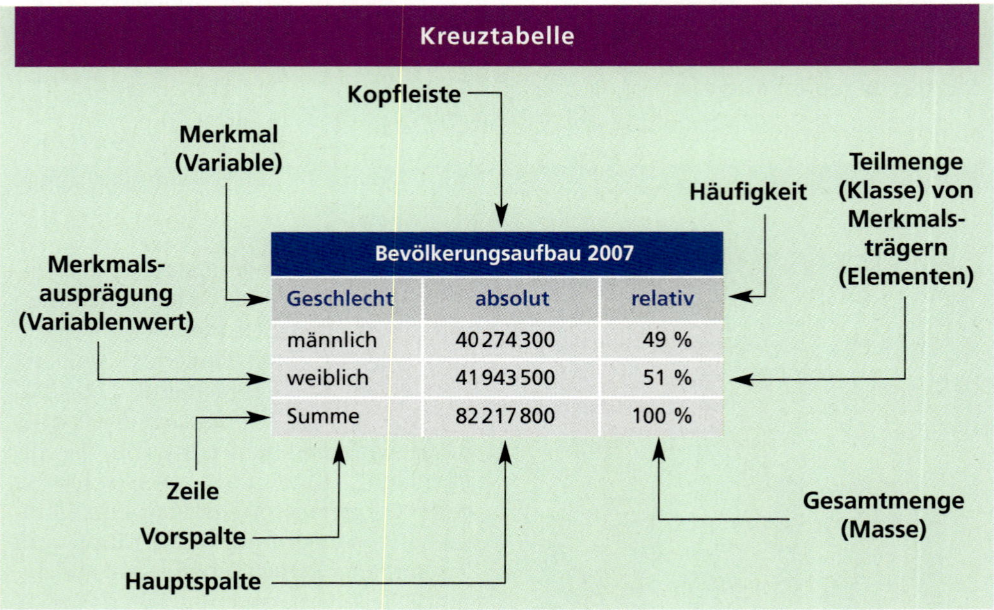

Geschlecht	absolut	relativ
männlich	40 274 300	49 %
weiblich	41 943 500	51 %
Summe	82 217 800	100 %

© Bernd Utpatel

M 11 Säulendiagramm

Darstellung 1

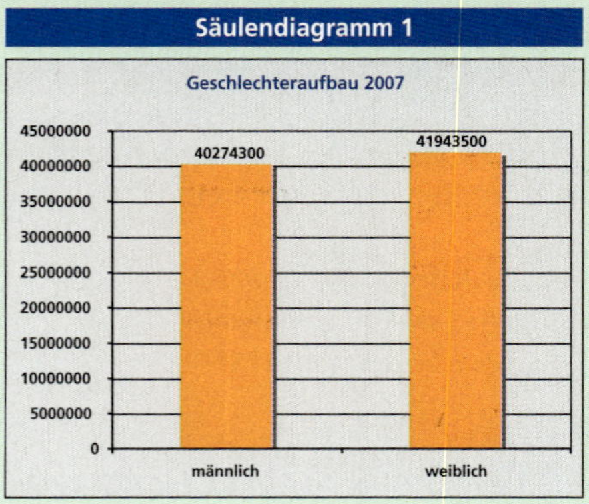

© Bernd Utpatel

Darstellung 2

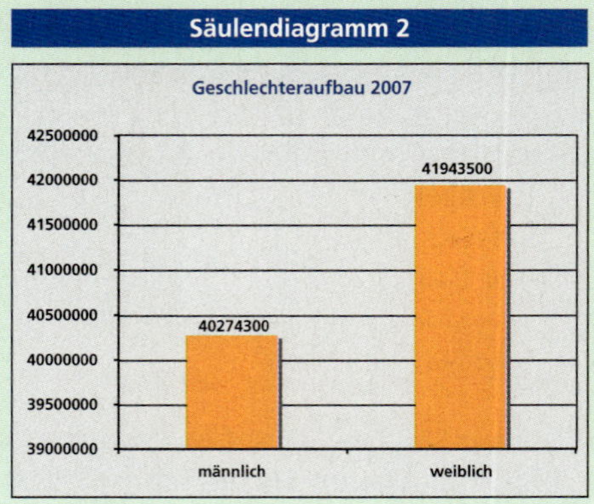

© Bernd Utpatel

1. **Im Jahr 2007 lebten in Deutschland 7.255.395 Ausländer. Erstellen Sie eine Kreuztabelle und ein Säulendiagramm in Relation zur Gesamtbevölkerung.**
2. **Problematisieren Sie die Darstellungsformen im Hinblick auf die Möglichkeit zur Manipulation.**

Ein weiteres Element der Bevölkerungsanalyse ist die **Altersstruktur**. Sie wird im sogenannten **Lebensbaum** abgebildet. Die Vertikale zeigt hierbei die verschiedenen Altersklassen und die Horizontale, getrennt nach den Geschlechtern, die jeweilige Anzahl der Personen. Als klassische Form gilt die Dreiecksform, bei der die Zahl der Jungen die der Alten überwiegt. In modernen Gesellschaften hat der Lebensbaum eher die Form einer Urne, bei der die Zahl der Alten die der Jungen übersteigt.

M 12 Grundformen des Lebensbaums einer Bevölkerung

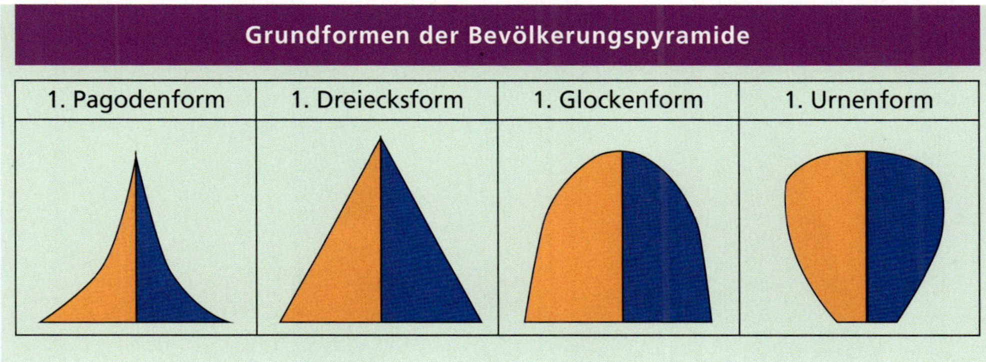

Beeinflusst wird die Struktur des Lebensbaums durch die Fruchtbarkeit (**Fertilität**) und die Sterblichkeit (**Mortalität**) einer Bevölkerung (Geburten und Todesfälle pro 1 000 Einwohner). Grafisch wird deren Verlauf zumeist als **Liniendiagramm** dargestellt. So lassen sich die allgemeine Entwicklung und die historisch bedingten Ausschläge aufzeigen.

M 13 Verlauf der Geburten- und Sterbefälle

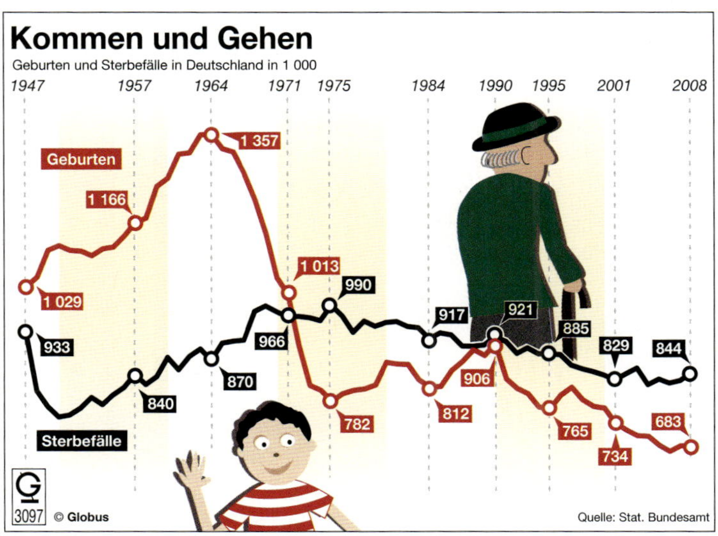

1. **Gliedern und vergleichen Sie den Verlauf der Geburten- und Sterbefälle.**
2. **Recherchieren Sie die Ursachen der Abweichungen vom Trend.**

M 14

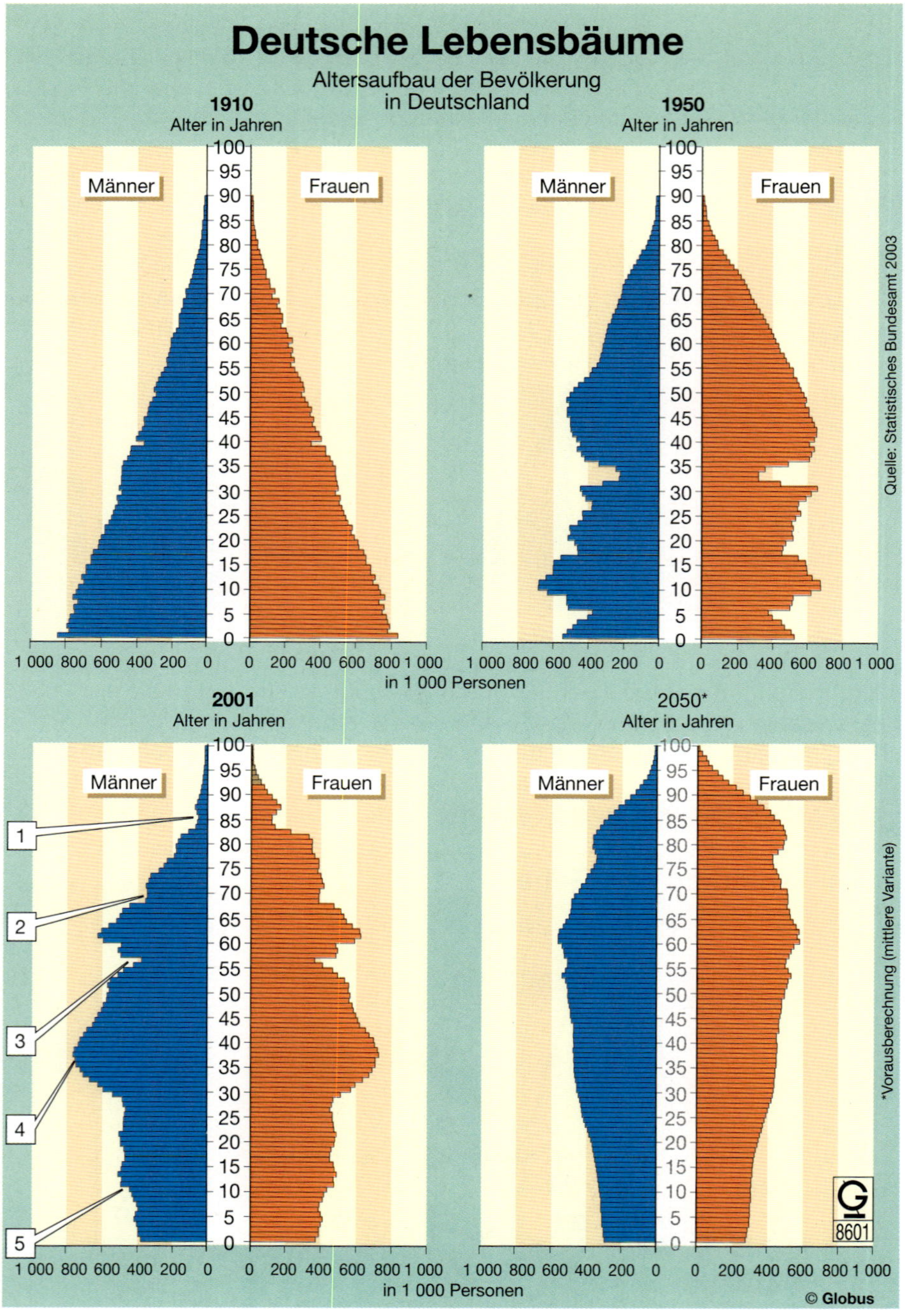

1. Vergleichen Sie die Entwicklung des deutschen Lebensbaums mit der Entwicklung der Geburten- und Sterbefälle.
2. Bestimmen Sie das Geburtsjahr des Jahrgangs in den gekennzeichneten Ausprägungen von 2001 und erläutern Sie den jeweiligen historisch-politischen Hintergrund.

Modell des demografischen Übergangs

Die Alterung der deutschen Bevölkerung erfolgte nur langsam und vollzog sich in fünf Phasen. Diesen Prozess beschreibt das **Modell des demografischen Übergangs**:

1. **Prätransformative Phase (Vorbereitung):** In der vorindustriellen Gesellschaft bringt eine Frau nicht selten 20 Kinder zur Welt, von denen aber fast die Hälfte nach der Niederkunft stirbt und die andere Hälfte im Durchschnitt nicht viel älter als 30 Jahre wird. Wegen der hohen Geburten- und Sterberate (Lebendgeborene bzw. Sterbefälle pro 1000 Einwohner) wächst die Bevölkerung kaum oder nimmt sogar durch Kriege, Krankheit oder Hunger ab.
2. **Frühtransformative Phase (Einleitung):** Mit dem Einsetzen der Industrialisierung bleibt die Geburtenrate zwar relativ hoch, aber die Kindersterblichkeit sinkt durch eine bessere Hygiene und medizinische Versorgung. Die Lebensverhältnisse verbessern sich und die durchschnittliche Lebenserwartung wird dadurch größer. Als Folge der sinkenden Sterberate wächst die Bevölkerung stetig an.
3. **Mitteltransformative Phase (Umschwung):** In der Hochphase des Bevölkerungswachstums verringert sich die Sterberate zwar weiter, aber gleichzeitig geht auch die Geburtenrate stark zurück, da die Familien auf die rückläufige Kindersterblichkeit mit einer Beschränkung ihrer Kinderzahl reagieren. Als Folge davon schwächt sich der Zuwachs der Bevölkerung ab.
4. **Spättransformative Phase (Einlenken):** Die Sterberate stabilisiert sich auf einem relativ niedrigen Niveau und der Rückgang der Geburtenrate schwächt sich ab. Das Bevölkerungswachstum verringert sich erheblich.
5. **Posttransformative Phase (Ausklingen):** Die Geburtenrate stabilisiert sich auf dem niedrigen Niveau der Sterberate. In diesem Idealfall bleibt die Bevölkerungszahl konstant. Unterschreitet jedoch die Geburtenrate die Sterberate, dann wird die Bevölkerung immer älter und die Sterberate steigt in der Folgezeit an. Als Konsequenz dieser Entwicklung geht die Bevölkerungszahl zurück.

Das Modell des demografischen Übergangs erhebt nicht den Anspruch, eine gesetzmäßige Abfolge wiederzugeben. Es beschreibt lediglich die bisherige Entwicklung in der westlichen Welt. In anderen Kulturkreisen können andere generative Verhaltensweisen dominieren und damit auch andere Entwicklungen eintreten (vgl. S. 98 ff.).

Dennoch hilft das Modell die Veränderung der Bevölkerung eines Landes im Zeitablauf zu überblicken (**Beschreibungsfunktion**), ihren aktuellen Stand der Modernisierung zu bestimmen (**Klassifizierungsfunktion**), nach den Ursachen der aktuellen Umbrüche zu forschen (**Theoriefunktion**) und Aussagen über den möglichen Verlauf in der Zukunft zu treffen (**Prognosefunktion**).

1. **Erstellen Sie eine Tabelle mit den wichtigsten Aussagen des Modells des demografischen Übergangs (z. B. nach Phasen, Fertilität, Mortalität, Bevölkerungswachstum).**
2. **Wenden Sie das Modell des demografischen Wandels an, indem Sie**
   a. **Länder aus den in M 15 aufgeführten Weltregionen auswählen,**
   b. **deren Fertilität und Mortalität recherchieren (greifen Sie auf die folgende Website zurück: www.census.gov/ipc/www/idb/summaries.html),**
   c. **diese den Phasen des Modells zuordnen und**
   d. **deren mögliche Weiterentwicklung diskutieren.**

M 15 Stand des demografischen Übergangs

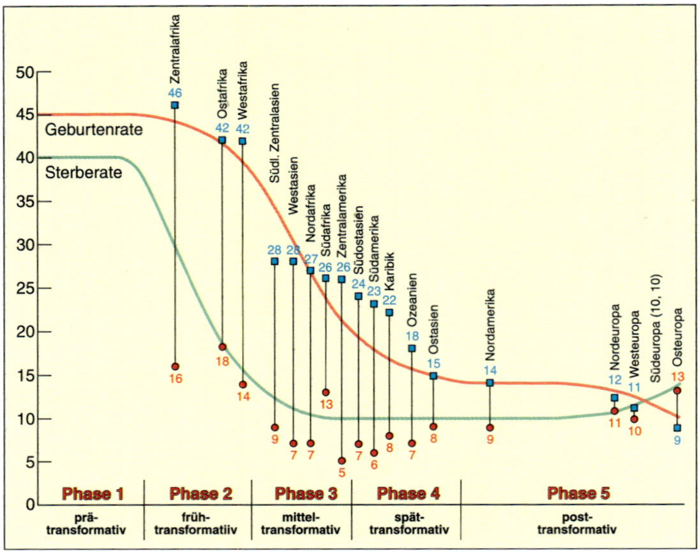

Ein Modell berücksichtigt nur die Veränderung ausgewählter Faktoren, die auf den jeweiligen Problembereich einwirken. Alle anderen gelten als konstant, obwohl auch sie sich in der Realität ändern und deshalb die Entwicklung stark beeinflussen können (**Ceteris-paribus-Methode**). Daher haben Modellbetrachtungen nur eine begrenzte Aussagekraft.

M 16

Demografische Entwicklung – kein Anlass zur Dramatik

Ein Blick um 50 Jahre zurück bestätigt obige These eindrucksvoll: Zwangsläufig hätte man 1950 bei einer Schätzung für das Jahr 2000 u. a. folgende Einflussfaktoren übersehen müssen: Entwicklung und Verbreitung der Antibabypille; Anwerbung und Zuzug von ausländischen Arbeitskräften und ihren Familien; Öffnung der Grenzen im Osten mit dem Zuzug von etwa 2,5 Millionen Aussiedlern aus den osteuropäischen Ländern nach Deutschland. Auch die besten Berechnungsprogramme hätten nichts genutzt, denn auch diese können nur existierende, bekannte Trends fortschreiben. Strukturbrüche sind nicht vorhersagbar – das Problem jeder Langfristprognose! Wenn wir annehmen, im Jahre 1900 sei eine 50-Jahres-Prognose gewagt worden. Es wären schlicht zwei Weltkriege übersehen worden! Wenn zutreffende 50-Jahres-Prognosen also in der Vergangenheit unmöglich waren, warum sollen sie in unserer schnelllebigen Zeit plötzlich wie Naturgesetze gelten? ... Auch die dritte wichtige Modellannahme, der Anstieg der Lebenserwartung um ca. 6 Jahre, ist alles andere als eine sichere Prognose. Nicht nur Kinderärzte sind angesichts von Adipositas [Fettleibigkeit] bei ca. 25 Prozent der Kinder, Bewegungsarmut, frühzeitigem Konsum von Alkohol, Nikotin und Drogen unsicher, ob der Trend tatsächlich langfristig in diese Richtung geht.

Prof. Dr. Gerd Bosbach: Demografische Entwicklung – kein Anlass zur Dramatik.
In: Demografie, Mitteilungen der Deutschen Gesellschaft für Demographie e.V. (DGD), Jahrgang 3, Ausgabe Nr. 6 (Oktober 2004), S. 21

1. Problematisieren Sie die Aussagekraft demografischer Prognosen.
2. Beziehen Sie zur Notwendigkeit demografischer Prognosen Stellung.

1.2 Geburtenpolitik

Geburtenrückgang als politische Konfliktlage

M 1

Mohr, 25.04.2005

M 2

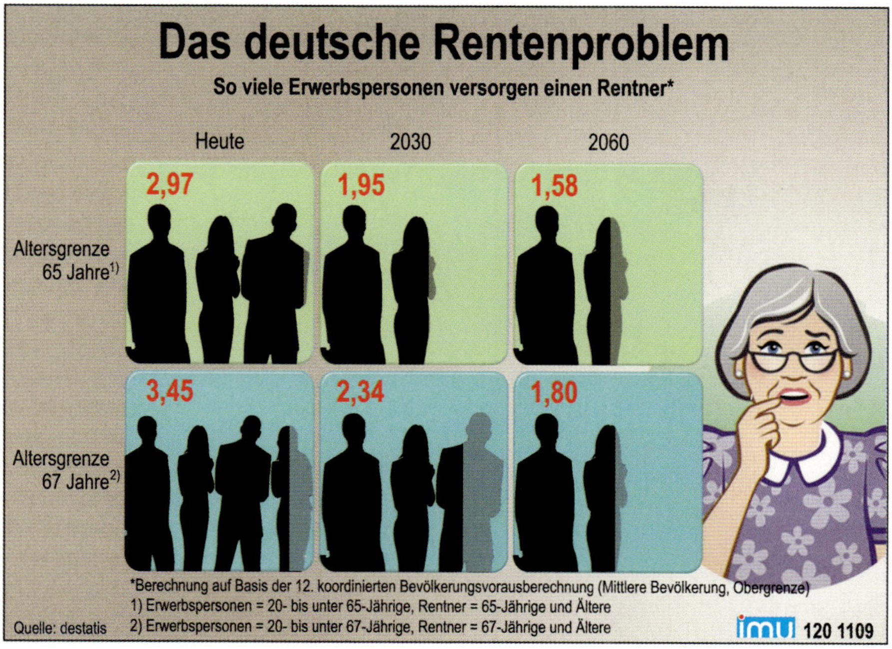

Der Geburtenrückgang verändert das Gefüge einer Gesellschaft. Dies kann tief greifende soziale und wirtschaftliche Spannungen hervorrufen. Ein Beispiel ist die gesetzliche Rentenversicherung in Deutschland. Sie beruht auf dem sogenannten **Generationenvertrag**, nach dem die laufenden Rentenzahlungen von den erwerbstätigen Arbeitnehmern und ihren Arbeitgebern finanziert werden. Nimmt nun die Zahl der Erwerbstätigen durch den anhaltenden Geburtenrückgang ab, dann kommen auf einen Rentner immer weniger Beitragszahler. Der sogenannte **Rentnerquotient** steigt und mit ihm die Abgabenlast. Spannungen zwischen den Partnern des Generationenvertrags sind vorgezeichnet. Zum Interessenausgleich hat der Gesetzgeber beschlossen, die Mehrbelastung, die sich aus einem höheren Rentnerquotienten ergibt, zu einem Viertel auf die Rentner zu übertragen (**Nachhaltigkeitsfaktor**). Dieser Betrag wird von der jährlichen Anpassung der Renten an die Löhne (**Rentendynamik**) abgezogen. Damit sinkt das Rentenniveau. Um eine Ausuferung zu vermeiden, hat der Gesetzgeber Ober- und Untergrenzen gezogen: Sollte bis 2030 der Beitragssatz über 22 Prozent steigen oder das Rentenniveau unter 43 Prozent fallen, sind zum Ausgleich der Rentenkasse ergänzende Maßnahmen (z. B. Erhöhung des Renteneintrittalters) zu ergreifen.

1. **Analysieren Sie die politische Konfliktlage, die sich aus dem Geburtenrückgang ergeben kann.**
2. **Konzipieren Sie Wege, um den beschriebenen Gefahren zu begegnen.**

Ursachen sinkender Kinderzahl

M 3

Stuttmann, 07.03.2005

Als Reaktion auf den Geburtenrückgang versucht der Staat, das Regenerationsverhalten seiner Bürger zu beeinflussen. Damit diese Bevölkerungspolitik nicht ins Leere greift, muss sie bei den Ursachen der sinkenden Kinderzahl ansetzen. Hierfür ist eine umfassende Analyse des Problems notwendig.

M 4 Erklärungen für den Geburtenrückgang

Einige sind eher **materialistisch**: So habe der Mensch als homo oeconomicus erkannt, dass in unserer Gesellschaft der wirtschaftliche Nutzen von Kindern erheblich abgenommen hat – im Gegensatz zu früher sind sie beispielsweise nicht mehr als billige Arbeitskräfte für die Familie von Bedeutung oder müssen einmal ihre alten Eltern finanziell unterhalten. Gleichzeitig sind die Kinderkosten, auch mitbedingt durch die langen Ausbildungszeiten, beträchtlich gestiegen. Gerade in unserer Konsumgesellschaft gibt es viele attraktive Alternativen, wie sich das durch den Verzicht auf Kinder oder die Reduzierung der Kinderzahl „eingesparte" Geld einsetzen lässt: Erwerb von Wohneigentum, Fernreisen, Autokauf usw. Hinzu kommt, dass Kinder indirekte Kosten verursachen, wenn ein Elternteil auf Dauer oder für längere Zeit auf die Berufsausübung bzw. Aufstiegsmöglichkeiten verzichtet, um sich den Kindern (besser) widmen zu können. Diese sogenannten Opportunitätskosten sind umso höher, je besser qualifiziert der Elternteil ist und je größer somit sein Einkommensverzicht ist. Schließlich verursachen Kinder noch immaterielle Kosten. Dazu gehören Zeitkosten – Zeit für ihre Versorgung und Erziehung, die auch anderweitig verwendet werden könnte (z. B. zur Regeneration oder Selbstverwirklichung) – sowie der psychische und physische Aufwand.
Andere Ursachen für den Geburtenrückgang sind eher **soziokultureller** Art: So sind Ehe und Elternschaft zunehmend der freien Entscheidung des Einzelnen anheimgestellt – nicht eheliche Lebensgemeinschaften, das Leben als Single oder der bewusste Verzicht auf Kinder werden von der Gesellschaft immer mehr akzeptiert. Und im Falle der Familiengründung gelten zwei Kinder als Norm. Im Kontext von Säkularisierung und Wertewandel haben kirchliche Vorschriften (Gebot der Fruchtbarkeit, Verbot der Empfängnisverhütung usw.) an Bedeutung verloren, werden nun Selbstentfaltung, Lebensgenuss, Unabhängigkeit und Selbstbestimmung betont. Der Individualismus mit der extremen Betonung der Interessen des Einzelnen hat zu einer verstärkten Zuwendung zum eigenen Ich geführt. Dies bedingt u. a. eine größere Unsicherheit von Partnerbeziehungen (Partner können – von der Gesellschaft sanktioniert – gewechselt und Ehen geschieden werden, wenn die eigenen Bedürfnisse nicht mehr befriedigt werden), einen Rückgang der Bereitschaft zu Festlegungen im Lebenslauf (wie z. B. durch die Übernahme von Elternverantwortung) sowie eine Beschränkung der Kinderzahl, damit die Ich-Entfaltung nicht zu sehr durch die Erziehungsaufgabe behindert wird. ... Zusammen mit den verlängerten Ausbildungszeiten und dem späten Heiratsalter hat dies zum Herausschieben der Realisierung von Kinderwünschen und damit zu einer Verkürzung der üblichen Zeugungsphase geführt. Mit zunehmendem Alter beider Partner steigt aber auch die Wahrscheinlichkeit von Infertilität; inzwischen gelten 10 bis 15 % aller Paare als unfruchtbar.
Weitere Ursachen für die niedrigen Kinderzahlen liegen in **Rahmenbedingungen** wie dem leichten Zugang zu Verhütungsmitteln, der Möglichkeit des Schwangerschaftsabbruchs, der geringen materiellen Förderung von Familien durch den Familienleistungsausgleich, der schwierigen Vereinbarkeit von Familie und Beruf, dem problematischen Wiedereintritt in die Arbeitswelt nach einer längeren Familienphase, den unzureichenden Betreuungsangeboten für Kleinst- und Schulkinder, den zu kurzen und wenig flexiblen Öffnungszeiten von Kindertageseinrichtungen oder dem Fehlen familiengerechter, preisgünstiger Wohnungen ...

Textor, Martin R.: Wie viel Kinder braucht das Land?, in: Das Familienhandbuch des Staatsinstituts für Frühpädagogik (IFP), Zugriff am 04.12.2009 unter: http://www.familienhandbuch.de/cmain/f_Fachbeitrag/a_Familienforschung/s_269.html

M 5

Rente nach Kinderzahl

Der Geburtenrückgang hat vielfältige Ursachen, doch eine der wichtigsten ist das Rentensystem selbst. Die Rentenversicherung ist eine Versicherung gegen Kinderlosigkeit und die daraus entstehende Altersarmut. ... Vor der Einführung der Rentenversicherung durch Bismarck war es auch in Deutschland üblich, Kinder zu bekommen, um den eigenen Alterskonsum sicherzustellen. Dieses Motiv entfällt heute. Auf eigene Kinder kommt es bei der Versorgung im Alter nicht mehr an. Es reicht, wenn andere Leute Kinder in die Welt setzen, die später die Rentenbeiträge zahlen. Die Rentenversicherung hat eines der wichtigsten Motive für den Kinderwunsch aus dem Bewusstsein der Menschen verdrängt. ... Heute greift der Staat auf dem Wege über das Rentensystem ganz massiv in die Familienplanung ein, indem er die Rentenbeiträge der Kinder sozialisiert und so die natürlichen Vorsorgemotive für den Kinderwunsch aus den Köpfen der Menschen vertreibt. Die Rente nach der Kinderzahl einzuführen heißt, den Grad der Sozialisierung zurükkzufahren, also den Staat wieder ein Stück weit aus der Familienplanung herauszunehmen.

Sinn, Hans-Werner: Rente nach Kinderzahl, in: FAZfinance.NET, veröff. am 25.04.2003 unter: http://www.fazfinance.net/Aktuell/Wirtschaft-und-Konjunktur/Standpunkte-Rente-nach-Kinderzahl-2999.faz

1. **Erstellen Sie einen sachsystematisch gegliederten Katalog von möglichen Ursachen des Geburtenrückgangs.**
2. **Überprüfen Sie die dargestellten Ursachen vor dem Hintergrund Ihrer Lebenserfahrung und gewichten Sie diese nach ihrem Bedeutungsgehalt (Ranking).**

Geburtenrückgang und Frauenemanzipation

M 6

Arbeitsmarkt braucht mehr Frauen

Haben Frauen und Männer zunächst gemeinsam studiert, gemeinsam den Einstieg in den Beruf geschafft, so zeigt die Statistik vom 30. Lebensjahr an einen Knick: Männer klettern in der Unternehmens- und Einkommenshierarchie weiter nach oben, Frauen bleiben dagegen auf der Karriereleiter stehen oder springen sogar gleich ganz ab. Bis auf den Chefsessel schaffen es gerade einmal zehn Prozent – und auch dort verdienen sie ... deutlich weniger als ihre männlichen Kollegen. Dabei wird die deutsche Volkswirtschaft ab 2010 immer stärker darauf angewiesen sein, dass sich gerade die gut ausgebildeten Frauen dauerhaft dem Arbeitsmarkt zur Verfügung stellen.

Thelen, Peter: Arbeitsmarkt braucht mehr Frauen, in: wiwo.de, veröff. am 22.08.2006 unter: http://www.wiwo.de/politik/arbeitsmarkt-braucht-mehr-frauen-153572/

Durch den Geburtenrückgang werden Arbeitskräfte knapp. Eine Antwort auf dieses Problem ist die Aktivierung vorhandener Arbeitskraftreserven. Ein solches Potenzial bilden Frauen: Von ihnen arbeiten im Alter zwischen 15 und 64 Jahren ca. 64 Prozent (**Erwerbstätigenquote**), und dies fast zur Hälfte in Form der Teilzeitarbeit. Bei den Männern sind ca. 74 Prozent erwerbstätig und in der Regel in Vollzeit. Noch geringer sind die Zahlen bei den Müttern: Gemessen an der Wohnbevölkerung sind nur rund 36 Prozent erwerbstätig (**Erwerbsquote**).

Kritiker wenden dagegen ein, dass mit der verstärkten Einbindung der Frauen in den Arbeitsmarkt nur noch weniger Kinder geboren werden. Ihre Einschätzung belegen sie durch einen statistischen Vergleich der Entwicklung der Frauenerwerbstätigenquote mit der der Geburtenrate. Während die erste Kennzahl im Zeitablauf steigt, sinkt die zweite ab. Die Zunahme der Erwerbstätigkeit der Frauen hat den Wohlstand zwar wachsen lassen, aber gleichzeitig – so die Theorie des **demografisch-ökonomischen Paradoxons** – auch den demografischen Niedergang ausgelöst.

Gegen diese These wird vorgebracht, dass es nicht die Frauenerwerbstätigkeit an sich ist, die die Fertilität nach unten treibt, sondern die Art und Weise, wie sie gestaltet wird. Entscheidend ist, ob Frauen die Möglichkeit haben, Beruf und Mutterrolle miteinander zu verbinden. Gefordert werden deshalb – wie in Nordeuropa – mehr Betreuungsangebote für Kinder und eine stärkere Einbindung der Männer in die Familien- und Erziehungsarbeit. Im Gegenzug warnen andere wiederum davor, ein bestimmtes Lebensmodell staatlich zu bevorzugen und verlangen stattdessen eine finanzielle Gleichstellung der nicht berufstätigen Mutter mit der berufstätigen.

M 7 Geburtenrückgang ist kein Naturgesetz

Der Rückgang der Geburtenraten auf niedrige Werte wie in Spanien, Griechenland oder Deutschland folgt keinem Naturgesetz. Er ist vielmehr die Konsequenz einer gesellschaftlichen Entwicklung, bei der die Emanzipation der Frauen eine wichtige Rolle spielt. Westeuropäische Frauen streben heute mehrheitlich nach eigener beruflicher Entwicklung und wirtschaftlicher Unabhängigkeit. In der jüngeren Generation wird dies immer wichtiger. Gleichwohl ist der Wunsch nach Kindern und Familie weiterhin vorhanden. Wenn aber Frauen (und ihre Partner) emanzipierter und „moderner" sind als die Gesellschaft, in der sie leben, passen Kinderwunsch und Lebensentwürfe nicht mehr zusammen. Dort entscheiden sich Menschen immer häufiger gegen Kinder. Gesellschaften, in denen die neue Rolle der Frauen anerkannt und unterstützt wird, zeichnen sich hingegen durch relativ hohe Kinderzahlen aus.
... Gesellschaftsstrukturen prägen auf lange Sicht nicht nur das Verhalten, sondern auch Normen und Werte einer Bevölkerung. In Deutschland hat die Kollision zwischen modernen Lebensansprüchen der Menschen und einer Politik, die im Kern an traditionellen Familienvorstellungen festhielt, dazu geführt, dass nicht nur die tatsächlichen, sondern auch die gewünschten Kinderzahlen je Frau heute zu den geringsten in Westeuropa gehören. Nur wenn Gesellschaft und alle Sparten der Politik gemeinsam eine wirkliche Gleichstellung der Geschlechter im Arbeitsleben und bei der Kinderbetreuung gewährleisten können, ließen sich Kinderwünsche und beruflichen Ansprüche von Frauen und Männern vereinbaren. Aller Wahrscheinlichkeit nach gäbe es unter diesen Bedingungen auch in Deutschland wieder mehr Nachwuchs.

Kröhnert, Steffen; Klingholz, Reiner: Emanzipation oder Kindergeld? Der europäische Vergleich lehrt, was man für höhere Geburtenraten tun kann, in: Sozialer Fortschritt, Heft (54), 12/2005, S. 280–290, Zugriff am 04.12.2009 unter: http://www.berlin-institut.org/fileadmin/user_upload/Veroeffentlichungen/Emanzipation_oder_Kindergeld_05.pdf

M 8

Was machen die „Neuen Väter" in Schweden anders als in Deutschland?

Eigentlich gar nicht so viel. In beiden Ländern ist der Wille vieler Männer zu einer aktiven Vaterschaft in den letzten drei Jahrzehnten gestiegen. Neu gegenüber der Generation ihrer eigenen Väter ist, dass sie nicht mehr nur „Freizeitväter" sind, sondern sich auch um die alltägliche Versorgung und Betreuung kümmern. Dieser Prozess ist in Schweden allerdings weiter fortgeschritten als in Deutschland. 85 Prozent aller schwedischen Väter übernahmen Ende der neunziger Jahre einen Teil der täglichen Versorgung ihrer Kleinkinder. Der entscheidende Unterschied gegenüber Deutschland ist, dass Väter auch in besonderen Situationen Verantwortung übernehmen und dafür Abstriche bei ihrer Erwerbsarbeit machen. Sie nehmen Urlaub, wenn ihr Kind krank ist oder um es die ersten Tage in einer neuen Tagesstätte zu begleiten; sie nehmen Vaterschaftsurlaub nach der Geburt und mehrheitlich 60 bis 70 Tage Elternurlaub.

Interview mit Dr. Wiebke Kolbe: Es geht viel mehr um Väter als um Mütter, in: der Freitag, veröff. am 01.06.2007 unter: http://www.freitag.de/2007/22/07220401.php

M 9 Geburtenzahlen und Familienstruktur

Am deutlichsten wird der Zusammenhang zwischen Emanzipation und Kinderzahlen bei der Zahl der nicht ehelichen Geburten. In allen westeuropäischen Ländern, die eine Gesamtfertilitätsrate von mehr als 1,7 Kindern je Frau aufweisen, wird ein größerer Anteil aller Kinder außerhalb von Ehen geboren als in Deutschland. Länder wie Italien und Griechenland, in denen uneheliche Lebensgemeinschaften und uneheliche Kinder noch immer stigmatisiert sind und dementsprechend selten vorkommen, haben die geringsten Geburtenraten Westeuropas. Das Festhalten an traditionellen Familienstrukturen schafft somit keinerlei demografischen Vorteil: Bei den geburtenfreudigen Schweden, Norwegern und Franzosen kommt hingegen etwa die Hälfte aller Kinder außerehelich zur Welt – in Island, dem Staat mit der europaweit höchsten Kinderzahl je Frau sind es sogar über 65 Prozent. Der Grund für diesen zunächst verblüffenden Zusammenhang ist sicher nicht, dass instabile Beziehungen das Kinderkriegen begünstigen. Die Scheidungshäufigkeit ist vielmehr ein Indikator für die Gleichberechtigung der Geschlechter. Wo Frauen die Möglichkeit haben, finanziell unabhängig von ihrem männlichen Partner zu existieren, steigt die Bedeutung der emotionalen gegenüber der juristisch fixierten und ökonomisch notwendigen Bindung. Dies trägt, gemeinsam mit der gesellschaftlichen Akzeptanz von Ehescheidungen, offenbar dazu bei, dass auch die Wahrscheinlichkeit, sich nach einer Eheschließung wieder zu trennen, steigt.

Kröhnert, Steffen; Klingholz, Reiner: Emanzipation hebt die Nachwuchszahlen. Warum die Kinderzahlen in den Ländern Westeuropas so unterschiedlich hoch sind, in: demos, Heft 51, veröff. am 11.06.2008 unter: http://www.berlin-institut.org/newsletter/51_11_Juni_2008.html.pdf

M 10

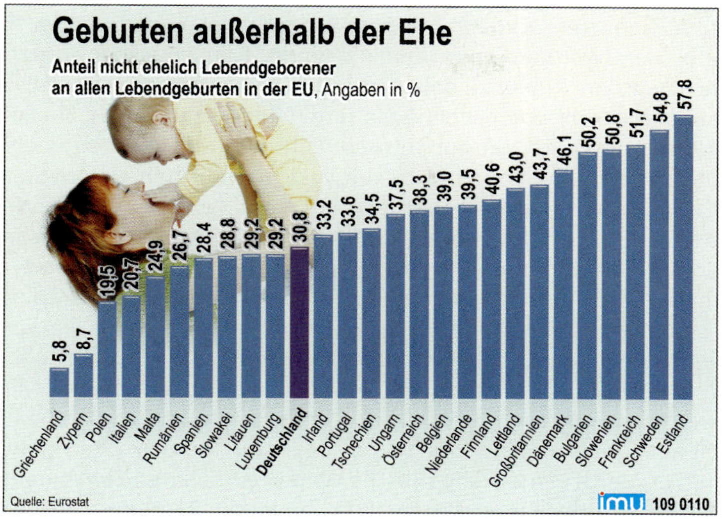

Die Grafik bezieht sich auf das Jahr 2006. Zum gleichen Zeitpunkt betrug die durchschnittliche Kinderzahl einer Frau im gebärfähigen Alter (15 bis 49 Jahre) in Deutschland 1,32 (Gesamtfruchtbarkeitsziffer), in Estland 1,55 und in Griechenland 1,39 (Eurostat Jahrbuch 2009).

M 11 Kein Lebensmodell darf einseitig gefördert werden!

Viele Eltern entscheiden sich aus guten Gründen dafür, die Berufstätigkeit eines Elternteils, zumeist der Mutter, zumindest in den ersten drei Lebensjahren aufzugeben, um so die Betreuung, Pflege und Erziehung der Kinder in der Familie zu leisten. Eltern entscheiden also sehr unterschiedlich darüber, ob und ab welchem Alter sie eine Kinderbetreuung in einer Kindertagesstätte oder in der Kindertagespflege für ihre Kinder wünschen. Der Staat hat eine echte Wahlmöglichkeit die Eltern zu unterstützen und darf daher nicht nur Anreize für ein Betreuungsmodell setzen.
Im Mittelpunkt der Diskussion um den Ausbau von Betreuungsmöglichkeiten muss stets das Wohl des Kindes stehen. Nach wie vor ist umstritten, ob und unter welchen Umständen es die Entwicklung von Kindern unter drei Jahren eher fördert oder beeinträchtigt, wenn sie in einer Kindertagesstätte oder von einer Tagesmutter betreut werden. ... Eine Finanzierung des Ausbaus durch den Abbau anderer familienbezogener Leistungen lehnen wir ab. Denn dies hätte unweigerlich zur Folge, dass die Familien, die sich für eine Betreuung der Kinder in der Familie entscheiden, benachteiligt würden zu Gunsten jener Familien, die eine außerfamiliäre Betreuung in Anspruch nehmen. Der Staat würde so ein Lebensmodell fördern und erleichtern, bei dem beide Eltern möglichst schnell wieder in den Beruf einsteigen, gleichzeitig aber allen Familien, die sich anders entscheiden, Leistungen kürzen.

Pressebericht des Vorsitzenden der Deutschen Bischofskonferenz, Karl Kardinal Lehmann, im Anschluss an die Frühjahrs-Vollversammlung vom 10. bis 13. April 2007 in Kloster Reute, veröff. am 14.04.2007 unter: http://www.dbk.de/aktuell/meldungen/01331/index.html#II-1

1. **Beziehen Sie zu der These Stellung, wonach die Höhe der Fertilitätsrate in einem engen Zusammenhang mit der Gleichstellung von Frau und Mann steht.**
2. **Diskutieren Sie, worin eine gleichberechtigte Partnerschaft besteht und wie diese zur gesellschaftlichen Realität werden kann.**

Familienpolitik in der Diskussion – das Beispiel Elterngeld

Der anhaltende Geburtenrückgang hat eine verstärkte Hinwendung der Familienpolitik zum Modell der **Zwei-Verdiener-Familie** bewirkt. Danach soll es erwerbstätigen Eltern ermöglicht werden, Kinder zu bekommen, ohne erhebliche Einbußen an dem durch die Berufstätigkeit erworbenen Lebensstandard nehmen zu müssen. Ein Beispiel ist das Elterngeld. Mütter und Väter, die zur Betreuung ihres Kindes vorübergehend ganz oder auch nur teilweise auf eine Erwerbstätigkeit verzichten, erhalten vom Staat zum Ausgleich eine **Lohnersatzleistung**. Sie beträgt 67 Prozent des entgangenen Nettoeinkommens – mindestens 300 Euro und höchstens 1 800 Euro pro Monat. Wer mehr als 30 Stunden pro Woche arbeitet, hat keinen Anspruch. Bei Teilzeitarbeit wird das Einkommen in die Berechnung des Elterngeldes einbezogen. Die Bezugsdauer beträgt zwölf Monate. Machen beide Elternteile vom Angebot auf Elterngeld Gebrauch, verlängert sie sich – wie bei Alleinerziehenden – auf 14 Monate (**Partnermonate**). Bei hälftiger Inanspruchnahme kann der Zeitraum auf 24 bzw. 28 Monate gestreckt werden. Der Mindestbetrag wird auch gezahlt, wenn vor der Geburt keine Erwerbstätigkeit vorlag. Damit wird auch die Ein-Verdiener-Familie in die Förderung einbezogen. Mit dem Elterngeld hat der Gesetzgeber 2007 zugleich eine sozialpolitische Wende eingeleitet: Zum einen entscheidet nicht mehr die Bedürftigkeit über die staatliche Zuwendung, sondern die bisher erbrachte Leistung auf dem Arbeitsmarkt; zum anderen wird die Übernahme eines bestimmten Lebenskonzeptes (Wechsel der Betreuungsperson) angestrebt. Beides ist politisch nicht unumstritten.

M 12 Elterngeld: Umverteilung von unten nach oben

... [E]inkommensabhängiges Elterngeld ... ist äußerst bedenklich. Begründet wird das Elterngeld mit der geringen Geburtenrate hoch qualifizierter Frauen. Diese Bevölkerungsgruppe würde hauptsächlich aufgrund der hohen Opportunitätskosten, also dem Einkommensverlust während der Abwesenheit vom Arbeitsplatz, kinderlos bleiben. Auch wenn diese sehr vereinfachende Sichtweise zutreffen sollte, rechtfertigt dies keine Umverteilung „von unten nach oben", wie sie im Elterngeld angelegt ist. Mit welcher Berechtigung soll Geringverdienern (über die Steuer) Einkommen entzogen und besser gestellten Einkommensschichten zugeführt werden? [Damit] verringern sich auch die Möglichkeiten von Geringverdienern, in die Erziehung ihrer Kinder zu investieren.

Arentz, Oliver: Plädoyer für eine sinnvolle Familienpolitik – um der Kinder willen, in: iwp, Heft 2/2006, veröff. am 07.02.2006 unter: http://www.iwp.uni-koeln.de/DE/Publikationen/komment/pdf-Dateien/OK02__06.pdf

M 13 Elterngeld ist verfassungswidrig

[Das Problem], was ich da sehe, ist die Begrenzung des Elterngelds auf [zwölf] Monate, wenn kein Bezugspersonenwechsel stattfindet. Ich halte das für verfassungswidrig, das Bundesverfassungsgericht hat mehrfach gesagt, dass der Staat sich aus der Gestaltung der Erziehung rauszuhalten hat, das ist allein Sache der Eltern. Und dass das verfassungswidrig ist, kann man an einer ganz einfachen Hilfsüberlegung feststellen: Es wäre undenkbar, einer Alleinerziehenden nur [zwölf] Monate zu geben, weil das nämlich unmittelbar verboten wird von Artikel 6 Absatz 5, der die Diskriminierung von nicht ehelichen Kindern verbietet. Das würde bedeuten, dass Eltern sich, um so gut zu fahren wie Alleinerziehende, die nämlich die [14] Monate vollkriegen, sich scheiden lassen müssten. Und das zeigt, dass das Ganze überhaupt nicht verfassungsrechtlich zu Ende gedacht wurde.

Interview mit Jürgen Borchert, in: Deutschlandradio, veröff. am 21.12.2005 unter: http://www.dradio.de/dlf/sendungen/interview_dlf/450431/

1. Diskutieren Sie die Vor- und Nachteile des Elterngeldes.
2. Entwerfen Sie eigene Leitideen für die Familienpolitik.

Geburtenrückgang – eine Gefahr für den Wohlstand in Deutschland?

M 14

Ein Streitgespräch zwischen dem Wirtschaftswissenschaftler Thomas Straubhaar und dem Sozialwissenschaftler Franz-Xaver Kaufmann

Straubhaar: ... [D]ie Bedeutung der Demografie ... für die wirtschaftliche Entwicklung wird maßlos übertrieben. Wenn die Wirtschaft flexibel und offen genug ist, kann sie die Probleme lösen. Die ganze Diskussion bei uns ist doch sehr provinziell. Weltweit wächst die Bevölkerungszahl noch lange und noch stark an. Wenn wir unser Kapital in Ländern mit einer jungen Bevölkerung anlegen und dort die von uns nachgefragten Waren produzieren lassen, können wir den Mangel an Arbeitskräften bei uns umgehen. Außerdem: Wenn die Bevölkerung schrumpft, steigt der Wohlstand pro Kopf, weil der Kapitalstock auf weniger Köpfe verteilt wird. Jeder Schüler kann dann einen eigenen Computer im Unterricht erhalten, die Staus auf den Straßen gehen zurück, Maschinen können länger laufen und anderes mehr.

Kaufmann: Aber das ist doch naiv. ... Ein steigendes Pro-Kopf-Einkommen setzt zunächst voraus, dass das Sozialprodukt weniger stark sinkt als die Bevölkerungszahl. Und genau das ist angesichts des zunehmenden Mangels an jungen und leistungsstarken Arbeitskräften fraglich.

Straubhaar: Ihren Wachstumspessimismus teile ich nicht. Die entscheidende Frage ist doch, ob wir den Rückgang der Erwerbstätigenzahl durch eine höhere Produktivität jedes Einzelnen kompensieren können. Und da bin ich optimistisch. Die jetzt aktive Generation ist besser ausgebildet als jede andere vor ihr. Sie wird daher auch im Alter viel produktiver sein als die Generationen vor ihr. Zudem können wir stille Reserven am Arbeitsmarkt aktivieren – die Erwerbsbeteiligung von Frauen, Älteren und hier geborenen ausländischen Jugendlichen.

Kaufmann: ... [D]ie Hebung der stillen Reserven wird schwieriger sein, als Sie glauben. Der technologische Wandel ist so rasant, dass ältere Arbeitslose nur wenig Chancen haben. Und eine stärkere Erwerbsbeteiligung der Frauen dürfte wegen der unzureichenden Betreuungsmöglichkeiten für Kinder die ohnehin schon niedrige Geburtenrate weiter drücken. ...

Straubhaar: ... In unserer Wissensgesellschaft haben die Menschen durch lebenslanges Lernen doch viel mehr Möglichkeiten, ihre Produktivität zu erhalten als früher, als harte körperliche Arbeit den Berufsalltag dominierte. Die Chancen, die demografische Lücke durch eine höhere Produktivität auszugleichen, sind viel besser. ...

Kaufmann: Wenn es an Nachwuchs mangelt, so fehlt für die sehr nachgefragten Arbeitskräfte die Peitsche der Konkurrenz. Der unmittelbare Druck, sich durch Innovationen Wettbewerbsvorteile zu verschaffen, nimmt ab. Das führt über kurz oder lang zu einer geringeren Innovationsrate und geringerem Produktivitätsanstieg.

Straubhaar: ... die weltweite Konkurrenz [wird] garantiert für genügend Wettbewerb sorgen. ... Die Arbeitnehmer werden dann eine deutlich höhere Arbeitsproduktivität haben, weil der technologische Fortschritt wichtiger wird und die Löhne nach oben treibt. Nicht die absolute Zahl der Menschen ist für den Wohlstand entscheidend – mehr Chinesen bringen auch nicht mehr Genies hervor.

Kaufmann: Aber eine wachsende Bevölkerungszahl fördert das Wachstum der Wirtschaft. Und je höher das absolute Wachstum, desto höher der technische Fortschritt und damit die Produktivität. Das sind sich gegenseitig verstärkende Prozesse.

Streitgespräch mit Franz-Xaver Kaufmann und Thomas Straubhaar, in: wiwo.de, veröff. am 16.06.2007 unter: http://www.wiwo.de/politik/eine-art-kulturschock-236758

1. **Zeigen Sie die Argumente auf, mit denen die jeweilige Position begründet wird.**
2. **Beziehen Sie selbst Stellung zur Streitfrage.**

1.3 Seniorenpolitik

Steigende Lebenserwartung

M 1

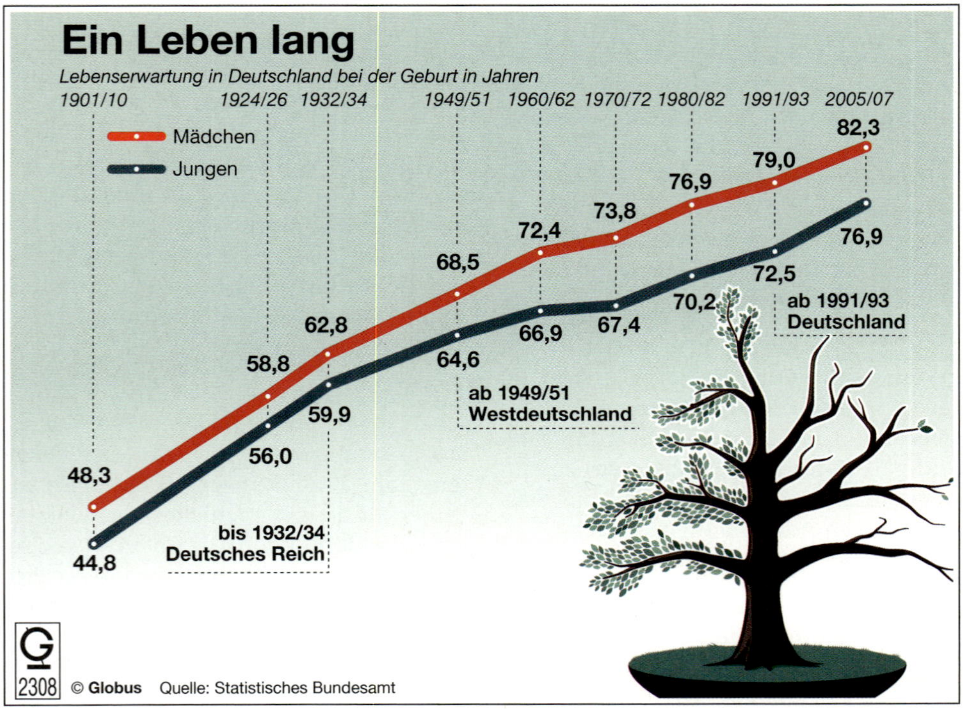

Noch nie war die **Lebenserwartung** der Deutschen höher als heute. Sie spiegelt die durchschnittliche Anzahl an Jahren wider, die eine Person in einem bestimmten Alter noch zu erwarten hat, wenn sich die Sterblichkeitsverhältnisse in den Folgejahren nicht verändern. Ein Mann, der heute mit 65 Jahren in Rente geht, kann noch mit ungefähr 17 Lebensjahren rechnen. Bei einer Frau sind es über 20. Grundlage zur Berechnung der Lebenserwartung ist die Sterblichkeit in einer Bevölkerung oder Bevölkerungsgruppe (Mortalität). Sie wird durch **Sterbeziffern** gemessen, die die Zahl der Sterbefälle auf 100.000 Personen ausdrücken. Die hohe Lebenserwartung zeugt von einer positiven Entwicklung des Gesundheits- und Krankheitsgeschehens: Krankheiten, die früher in der Regel zum Tod führten, werden durch den medizinischen Fortschritt geheilt oder zumindest gelindert. Ein Prozess, durch den sich zugleich die Haupttodesursachen ändern (**epidemiologische Transformation**).

M 2

Patient Deutschland

In den kommenden 40 Jahren wird die Zahl der schwerwiegenden Erkrankungen massiv ansteigen. Nach einer [2009] veröffentlichen Prognose zur Sterblichkeit werden etwa Augenerkrankungen, die zu Erblindungen führen, bis 2050 um 125 Prozent zunehmen, Herzinfarkte um 75 Prozent und Demenzerkrankungen um insgesamt 104 Prozent. ... 51,6 Prozent der Bevölkerung [leiden] unter Bluthochdruck (42,3 Prozent 2007), 21,6 Prozent an Arthrose (2007: 16,5 Prozent), 17,6 Prozent an Rückenschmerzen (2007: 15,5 Prozent) und 16,2 Prozent an Schwerhörigkeit (2007: 10,7 Prozent). ...

Ap/gal: Patient Deutschland, in: sueddeutsche.de, veröff. am 26.08.2009 unter: http://www.sueddeutsche.de/wissen/8/485434/text/

Ein langes Leben ist nicht immer ein langes gesundes Leben. Die Bevölkerungsstatistik versucht dem Rechnung zu tragen, indem sie von der Lebenserwartung die Lebenszeit abzieht, die im Durchschnitt in einem schlechten Gesundheitszustand verbracht wird. Basis der Berechnung ist die Krankheitshäufigkeit (**Morbidität**) der Bevölkerung oder Bevölkerungsgruppe. Diese **gesunde Lebenserwartung** oder „Healthy Life Expectancy" (HALE) spiegelt die gesundheitliche Gesamtrealität einer Bevölkerung besser wider als die bloßen Sterblichkeitsverhältnisse. Der HALE von 15,9 Jahren für 60-jährige Männer in Deutschland sagt aus, dass diese Männer unter den gegenwärtigen Verhältnissen noch 15,9 Jahre bei guter Gesundheit zu erwarten haben. Nach Angaben der Weltgesundheitsorganisation (WHO) beträgt der HALE für einen Gleichaltrigen im afrikanischen Niger 8,5 und in Japan 17,5. Diese Unterschiede in der Lebenserwartung verweisen auf Unterschiede in den Lebensbedingungen und den damit verbundenen Haupttodesursachen.

M 3 Lebensbedingungen, Lebenserwartung und Haupttodesursache

Die Lebensbedingungen im vorindustriellen Europa waren durch häufigen Nahrungsmangel, ansteckende Krankheiten und Seuchen sowie unzureichende hygienische Verhältnisse geprägt. Aufgrund dieser Bedingungen waren infektiöse und parasitäre Erkrankungen die Haupttodesursachen. Genaue Daten für Deutschland und Österreich liegen nicht vor. Aber eine englische Statistik für die Jahre 1848 bis 1854 belegt, dass Infektionskrankheiten für 60 Prozent der Todesfälle verantwortlich waren. Im 19. Jahrhundert änderten sich die Lebensverhältnisse jedoch grundlegend. Die industrielle Produktionsweise verbesserte die Versorgung der Menschen mit Nahrung und Kleidung, das Verkehrswesen erleichterte die Verteilung dieser Güter. Die Einrichtung von Wasserwerken, Abwassersystemen und städtischen Schlachthöfen verbesserte die öffentliche Hygiene, und auch die Wohnungen wurden langsam komfortabler. Gegen Ende des 19. Jahrhunderts führten wissenschaftliche Fortschritte, wie die aufkommende Bakteriologie, zu erheblichen Verbesserungen der medizinischen Versorgung. Asepsis und Antisepsis, die Pasteurisierung von Lebensmitteln wie auch die Entwicklung von Impfstoffen konnten nun einen Großteil früherer Todesursachen ausschließen. Eine Aufwertung der Ernährung führte überdies dazu, dass Infektionskrankheiten nicht mehr so oft tödlich verliefen. Die Lebenserwartung stieg seit Ende des 19. Jahrhunderts drastisch an: Während 1870 noch jedes dritte Neugeborene vor seinem ersten Geburtstag starb und jedes zehnte vor seinem fünften Geburtstag, ist heute der Tod vor dem 60. Lebensjahr in den Industrienationen sehr selten geworden. Die Menschen leben länger und sterben schließlich an anderen Krankheiten: In der Industriegesellschaft zählen degenerative Krankheiten ... zu den Haupttodesursachen. ... [Zu diesen Zivilisationskrankheiten zählen] Herzinfarkt, Schlaganfall und Krebs. Fast die Hälfte aller Todesfälle in den entwickelten Ländern sind auf Herz-Kreislauf-Erkrankungen zurückzuführen, mehr als ein Fünftel auf bösartige Neubildungen [Krebs]. In den entwickelten Industriestaaten Westeuropas und Nordamerikas sehen einige Wissenschaftler eine [neue] Phase der epidemiologischen Transition aufkommen: Zwar herrschen chronische und degenerative Krankheiten als Todesursachen weiterhin vor, der medizinische Fortschritt hat jedoch dazu geführt, dass diese Krankheiten nun besser behandelt und die Sterblichkeit hinausgezögert werden kann. Dies führt zu einem relativen Absinken der Sterblichkeit an Kreislaufkrankheiten und Krebs und einem Anstieg der Sterblichkeit durch altersbedingtes Versagen der Körperfunktionen. Der neuerliche prozentuale Rückgang von Krebs als Todesursache in einigen entwickelten Ländern (wie den USA) deutet darauf hin, dass eine solche neue Phase der epidemiologischen Transformation beginnen könnte. Erfolge der medizinischen Forschung bei der Behandlung bestimmter degenerativer Erkrankungen könnten diese Entwicklung weiter vorantreiben.

Kröhnert, Steffen; Münz, Rainer: Sterblichkeit und Todesursachen, in: Berlin-Institut, August 2008, Zugriff am 04.12.2009 unter: http://www.berlin-institut.org/fileadmin/user_upload/handbuch_texte/pdf_Kroehnert_Muenz_Mortalitaet_2008.pdf

1. **Beschreiben Sie die Ursachen und den Verlauf des Anstiegs der Lebenserwartung und ihre Auswirkung auf die Haupttodesursachen in der Gesellschaft.**
2. **Die Todesfälle in den Industriestaaten sind zum Teil auf vermeidbare Krankheiten zurückzuführen. Dies gilt besonders für das Übergewicht. Es begünstigt nicht nur Herz-Kreislauf-Erkrankungen und Diabetes, sondern auch die Entstehung von Krebs. Stark gefährdet sind besonders junge Leute, bei denen sich die Zahl der Fettleibigen in den letzten zehn Jahren fast verdoppelt hat. Entwerfen Sie ein Programm, wie die Schule einen Beitrag zur Lösung des Problems leisten kann.**

Altersstruktur

M 4 Wer ist alt?

Der klassische Lebenslauf gliedert sich in die am Arbeitsleben orientierten Phasen Lernen, Arbeiten und Ruhestand. Alter wird so zum sozialen Konstrukt: Alt ist nicht, wer viele Jahre gelebt hat, sondern wer gemäß einer sozialen Norm eine Funktion nicht mehr ausübt.

Wilkoszewski, Harald: Einfluss auf die Bevölkerungsalterung im Mittelpunkt. Wie sich die Politik in Deutschland mit dem demografischen Wandel auseinander setzt, in: Demografische Forschung, Heft 2/2004, Zugriff am 04.12.2009 unter: http://www.demografische-forschung.org/archiv/defo0402.pdf

Wenn weniger Kinder geboren werden und die Menschen gleichzeitig länger leben, dann nimmt nicht nur die absolute Zahl der älteren Menschen zu, sondern es verändert sich auch das Verhältnis zwischen den Generationen. Gradmesser der relativen Alterung einer Gesellschaft ist der **Altenquotient**. Er gibt an, wie viele Personen ab 60 Jahren auf 100 Personen im Erwerbstätigenalter (in der Regel 20 bis unter 60 Jahren) kommen. Der **Jugendquotient**, den entsprechenden Anteil der unter 20-Jährigen. Im **Gesamtquotienten** werden beide Zahlen addiert. Er liefert einen Anhaltspunkt für das Verhältnis zwischen Erwerbstätigen und Nichterwerbstätigen.

M 5 Entwicklung der Altersstruktur

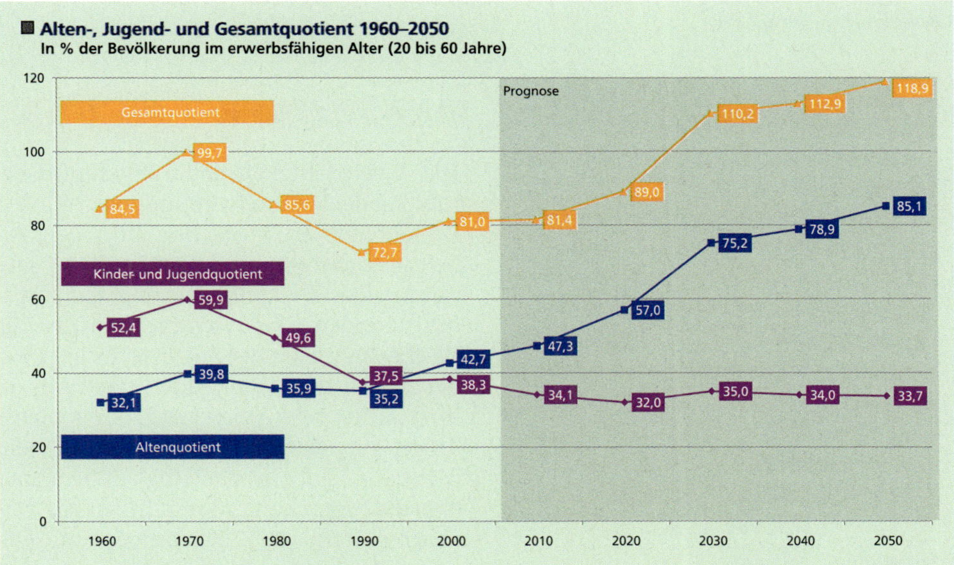

Quelle: Statistisches Bundesamt (2006), Bevölkerung Deutschlands bis 2050. Ergebnisse der 11. Koordinierten Bevölkerungsvorausberechnung, Wiesbaden; Statistisches Bundesamt (2006), Bevölkerungsfortschreibung, Fachserie 1, Reihe 1.3, Wiesbaden

Senioren als Teil der Gesellschaft

Die wachsende Zahl älterer Menschen verleiht der **Seniorenpolitik** eine immer größere Bedeutung. Ihr Ziel wird darin gesehen, diese Personengruppe zum Vorteil aller in die Gesellschaft einzubinden. Deshalb sollen alle Möglichkeiten genutzt werden, die sich daraus ergeben, dass Menschen länger, rüstiger und gesünder leben als je zuvor.

M 6 Aktives Altern

Die [Weltgesundheitsorganisation] WHO versteht unter „aktivem Altern" einen „Prozess der Optimierung der Möglichkeiten von Menschen, im zunehmenden Alter ihre Gesundheit zu wahren, am Leben ihrer sozialen Umgebung teilzunehmen und ihre persönliche Sicherheit zu gewährleisten, und derart ihre Lebensqualität zu verbessern". Er soll den Menschen die Möglichkeiten bieten, ihr körperliches, soziales und geistiges Wohlbefinden auszuschöpfen (Gesundheit) und möglichst lange selbstständig und unabhängig zu bleiben; Hilfsbedürftigen soll ausreichender Schutz, Sicherheit und Pflege zuteil werden. Als „ältere Menschen" werden entsprechend der Standarddefinition der Vereinten Nationen (UN) von der WHO diejenigen angesehen, die sechzig Jahre und älter sind. …
[Es gilt] die Überzeugung, dass die älteren Menschen nicht nur Kosten verursachen, sondern vor allem auch eine Bereicherung für Wirtschaft und Gesellschaft darstellen können. Dahinter steht aber auch die Einsicht, dass ältere Menschen keine homogene Gruppe darstellen. Der Begriff wird dabei sowohl auf Einzelne als auch auf Bevölkerungsgruppen bezogen.

INSM-Initiative Neue Soziale Marktwirtschaft GmbH (Hrsg.): Aktives Altern, Zugriff am 09.12.2009 unter: http://insm-lexikon.de/aktives-altern.html

M 7 Kompetenzvergleich

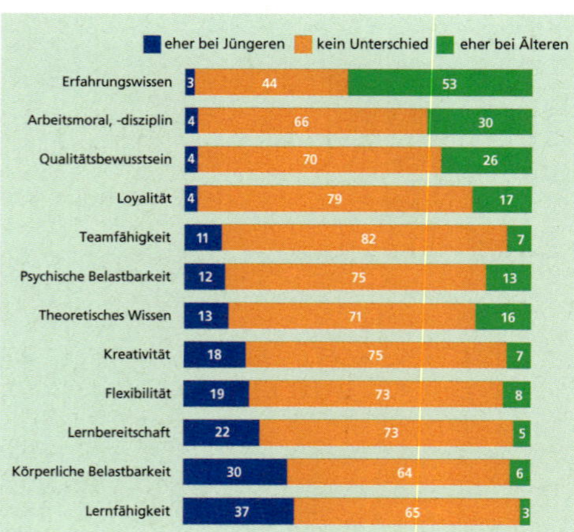

IAB-Betriebspanel 2002, in: Initiative Neue Qualität der Arbeit (INQA) (Hrsg.): Demografischer Wandel und Beschäftigung, Zugriff am 10.12.2009 unter: http://www.inqa.de/Inqa/Redaktion/Zentralredaktion/PDF/Publikationen/memorandum-demographie,property=pdf,bereich=inqa,sprache=de,rwb=true.pdf

M 8 Arbeitsfähigkeit

Die Arbeitsfähigkeit des Individuums beruht auf der Wechselwirkung zwischen den Ressourcen des Menschen und den Arbeitsanforderungen. Wenn diese zusammenpassen, kann die Arbeit gut ausgeführt werden. Das Wichtige daran ist die Wechselseitigkeit der Prozesse: Es liegt weder nur an den Arbeitenden noch nur an ihrer Arbeit oder Arbeitsumgebung, ob die Arbeit gut ausgeführt werden kann oder nicht. Eine gute Arbeitsfähigkeit bedeutet, dass die Menschen mit den ihnen zur Verfügung stehenden Ressourcen die gewünschte Arbeit gut leisten können.

Interview mit Prof. Juhani Ilmarinen, in: BAM – Bremer Arbeitnehmer Magazin, 2/2007, Zugriff am 04.12.2009 unter: http://www.arbeitnehmerkammer.de/politik/interview-ilmarinen.html

1. **Beziehen Sie zu der These Stellung, ältere Menschen sind kein Problem, sondern eine Chance für die Gesellschaft.**
2. **Diskutieren Sie Beispiele, wie die Kompetenzen älterer Arbeitnehmer für die Gesellschaft und die Wirtschaft erschlossen werden können.**

1.4 Demografie als globaler Prozess

M 1

Historische Entwicklung der Weltbevölkerung

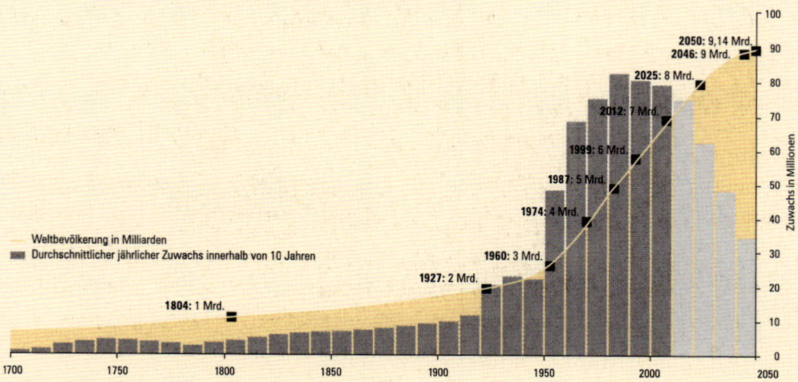

Grafik: Deutsche Stiftung Weltbevölkerung
Quelle: Vereinte Nationen, *World Population Prospects: The 2008 Revision*, 2009.

Die erste Milliarde erreichte die Weltbevölkerung im Jahr 1804. Bis 1900 lebten noch 1,6 Milliarden Menschen auf der Erde. Im Jahr 1927 waren es zwei Milliarden, 33 Jahre später drei Milliarden. 1974 wurden vier und schon 1987 fünf Milliarden Menschen gezählt. Im Jahr 1999 überschritt die Weltbevölkerung die Sechs-Milliarden-Grenze. Damit hat sich die Weltbevölkerungszahl im 20. Jahrhundert nahezu vervierfacht – ein in der Geschichte der Menschheit einmaliger Vorgang. Das Bevölkerungswachstum findet zukünftig fast ausschließlich in den Entwicklungsländern statt.

Deutsche Stiftung Weltbevölkerung, Hannover

M 2

Die Welt – ein Dorf

Wenn die Welt ein Dorf...
mit nur 100 Einwohnern wäre...

Bevölkerung

...wären davon: 15 Afrikaner
5 Nordamerikaner
11 Europäer
9 Lateinamerikaner
und 60 Asiaten.

27 wären Kinder unter 15 Jahren.
8 Menschen wären älter als 65.
50 Menschen im Dorf sind Frauen, 50 sind Männer.

Armut

48 Menschen müssten von weniger als zwei US-Dollar pro Tag leben.
15 Menschen hätten keinen Zugang zu sauberem Trinkwasser.

Familienplanung

Im Durchschnitt bekämen die Frauen 3 Kinder.

Zukunft

2050

Die Zahl der Dorfbewohner würde jährlich um etwa eine Person steigen. Im Jahre 2050 würden bereits 138 Menschen im Dorf leben: 30 Afrikaner
7 Nordamerikaner
10 Europäer
11 Lateinamerikaner
und 80 Asiaten.

Grafik: Deutsche Stiftung Weltbevölkerung
Quelle: DSW-Datenreport 2009.

Deutsche Stiftung Weltbevölkerung, Hannover

Auf unserer Erde leben nach Berechnungen der Weltgesundheitsorganisation (WHO) derzeit ca. sieben Milliarden Menschen. Noch nie waren es so viele, und täglich werden es mehr, jedes Jahr ungefähr 60 Millionen. Zur Mitte des 21. Jahrhunderts werden es voraussichtlich neun Milliarden sein. Von dieser Zunahme sind jedoch fast ausschließlich die Entwicklungsländer betroffen. Dort wird die Bevölkerungszahl auf über sieben Milliarden ansteigen, während sie in den entwickelten Ländern stagniert oder gar zurückgeht. In den ärmsten Gebieten wird sich in diesem Zeitraum die Bevölkerung verdoppeln, bei besonders junger Bevölkerung wie in Afghanistan sogar verdreifachen. Dies erzeugt soziale, wirtschaftliche und politische Konflikte von weltweiter Sprengkraft. Gefordert sind deshalb Konzepte, die den Wachstumsregionen helfen, die demografischen Probleme zu schultern. Ob hierbei die wohlhabenden Länder als Vorbild dienen können, ist umstritten.

M 3 Demografischer Übergang im Vergleich

Wenn wir die Lage der heutigen Entwicklungsländer vergleichen mit derjenigen der europäischen Industriestaaten vor 100 bis 150 Jahren, dann tun sich gravierende Unterschiede auf. Die Europäer hatten in den Phasen ihrer Abwärtsentwicklung mit Beginn der Neuzeit nicht annähernd so hohe demografische Lasten zu tragen wie die Entwicklungsländer heute:

- *Bevölkerungsgrößen* von 100 Millionen bis zu über einer Milliarde Menschen wie China und Indien gab es im alten Europa nicht.
- Die *jährlichen Bevölkerungszuwächse* erreichten in der Nachkriegszeit in einigen Regionen Afrikas, Zentralasiens und Lateinamerikas Höchstwerte gegen 4 % jährlich. Das hat inzwischen nachgelassen, doch Europa kannte solche Zuwachsraten nicht; selbst in seiner Wachstumsphase um das Jahr 1900 erreichten die jährlichen Zuwächse im Deutschen Reich nur 1 bis 1,5 %, also nur ein Drittel dessen und über kurze Zeit.
- Europa (Westeuropa) hat eine günstige Entwicklung genommen. Die heranwachsende Menschenzahl konnte einigermaßen in *gleichzeitig wachsende Industrien*, in wachsende Arbeitsmärkte eingegliedert werden. Diese wiederum veränderten drastisch den Lebensstil der Bevölkerung.
- Die Menschen legten Verhaltensweisen ab, die sie aus der bäuerlichen Kultur noch mitgeschleppt hatten, wie ein bestimmtes *generatives Verhalten*. Eine durchschnittliche Geburtenzahl von Frauen zwischen 5 und 10 im 19. Jahrhundert wurde auf das Generationsausgleichsniveau von 2 Kindern in den 20er-Jahren gedrückt (um heute mit 1,3 Kindern pro Frau im gegenteiligen Problem zu landen), d. h. ein Drittel unter Generationenersatz.

M 4 Afghanistan

Bevölkerung in Tausend

Jahr	Bevölkerung
2005	24 507
2010	29 117
2015	34 246
2020	39 585
2025	44 970
2030	50 649
2035	56 453
2040	62 296
2045	68 139
2050	73 938

United Nations (Hrsg.): Afghanistan. Population (thousands), Medium variant 1950-2050, Zugriff am 09.12.2009 unter: http://esa.un.org/unpp/p2k0data.asp via: http://esa.un.org/unpp/

- In weiten Teilen der Entwicklungsländer haben wir heute noch ein Geburtenaufkommen wie im ländlichen Deutschland des 19. Jahrhunderts. Der Durchschnitt an überlebendem Nachwuchs lag lange zwischen 4 und 5 Kindern pro Frau; seit 20 Jahren sinken die Geburtenzahlen in allen Teilen der Welt und von verschiedenem Niveau aus: Seit 2005 haben wir in den Entwicklungsländern einen Durchschnitt von 3,5 Kindern je Frau (China nicht mitgerechnet, weil – wie wir wissen – China seit zwei Jahrzehnten eine Ein-Kind-Politik-betreibt und mit seinem Bevölkerungsgewicht die Welt-Geburtenstatistik nach unten zerrt).

Wenn wir zusammenfassen, dann müssen wir sagen: Der Westen kann mehr mit Finanzen helfen, auch mit Technologie, aber weniger mit Ratschlägen, weil er die heutige und künftige Situation der Entwicklungsländer aus seiner Geschichte nicht kennt. In vielen Ländern verschärft Bevölkerungswachstum das, was sich mit Armut verbindet: Mangelernährung, Analphabetismus, Arbeitslosigkeit bzw. Unterbeschäftigung. Bevölkerungswachstum ist also weniger Ursache als Problemverstärker, begleitender verschlimmernder Umstand. Dieser Erfahrung verdanken wir den Umkehrschluss: Wer Armut beseitigt, trägt automatisch zur Lösung des Bevölkerungsproblems bei. Doch das ist leichter gesagt als umgesetzt, denn die Ärmsten rechnen sich mit zahlreichem Nachwuchs ein bescheidenes Zusatzeinkommen aus und wachsen daher rascher als besser gestellte Schichten. Daher ist die Halbierung etwa einer Armuts- und Hungerbevölkerung ein langwierigeres Unternehmen, als sich das Hilfsorganisationen vorstellen. Halbierung einer Bevölkerung, die sich in 20 Jahren verdoppelt, bedeutet vierfache Anstrengung.

Schmid, Josef: Die Weltbevölkerungsfrage in Schrifttum und Politik, in: Bibliotheksforum 2007, veröff. am 02.11.2007 unter: http://www.bibliotheksforum.de/downloads/schmid.pdf

1. **Analysieren Sie den Verlauf und die Struktur der globalen Bevölkerungsentwicklung.**
2. **Begründen Sie die These, wonach die entwickelten Länder des Nordens kein Beispiel zur Lösung der demografischen Probleme der Entwicklungsländer sein können.**

Der Prozess des demografischen Übergangs zeigt sich in fast allen Ländern der Erde: Weltweit nimmt die Geburtenrate ab und die Lebenserwartung zu. Die Wachstumsraten der globalen Bevölkerung werden dementsprechend immer kleiner. Schon Mitte dieses Jahrhunderts könnte es zur demografischen Wende kommen. Als Kehrseite dieser Entwicklung altert die Weltgesellschaft immer schneller. Nach Angaben der Weltgesundheitsorganisation (WHO) leben auf unserem Planeten heute rund 580 Millionen Menschen im Alter von 60 Jahren und mehr. In 25 Jahren sollen es über 1 200 Millionen sein. Der überwiegende Teil wird in den ärmeren Weltregionen leben. Dies kommt für sie einer **demografischen Revolution** gleich – einem Umsturz jedoch, den sie nicht selbst erzeugt, sondern aus den entwickelten Staaten „importiert" haben.

M 5 „Importierter Fortschritt"

Der demografische Übergang (vgl. S. 81) generalisiert die historisch belegten Übergänge von hoher zu niedriger Sterblichkeit und Fertilität zu einem Modell. Der reale Verlauf in einzelnen Ländern weicht von diesem Modell zum Teil erheblich ab. Entscheidend ist ein wesentlicher Unterschied: In Europa und Nordamerika kam der Übergang zu niedriger Sterblichkeit und weniger Geburten durch die Entstehung moderner, städtischer Industriegesellschaften quasi „von selbst“ in Gang. In vielen Entwicklungsländern war und ist dies nicht der Fall. Die Sterblichkeit sank dort durch den massiven Einsatz wirksamer Arzneimittel aus den Industriestaaten sowie chemischer Schädlingsbekämpfungsmittel etwa in der Malariaprophylaxe. Auch ein Großteil der in Entwicklungsländern verwendeten Verhütungsmittel stammt aus Westeuropa und Nordamerika. Sie werden zum Teil aus Mitteln der Entwicklungshilfe finanziert. Durch diesen „importierten“ Fortschritt vollzieht sich der demografische Übergang heute in vielen Entwicklungsländern erheblich rascher, als dies seinerzeit in Europa der Fall war. Die genannten Einflüsse und Eingriffe von außen sind im Modell des demografischen Übergangs nicht berücksichtigt. Aber sie haben deutlich erkennbare Folgen: Die Einwohnerzahlen der europäischen Länder erhöhten sich im Verlauf des demografischen Übergangs zwischen 1800 und heute auf das Doppelte bis Vierfache. In den meisten Entwicklungsländern rechnet man hingegen mit einem Anstieg auf das Sieben- bis Zehnfache, bis es zu einer Stabilisierung der Bevölkerungszahl kommt. Die Bevölkerung wächst dort in den meisten Fällen um 1,5 bis drei Prozent pro Jahr, also in einem Tempo, das Europa und Nordamerika auch im 19. und frühen 20. Jahrhundert nie erreichten.

Münz, Rainer; Ulrich, Ralf E.: Demografischer Übergang – Theorie und Praxis, in: Berlin-Institut, Oktober 2007, Zugriff am 04.12.2009 unter: http://www.berlin-institut.org/online-handbuchdemografie/bevoelkerungsdynamik/auswirkungen/demografischeruebergang.html

M 6 HIV/Aids senkt Lebenserwartung in 60 Ländern

Die Zahl der Länder, die besonders stark von HIV/Aids betroffen sind, hat sich mittlerweile auf 60 erhöht. Dies hat dort zu einem Anstieg der Sterblichkeit und zu einem langsameren Bevölkerungswachstum geführt. So ist zum Beispiel im südlichen Afrika die Lebenserwartung seit 1990 von 62 Jahren auf 48 Jahre gefallen. Dieser Trend wird sich fortsetzen: Für die nächste Dekade sagen die Vereinten Nationen einen weiteren Abfall der Lebenserwartung auf 43 Jahre voraus, bevor eine langsame Erholung zu erwarten ist.

Deutsche Stiftung Weltbevölkerung (Hrsg.): Presseinformationen 2006, Zugriff am 04.12.2009 unter: http://www.dsw-online.de/presse/presseinformationen1.shtml?navid=31

1. **Diskutieren Sie die Gefahren, die aus dem sogenannten importierten Fortschritt für die Entwicklungsländer erwachsen.**
2. **Erörtern Sie den Zusammenhang zwischen Bevölkerungswachstum und Armut in den Entwicklungsländern.**

1.5 Bevölkerungspolitik und Migration

Migration

M 1 Wanderungen zwischen Deutschland und dem Ausland

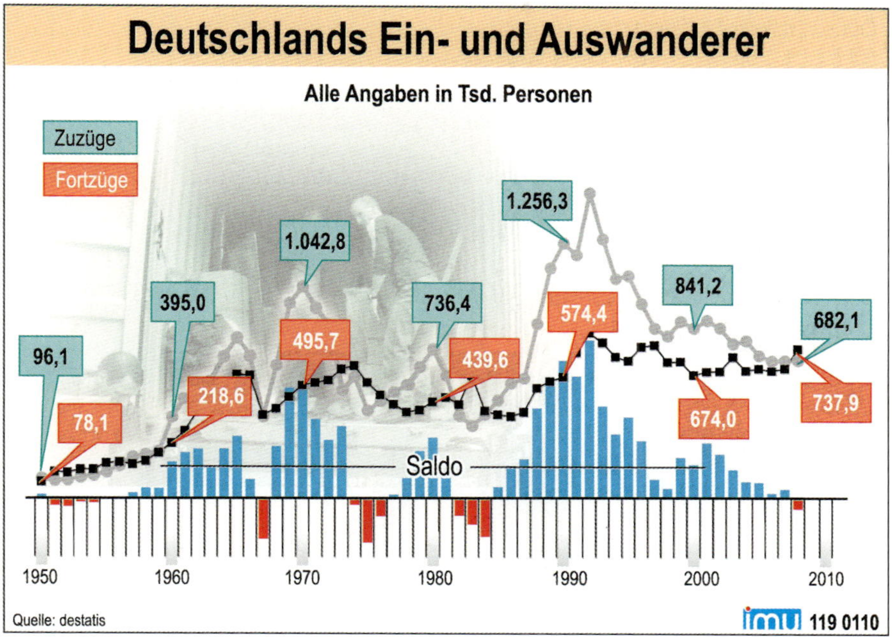

Eine **Migration** (= Wanderung) liegt vor, wenn Personen ihren Lebensmittelpunkt über eine sozial bedeutsame Entfernung verlegen. Sie ist neben der Fertilität und der Mortalität die dritte demografische Komponente, die die Bevölkerungsentwicklung bestimmt. Geschieht dies innerhalb der Staatsgrenzen, wird von **Binnenmigration** gesprochen, werden sie überschritten, von **Außenmigration**. Grundlage der Wanderungsstatistik ist das seit 1950 bestehende amtliche **Zu- und Fortzugsregister**. Es basiert auf den Daten der Meldeämter, die die Zahl der Umzüge festhalten. Insofern handelt es sich um eine Fall- und keine Personenstatistik, d. h., eine Person, die mehrmals umzieht, geht entsprechend mehrmals in die Zuzugsstatistik ein. Die Einführung der persönlichen Steuer-Identifikationsnummer 2008 führte zu umfangreichen Bereinigungen der Meldestatistik, weshalb die Zahlen für dieses Jahr nur eine Tendenz angeben.

1. **Beziehen Sie zu der These Stellung: „Deutschland ist ein Einwanderungsland."**
2. **Recherchieren Sie die wirtschaftlichen Hintergründe für die größeren Ausschläge im Verlauf der Migration in Deutschland.**

Wanderungsverhalten deutscher Staatsbürger

Von den Zuwanderern im Jahr 2008 hatten 108 000 einen deutschen Pass, von den Auswanderern 175 000. Damit ist der **Wanderungssaldo** für deutsche Personen wie in den Vorjahren negativ. Zieht man die Spätaussiedler ab, wäre das Defizit noch erheblich größer. Hauptzielländer waren die europäischen Staaten, insbesondere die Schweiz und Österreich.

M 2

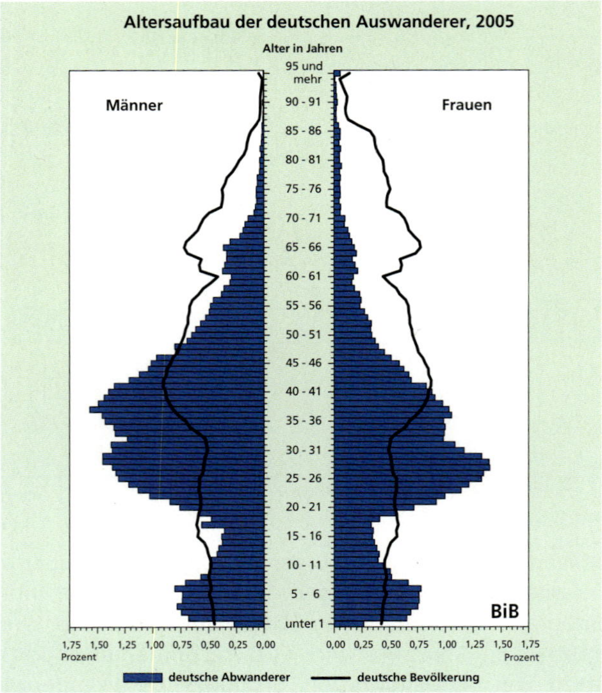

Sauer, Leonore; Ette, Andreas: Auswanderung aus Deutschland. Stand der Forschung und erste Ergebnisse zur internationalen Migration deutscher Staatsbürger, in: BiB, Heft 123/2007, S. 38, Zugriff am 04.12.2009 unter: http://www.bib-demographie.de/cln_099/nn_1001008/SharedDocs/Publikationen/DE/Download/Materialienbaende/123.html

1. **Vergleichen Sie die Altersstruktur der Auswanderer mit der der deutschen Bevölkerung und diskutieren Sie mögliche Ursachen für die gefundenen Abweichungen.**
2. **Ein wesentlicher Bestandteil der EU-Agenda für eine wettbewerbsfähigere europäische Wirtschaft ist die Förderung der grenzüberschreitenden Arbeitnehmermobilität. Sie trägt nach Auffassung der EU zur Aneignung neuer Fertigkeiten und Kenntnisse bei, was auf den Arbeitsmärkten, von denen viele durch eine hohe Arbeitslosigkeit gekennzeichnet sind, immer wichtiger wird. Innerhalb der letzten 30 Jahre wurden deshalb die Niederlassungsmöglichkeiten erheblich verbessert. Trotzdem leben und arbeiten nur etwa 1,5 Prozent der EU-Bürger in einem anderen Mitgliedstaat als ihrem Herkunftsland. Diskutieren Sie die möglichen Hindernisgründe und zeigen Sie Wege auf, diese zu überwinden.**

Ausländer in Deutschland

M 3 Ausländeranteil

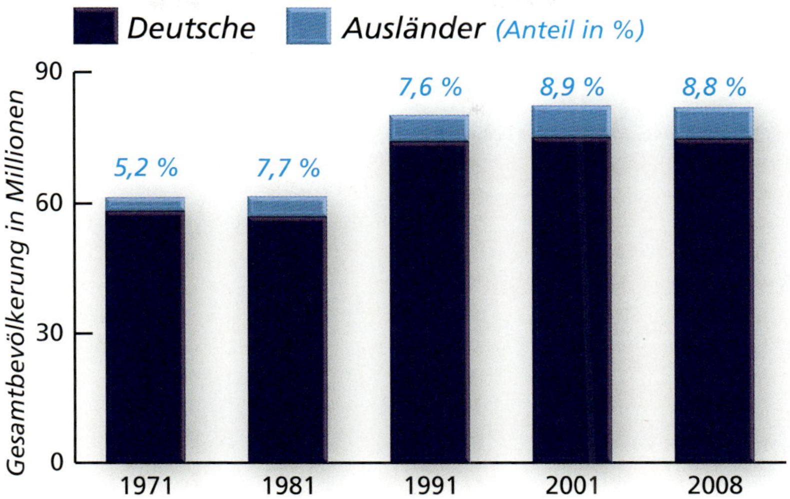

Bevölkerungsstand Deutsche und Ausländer in Deutschland (bis 1989: früheres Bundesgebiet), Quelle: Statistisches Bundesamt, Wiesbaden 2010

Bei den ausländischen Personen ist der Wanderungssaldo leicht positiv, wodurch sich die Bevölkerungsentwicklung in Deutschland etwas stabilisiert. Insgesamt leben im Jahr 2008 nach Angaben des Statistischen Bundesamtes 6,728 Mio. Ausländer bei uns. Da die nach Deutschland zuziehenden Personen in der Regel jünger als die fortziehenden sind, wird die Bevölkerung durch die Außenwanderung verjüngt. Ausländer sind durchschnittlich 38 Jahre alt und somit fünf Jahre jünger als die Deutschen. Im Gegensatz zu den Deutschen gibt es unter den Ausländern zudem etwas mehr Männer als Frauen.

Ausländer sind nicht nur Personen, die mit einer ausländischen Staatsangehörigkeit zugezogen sind, sondern auch Kinder von Ausländern, die hier geboren wurden. Damit hängt die Gesamtzahl der Ausländer nicht nur von der Zu- und Abwanderung, sondern auch von der Geburtenentwicklung und der Sterblichkeit der ausländischen Bevölkerung ab. Die Geburtenhäufigkeit ausländischer Frauen liegt zwar wegen des etwas niedrigeren Durchschnittsalters höher als die der deutschen Frauen, sie gleicht sich aber tendenziell dieser immer mehr an.

Die Ausländerzahlen spiegeln den Anteil der Personen mit Zuwanderungserfahrungen an der Gesamtbevölkerung nicht genau wider: So sind in ihnen beispielsweise weder alle Spätaussiedler noch die eingebürgerten Personen enthalten, da beide Gruppen als Deutsche in die Statistik eingehen. Als **Personen mit Migrationshintergrund** werden deshalb alle zusammengefasst, die nach 1949 auf das heutige Gebiet der Bundesrepublik Deutschland zugezogen sind, sowie alle in Deutschland geborenen Ausländer und alle in Deutschland Geborenen mit zumindest einem zugezogenen oder als Ausländer in Deutschland geborenen Elternteil. Insgesamt wurden 2007 ca. 15,4 Millionen Bürger dieser Kategorie zugeordnet.

M 4

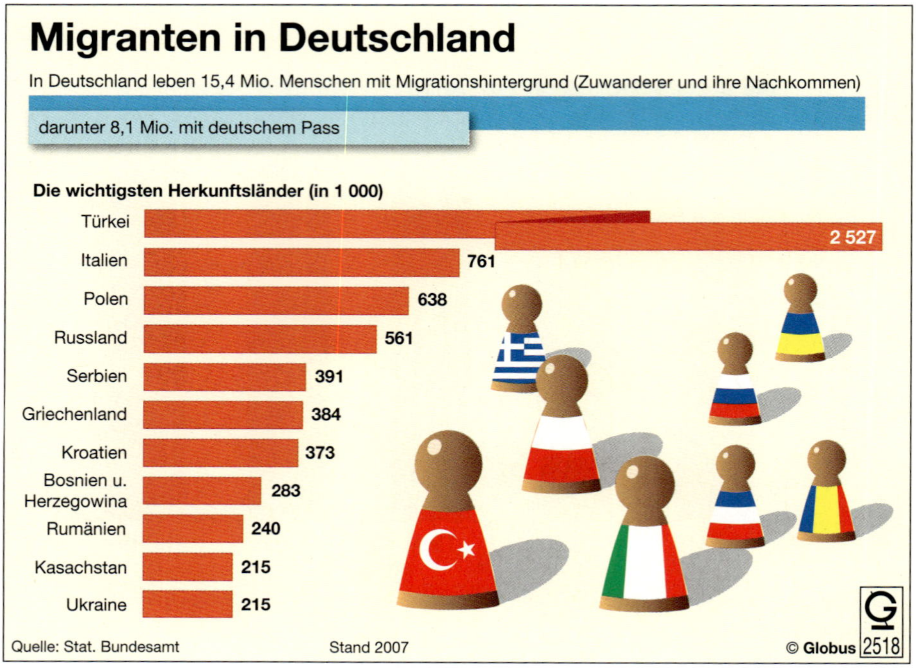

M 5

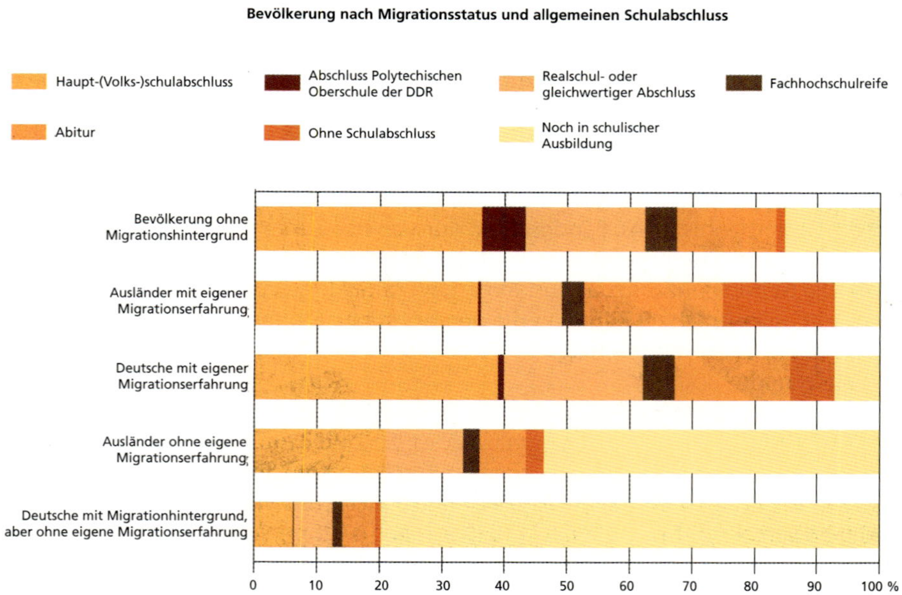

Statistisches Bundesamt (Hg.): Bevölkerung und Erwerbstätigkeit. Bevölkerung mit Migrationshintergrund – Ergebnisse des Mikrozensus 2007, Fachserie 1, Reihe 2.2, Wiesbaden 2009, S. 28

M 6

Anteil der ausländischen Bevölkerung an der Gesamtbevölkerung
am 31. 12. 2008
in den Kreisfreien Städten und Landkreisen

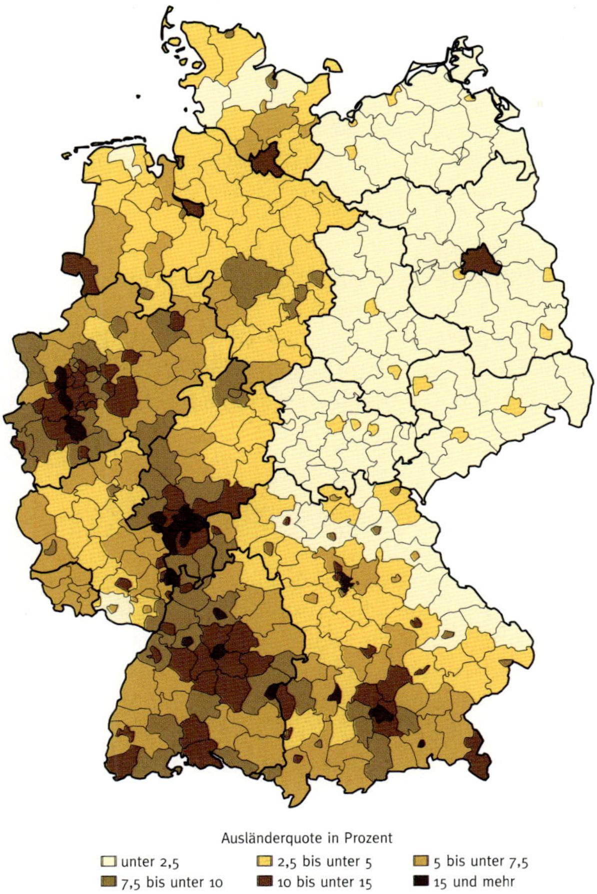

Statistisches Bundesamt (Hg.): Bevölkerung und Erwerbstätigkeit. Bevölkerung mit Migrationshintergrund, Ergebnisse des Ausländerzentralregisters, Fachserie 1 Reihe 2, Wiesbaden 2008, S. 17

1. **Befragen Sie Mitschülerinnen und Mitschüler mit Migrationshintergrund zu ihrer Familiengeschichte.**
2. **Analysieren Sie die Siedlungsstruktur der Migranten in Deutschland.**

Motive der Zuwanderung

M 7 Warum wir nach Deutschland gekommen sind!

„Diejenigen, die aus unserem Dorf (nach Deutschland) gegangen waren, kamen mit einem Kofferradio in der Hand [zurück auf Besuch]. Das war Ende 1962, es gefiel mir.“
(Adil S., 1963 als Bergarbeiter nach Deutschland gekommen)
„Als wir die letzten Jahre an dieser Schule absolviert hatten – die Schule war zugleich Berufsschule, aber auch allgemeinbildend –, hat man am sogenannten Schwarzen Brett bekannt gemacht, dass Firmen aus Deutschland uns anwerben. Es stand dort ge-

schrieben, dass junge Leute, die natürlich auch einen Beruf gelernt haben, gerne dort arbeiten könnten. Nach dem Krieg brauchte man in Deutschland natürlich sehr viele Arbeitskräfte. Irgendwie wurde da mein Interesse geweckt. Mein Bruder war schon zwei Jahre hier und hatte uns natürlich Briefe geschrieben oder Bilder geschickt. Der hat mich irgendwie auch etwas animiert. Wir haben damals, im Jugendalter, auch gedacht, im Beruf weiterzukommen, auch vielleicht – wenn es möglich war – zu studieren."
(Selahattin B., Türkei)

DOMiT – Dokumentationszentrum und Museum über die Migration aus der Türkei (Hrsg.): Materialsammlung zur Geschichte der Arbeitsmigration aus der Türkei. Anwerbung, Reise nach Deutschland, Fremdheiten, Köln 2000, Zugriff am 04.12.2009 unter: http://www.domit.de/pdf/Materialsammlung.pdf

Die Motive der Zuwanderer sind vielfältig. Um sie in einer Struktur zu erfassen, wurden in der Migrationsforschung verschiedene Modelle entwickelt. Eines davon sucht die Beweggründe einerseits in den Herkunftsländern und andererseits in den Zielländern (**Push-Pull-Faktorenanalyse**). Allen gemein ist die historische Erkenntnis, dass die Belastungen des Menschen sehr hoch sein müssen, um bereit zu sein, die Heimat als Migrant zu verlassen.

M 8 Push-Pull-Modell zur Erklärung der Migrationsmotive

Wanderungen erfolgen in der Regel immer dann, wenn eine Gesellschaft die Erwartungen ihrer Mitglieder nicht erfüllen kann. Drei Bereiche lassen sich abgrenzen, in denen die Frustration der ansässigen Bevölkerung Wanderungsentscheidungen auslösen kann:
- die bloße physische Existenz der Menschen ist nicht mehr gesichert (so etwa bei Migranten aus Kriegs- und Krisengebieten, aber auch aus Regionen mit einem hohen Maß an Umweltzerstörung)
- die institutionelle Struktur der Gesellschaft kann die materiellen, besonders die wirtschaftlichen Wünsche und Erwartungen nicht erfüllen (so bei den Wirtschaftsmigranten aus schwach entwickelten Gebieten, historisch etwa bei den europäischen Auswanderern nach Übersee, heute z. B. bei Migranten aus Osteuropa)
- Lebensvorstellungen können unter dem herrschenden politisch-ideologischen System nicht verwirklicht werden (dies ist etwa bei der Migration wegen religiöser Diskriminierung oder politischer Verfolgung, aber auch bereits bei mangelnder Identifikation mit den Werten einer Gesellschaft vorstellbar)

Gründe für Wanderungsentscheidungen können dabei durchaus gleichzeitig in mehreren der genannten Bereiche liegen. Da Wanderungsentscheidungen immer auf zwei Gesellschaften Bezug nehmen, die der Abwanderungs- und die der Zuwanderungsregion, führte dies zur Entwicklung eines „Push-Pull"-Erklärungsmodells der Wanderungsentscheidungen. Dabei wird davon ausgegangen, dass das Zusammenwirken von negativen, abstoßenden Faktoren einer Region bzw. Gesellschaft (Push-Faktoren) im Zusammenwirken mit positiven, anziehenden Faktoren (Pull-Faktoren) einer anderen Migrationen auslösen und ihr eine Richtung geben.

Kröhnert, Steffen: Migration – Eine Einführung, in: Berlin-Institut, Zugriff am 09.1.2009 unter: http://www.berlin-institut.org/online-handbuchdemografie/bevoelkerungsdynamik/faktoren/migration.html

1. Erläutern Sie die Migrationsmotive der türkischen Migranten (M8).
2. Recherchieren Sie aktuelle Beispiele für Push- und Pull-Faktoren der Migration.

Argumente von Befürwortern weiterer Zuwanderung

M 9 OECD: Internationaler Migrationsausblick: SOPEMI 2009

Ab 2015 wird die Zahl der aus dem Erwerbsleben ausscheidenden Personen in den OECD-Ländern die der in den Arbeitsmarkt eintretenden Kohorten (= Jahrgänge) übersteigen, und dieses Phänomen wird sich über viele Jahre fortsetzen. ... Die Regierungen müssen in dieser Hinsicht wachsam sein ... In den letzten Jahrzehnten haben die meisten Regierungen die Migration hoch qualifizierter Arbeitskräfte gefördert und Maßnahmen eingeführt, die die Anwerbung und den Aufenthalt hoch qualifizierter Migranten erleichtern; sie müssen sich jedoch bewusst werden, dass in einigen Berufen und Sektoren auch Bedarf an weniger qualifizierten Migranten besteht. ... Hier setzt sich zunehmend die Erkenntnis durch, dass die Begrenzung der Möglichkeiten der legalen Zuwanderung gering qualifizierter Arbeitskräfte, wenn zugleich eine starke Nachfrage nach solchen Kräften besteht, ein fruchtbares Terrain für irreguläre Migration schafft ... Die OECD-Länder müssen Systeme für die Arbeitsmigration einrichten, die dem Bedarf auf allen Qualifikationsniveaus Rechnung tragen und die nachfragebestimmt sind ... Die Anwerbung ausländischer Studierender, die ihr Studium im Inland abschließen, ist eine Möglichkeit, sicherzustellen, dass Zuwanderer mit Qualifikationen in den Arbeitsmarkt eintreten, die tatsächlich gebraucht werden und anerkannt sind. Durch die Aufnahme einer größeren Zahl ausländischer Studierender kann ein neues Reservoir an potenziellen Zuwanderern mit inländischen Qualifikationen geschaffen werden, deren Anwerbung mit einem geringeren Risiko negativer Auswirkungen für die Herkunftsländer verbunden ist als die von qualifizierten Kräften im Ausland, weil die Ausbildungskosten dabei teilweise von den Aufnahmeländern oder von den Migranten selbst getragen werden ... Lassen sich durch eine gut gesteuerte Arbeitsmigration Vorteile für die Zielländer erreichen, so kann dies auch für die Herkunftsländer von großem Nutzen sein. Rücküberweisungen erhöhen ganz erheblich das wirtschaftliche Wohlergehen derjenigen, die sie erhalten. Ein bedeutender Anteil dieser Geldtransfers wird in Gesundheit und Bildung investiert, wodurch das Humankapital der Herkunftsländer gestärkt und ihr Wachstumspotenzial erhöht wird. Die Rückkehr von Migranten in ihre Herkunftsländer kann darüber hinaus mit Wissens- und Technologietransfers und Investitionen in Unternehmensaktivitäten verbunden sein.

OECD (Hrsg.): Internationaler Migrationsausblick (International Migration Outlook). SOPEMI 2009, Zugriff am 04.12.2009 unter: http://www.oecd.org/dataoecd/40/35/43183079.pdf

M 10

Christian Tenbrock und Wolfgang Uchatius: Geschlossene Gesellschaft

Migration ist seit jeher Teil der wirtschaftlichen Entwicklung – auch in Deutschland. Von 1849 bis 1939 verließen 59 Millionen Europäer ihre Heimat, unter ihnen sechs Millionen Deutsche. Nach dem Zweiten Weltkrieg aber wurde die inzwischen hoch industrialisierte Republik zum Einwanderungsland und Europa zum Immigrationskontinent. Ein Drittel der deutschen Bevölkerung sind heute Nachkriegsmigranten und ihre Kinder. 22 Millionen Vertriebene, Flüchtlinge, Aussiedler, Asylanten und Gastarbeiter kamen zwischen 1945 und 1992 in die alte

Bundesrepublik, halfen beim Wiederaufbau und sorgten für Aufschwung. ... Früher brauchten die Deutschen Zuwanderer, weil die Wirtschaft boomte und nach Arbeitskräften rief. Heute benötigt Deutschland Ausländer, weil die Bevölkerung schrumpft. ... Etwa 1,5 Millionen Spezialisten aus Entwicklungsländern arbeiten in den Staaten Westeuropas, in den USA, Japan und Australien, schätzen Migrationsexperten. Und die Elitenwanderung, so die ILO (Internationale Arbeitsorganisation), wachse in rasantem Tempo. Im Silicon Valley (USA) gehören Migranten zu den eifrigsten Firmengründern, in London sind Ausländer – auch aus der Dritten Welt – Teil der ortsansässigen Finanzelite. Nicht aber in Deutschland: Hier fehlen die Fachkräfte aus Übersee. ... Dabei verkörpern die Eliten aus dem Süden am deutlichsten, was Einwanderer aus allen Schichten seit jeher zu den Motoren wirtschaftlicher Entwicklung macht: „Wenn man sie lässt", sagt Migrationsforscher Klaus Bade, "kommen nicht die Schwachen und Desorientierten, sondern die Mutigen, Innovativen und Unternehmungslustigen." Eliten machen im Ausland Karriere, weniger Gebildete schuften dafür, dass es ihren Kindern besser geht. Für die einen existiert ein fast globaler Arbeitsmarkt, die anderen gehen dahin, wo Arbeit ist. Beide helfen sich und ihren Gastgebern. ... Neu ist, dass sich manche Einwanderer in mehreren Gesellschaften gleichzeitig bewegen. Damit füllt sich ein neuer Begriff mit Wirklichkeit. So wie es transnationale Unternehmen gebe, sagen Ökonomen, so würden transnationale Bevölkerungsgruppen zu einem Charakteristikum der globalen Wirtschaft. ... Nach Schätzung des Bundesforschungsministeriums verlässt inzwischen jeder fünfte deutsche Jungakademiker seine Heimat – meist in Richtung Amerika und oft mit der Absicht, nicht mehr zurückzukehren.

Tenbrock, Christian; Wolfgang Uchatius: Geschlossene Gesellschaft, in: DIE ZEIT, 13/2002, Zugriff am 04.12.2009 unter: http://zeus.zeit.de/text/2002/13/200213_migration_global_xml

M 11

Rainer Münz: Wir müssen uns öffnen

Die klassischen Einwanderungsländer haben gute Erfahrung mit der Zuwanderung von Hochqualifizierten gemacht. ... Unter den Zuwanderern werden Leute sein, die hier erst ökonomische Aktivitäten entfalten werden, eine Geschäftsidee entwickeln, ein Unternehmen gründen. ... Gegenüber den klassischen Einwandererländern Kanada und USA sind wir sicherlich im Hintertreffen. Beide Länder nehmen uns, also dem Rest der Welt, in diesem Wettbewerb bereits seit Langem die Besten weg, nicht zuletzt aufgrund der vielen ausländischen Studenten an ihren Universitäten. Vor diesem Hintergrund müssen wir die Konkurrenz aufnehmen und uns behaupten.

Münz, Rainer: Wir müssen uns öffnen, in: DIE ZEIT, 28/2001, Zugriff am 04.12.2009 unter: http://www.zeit.de/2001/28/200128_muenz-interview_xml

M 12

M 13

1. **Diskutieren Sie die Aussagen der Karikaturen.**
2. **Setzen Sie sich mit den Argumenten kritisch auseinander, die für eine weitere Zuwanderung nach Deutschland vorgebracht werden.**

Argumente von Gegnern weiterer Zuwanderung

M 14

Norbert Blüm: Wir leben im Zeitalter der totalen Mobilmachung

Diesmal werden nicht Waffen und Soldaten in Bewegung gesetzt, sondern Arbeitskräfte. Wir sahnen die Qualifizierten der ärmeren Länder ab. Die Armen und Elenden dürfen bleiben, wo sie sind, die Alten und Kranken auch. Wir sind gierig auf die Ausgebildeten. Wir lassen anderswo ausbilden. Das kostet uns nichts und schafft willige und billige Arbeitskräfte hierzulande. Unser schlechtes Gewissen beruhigen wir durch die Almosen für die Entwicklungshilfe. ... Früher beuteten die Kolonialherren die Rohstoffe ihrer Kolonien aus, heute die Qualifizierung der ärmeren Länder. Früher wurden nur die Sklaven gekauft, wenn der Zustand ihres Gebisses zufriedenstellend war. Heute reicht ein Diplom. Das nenne ich „zivilisatorischen Fortschritt". Über hunderttausend Einheimische wandern jährlich aus. Wir „Pisa-Deutschen" importieren Qualifikation. Das macht Eigenqualifikation entbehrlich. Informatikstudienplätze wurden gestrichen. Kalkutta springt ein. Aber so viel Intelligenz können wir gar nicht einführen, wie wir Jahr für Jahr ausführen. So viele „Eliten" können wir durch Zuwanderung gar nicht schaffen, wie wir Jahr für Jahr durch Abwanderung verlieren – dank sinkenden Niveaus der Universitäten und mangelnder Chancen für Wissenschaftler in Deutschland. Gesucht werden nicht nur qualifizierte Arbeitskräfte: „Der Wettbewerb um die Eliten hat begonnen", tönt die deutsche Wirtschaft. Gesucht werden auch Arbeitskräfte für Arbeiten, für die sich keine deutschen Arbeitslosen mehr finden. Spargel stechen gilt offenbar für deutsche Arbeitslose als unzumutbar. Spargel essen: Ja. Spargel stechen: Nein! Dafür holen wir uns die Spargelstecher aus Polen. Die Polen wiederum beziehen die billigeren Spargel-stecher aus Weißrussland. ... Wie soll die Globalisierung denn organisiert werden? Die Kapital- und Finanzströme umkreisen den Erdball auf der Datenautobahn – und die Menschen hetzen hinterher. So schnelle Füße wie das Kapital hat kein Mensch. Mal nimmt das Kapital da Platz, mal dort; und die Menschen hopsen im Gefolge des Kapitals atemlos von Job zu Job: globale Mobilmachung. Eine solche flexibel-mobile Welt muss jedoch auf einiges verzichten. Heimat, Nachbarschaft – Ehe und Freundschaft haben eingebaute Mobilitätshemmnisse. Ein Ehepartner setzt sich mobil nach Nord in Bewegung, der andere nach Süd. Ein Kind nach West, ein Kind nach Ost, die Großeltern bleiben zu Hause. Diese Windrose führt nach Nirwana. Das Programm, von dem die Zuwanderungsquoten gespeist werden, ist die Reduzierung der Menschen auf den Faktor „Arbeitskraft“. … Die Menschen folgen den Arbeitsplätzen wie die Zugschwalben der Sonne. Das ist der letzte Schrei der Verwirtschaftung der Gesellschaft, die nicht weniger menschenfeindlich ist wie die alte Vergesellschaftung der Wirtschaft, gegen die wir im Westen erfolgreich angekämpft haben. Jetzt kommt die Menschenverachtung durch die Hintertür ins Haus geschlichen und maskiert sich als Liberalisierung: Befreiung von allen dauerhaften Bindungen. Es gilt der Augenblick. Vor Tausenden von Jahren „erfanden“ die Menschen die Sesshaftigkeit. Jetzt wird der Arbeitsmarkt-Nomade zur Leitfigur des flexiblen Arbeitnehmers, und so fügen wir dem Heer der Flüchtlinge und Vertriebenen ein mobiles Kommando von Wanderarbeitern hinzu. Hurra! Wettbewerb um Eliten?

Blüm, Norbert: Globale Dumping-Staffette, in: sueddeutsche.de, veröff. am 21.03.2002 unter: http://www.sueddeutsche.de/politik/163/394951/text/

M 15 Differente Weltanschauung als Anlass zur Kritik

Hans-Ulrich Wehler: Die Bundesrepublik hat kein Ausländerproblem, sie hat ein Türkenproblem

Die muslimische Diaspora ist im Prinzip nicht integrierbar. Die Bundesrepublik ist seit ihrer Gründung mit heute zehn Prozent Zugewanderten bravourös fertig geworden. Aber irgendwann kommt eine Grenze, was man einer komplexen Gesellschaft zumuten kann. … Alle Einwandererländer haben nach einer Phase ungesteuerter Einwanderung die Notbremse gezogen. Die Amerikaner und Australier sogar mit ausgesprochen rassistischen Kriterien. Das amerikanische Einwanderungsgesetz von 1922/23, das 40 Jahre lang in Kraft war, enthält den Kunstbegriff der „Kaukasier“. Das waren sozusagen die blonden Weißen, die in hoher Quote einreisen durften … Die Türken werden in einer Religion groß, die spezifische Integrationsbarrieren bereitstellt. Die fundamentalistische Strömung ist mehrheitsfähig, auch in der Türkei selbst. … Europa ist geprägt durch die christliche Tradition, durch die jüdisch-römisch-griechische Antike, durch Renaissance, Aufklärung, Wissenschaftsrevolution. Das alles gilt auch für die Beitrittsstaaten in Osteuropa. Aber es gilt nicht für die Türkei. Man kann diese Kulturgrenze nicht in einem Akt mutwilliger Selbstzerstörung einfach ignorieren.

Interview mit Hans-Ulrich Wehler, in: taz, Heft 6849, S. 6, veröff. am 10.9.2002 unter: http://www.taz.de/index.php?id=archivseite&dig=2002/09/10/a0132

M 16 Bildungsprobleme als Anlass zur Kritik (Das Beispiel Berlin)

Zwei Drittel aller 14- bis 25-jährigen Türken, alle aus der dritten Generation mit ihrer wachsenden Neigung zu einem fundamentalistischen Islamismus, waren dort [in Berlin] wegen des fehlenden Schulabschlusses und der mangelhaften Sprachkompetenz arbeitslos. Allgemein lag die türkische Arbeitslosenquote doppelt so hoch wie die deutsche, bei 40 Prozent. Die Anzahl türkischer Sozialhilfeempfänger stieg dreimal so hoch wie der türkische Anteil an der Stadtbevölkerung. Wegen vermeintlicher Berufsunfähigkeit wurde die Rente durchweg vom 50. Lebensjahr ab in Anspruch genommen, sodass jedes vernünftige Verhältnis zwischen Einzahlung und Auszahlung zerstört wird. Der Anteil türkischer Gymnasialschüler und Studenten ist im Vergleich mit dem Nachwuchs aus ehemaligen italienischen, spanischen, griechischen Gastarbeiterfamilien erschreckend schmal geblieben. Die Bildungsferne der überwiegend aus Anatolien stammenden Zuwanderer, oft – namentlich die Frauen – Analphabeten, hat sich verhängnisvoll fortgesetzt. Dem Argument, dass die Deutschen schon wegen ihrer schrumpfenden Kinderzahl auf türkische Zuwanderung angewiesen seien, um die Sozialsysteme zu stabilisieren, muss entgegengehalten werden, dass die türkischen Arbeitsmigranten bereits seit langem ein Zuschussgeschäft für den deutschen Sozialstaat sind und alles andere tun, als zur Stabilisierung der disproportional beanspruchten Versicherungssysteme beizutragen.

Hans-Ulrich Wehler: Türkenprobleme ohne Ende, in: Deutschlandradio, veröff. am 26.08.2007 unter: http://www.dradio.de/dkultur/sendungen/signale/661998/

M 17 Wolfgang Bosbach: Deutschland ist kein klassisches Einwanderungsland ...

... und kann es aufgrund seiner historischen, geografischen und gesellschaftlichen Gegebenheiten auch nicht werden. Man kann doch nicht ernsthaft die Ansicht vertreten, dass wir einen Mangel an Zuwanderung hätten. Wir haben in den vergangenen Jahrzehnten Menschen aufgenommen wie kaum ein anderes Land auf dieser Welt. Alleine in der Zeit nach der Wiedervereinigung hatten wir einen Netto-Zuzug von zwei Millionen Ausländern, in jedem Jahr müssen wir Menschen in einer Größenordnung von Städten wie Dortmund oder Nürnberg integrieren. Was leider schon heute in vielen Fällen nicht oder nur unzureichend gelingt. 18 Jahre lang, von 1955 bis 1973, haben wir sogenannte Gastarbeiter angeworben. Aber schon Anfang der siebziger Jahre haben wir festgestellt, dass eine zu starke Zuwanderung nicht nur die Aufnahmefähigkeit des Arbeitsmarktes, sondern auch die Integrationskraft unseres Landes überfordert. ... Angesichts einer Zahl von knapp vier Millionen Arbeitslosen, plus knapp 1,5 Millionen auf dem zweiten Arbeitsmarkt, [sollten] die Vermittlung, Umschulung und Weiterqualifizierung deutscher – und ausländischer – Arbeitsloser Vorrang haben vor weiterem Zuzug auf den deutschen Arbeitsmarkt.

Bosbach, Wolfgang: Rede zur Zuwanderungsdebatte, Internetseite der CDU Deutschlands, Zugriff am 04.12.2009 unter: http://www.cdu.de/doc/pdfc/131201_rede_von_bosbach_zur_zuwanderungsdebatte.pdf

1. **Recherchieren Sie die Biografie und die gedanklichen Grundpositionen der Autoren von M 14 bis M 17.**
2. **Setzen Sie sich mit den Argumenten kritisch auseinander, die gegen eine weitere Zuwanderung nach Deutschland vorgebracht werden.**

Toleranz als Grundlage des Zusammenlebens

M 18

Eine freiheitliche Gesellschaft wie die deutsche beruht auf der aufklärerischen Idee der Mündigkeit des Menschen. In ihr schreibt der Staat niemandem vor, wie er zu leben hat. Daraus erwächst eine bunte Vielfalt von Lebensformen und Lebensstilen. Soziale Spannungen bleiben in solch einer **Pluralität** der Einstellungen und Interessen nicht aus. Soweit sich die Menschen gegenseitig in ihren Freiheitsrechten achten, sich tolerieren, brechen die Konflikte nicht auf. Schwierig wird es, wenn die Grenzen der persönlichen Freiheit überschritten werden. Dann muss der Staat durch Regeln den Schwächeren vor dem Stärkeren schützen. Dies birgt jedoch die Gefahr, dass das Leben der Individuen immer stärker reglementiert wird. Deshalb hängt die Freiheit des einzelnen Bürgers stark von seinem Verhalten anderen gegenüber ab. Je toleranter die Menschen miteinander umgehen, desto weniger braucht sich der Staat in das Leben seiner Bürger einzumischen. Toleranz heißt aber nicht, alles passiv hinzunehmen, was andere tun oder sagen. Toleranz in einer streitbaren Demokratie heißt auch aktive Abwehr von allem, was die freiheitliche Ordnung gefährdet.

M 19 Begriff der Toleranz

- Unter Toleranz versteht man in erster Linie die Duldsamkeit und die daraus abgeleitete Haltung des verstehenden Hinnehmens gegensätzlicher Auffassungen und anders gearteter Haltungen. Unterschieden werden kann dabei zwischen einer formalen Toleranz, die anders geartete Haltungen lediglich respektiert, und einer inhaltlichen Toleranz, die diesen sogar positive Momente zuerkennt. In Staat und Gesellschaft, besonders in „geschlossenen" Gesellschaftssystemen, hat die Toleranz (allgemein rechtlich wie individuell-ethisch) eine doppelte Schutzfunktion: Sie schützt zum einen das allgemein geltende (häufig metaphysisch oder religiös begründete) gesellschaftliche und politische Normen- und Wertesystem vor Infragestellung und Auflösung, indem Wahrheitsansprüche, Normen und Werte Einzelner wie auch von Gruppen ohne Diskussion und Auseinandersetzung toleriert werden. Zum anderen bewahrt sie auch die Andersdenkenden, -handelnden oder Andersartigen vor Repression, Diskriminierung und vor psychischem Terror und physischer Ausrottung. Somit ermöglicht Toleranz Humanität und schafft die Voraussetzung für ein friedliches Austragen etwaiger Konflikte.

Toleranz: in: Der Brockhaus multimedial premium (CD), Mannheim, Bibliographisches Institut Brockhaus AG, 2005

M 20

Grenzen der Toleranz

Die Toleranz, mit der wir den Minderheiten teils freudig, teils missvergnügt begegnen, hat offenbar Schwierigkeiten, ihre Grenzen zu finden, und zwar auch dort, wo nach einer Faustregel jede Toleranz enden darf: nämlich bei der Intoleranz der anderen. Wir können den Bau von Moscheen tolerieren, nicht aber, dass in ihnen Hass auf die deutsche Gesellschaft gepredigt wird. Umgekehrt können Muslime fordern, dass sie von christlichen Hasspredigten verschont bleiben, nicht aber, dass wir uns von der Kultur des Spottes verabschieden, der im Rahmen der Kunst erlaubt ist. ... Es geht im Konflikt mit der muslimischen Minderheit überhaupt nicht um Kultur. Es geht um den Staat und darum, was der Bürger in ihm tun oder lassen kann. ... Die Bürger können glauben, denken, reden und ihr Leben gestalten, wie sie wollen, solange sie sich nur an die Regeln des Staates halten. Zu diesen gehört, dass Toleranz auf Gegenseitigkeit beruht. Sie bedeutet nicht nur Hinnahme einer abweichenden Lebensweise, sondern auch Zurücknahme der eigenen. ... Das klingt nach einer leicht zu erfüllenden Einschränkung. Tatsächlich ist sie aber für islamische Fundamentalisten, deren Religion auf das öffentliche Leben zielt, nicht leicht zu erfüllen, und sie ist auch für die deutsche Mehrheitsgesellschaft kaum zu erfüllen, wenn der Verzicht auf Kränkung der Muslime beispielsweise den Verzicht auf Nacktbadestrände, Sexshops oder gar den gemeinsamen Unterricht von Jungen und Mädchen bedeuten müsste. Das ist der Konflikt. Die westlichen Gesellschaften sind zwar in hohem Maße bereit, die abweichende Lebensführung der islamischen Minderheiten zu dulden; bis hin zu Dingen, die sie schon nicht mehr dulden sollten, die Gewalt in den Familien, die Entmündigung, oft beispiellose Entrechtung der Frau. Nicht aber ist unsere Gesellschaft bereit, auf die eigene Rede- und Kunstfreiheit oder die Gleichberechtigung der Geschlechter zu verzichten, und zwar auch dort nicht, wo sie für Muslime schwer erträglich wird. Eine solche Beschränkung ist für unsere Gesellschaft auch gar nicht denkbar, weil sie in den Kern unserer Freiheiten eingriffe, unter anderem in jene Gewissensfreiheit, die zwar gegen die christlichen Kirchen einst durchgesetzt werden musste, aber christlichen Ursprungs ist. Die moderne, aufklärerische Begründung der Toleranz, insbesondere der religiösen, geht bis auf Augustinus und Luther zurück, die das Gewissen des Einzelnen gegenüber jeder, auch kirchlichen Autorität als letzte Instanz des Glaubens ansahen. Diese individuelle Bestimmung des Glaubens, die in Europa die Trennung von Staat und Kirche möglich und sogar theologisch begründbar machte, ist dem historischen Islam unbekannt. ... Mehr, als uns bewusst ist, geht der moderne, laizistische Staat in Europa auf die christliche Zwei-Reiche-Lehre zurück: Gib Gott, was Gottes ist, und dem Kaiser, was des Kaisers ist. Das heißt aber auch: Der liberale Staat, der so ausschaut, als sei er weltanschaulich neutral, indem er jede Religion als Privatsache erlaubt, ist keineswegs vollkommen neutral; jedenfalls nicht gegenüber Religionen, die diese Beschränkung auf die Privatsphäre verweigern. Das mag uns, weil es eine verbreitete Illusion erschüttert, nicht spontan einleuchten. Aber jeder Muslim könnte diese Parteilichkeit des Staates nachweisen, sei es in den christlichen Spuren, die sich im Grundgesetz zeigen, sei es in dem atheistischen Liberalismus, der jeden religiösen Anspruch energisch zurückweist. Letzteres wird vielleicht besonders wenig einleuchten: Aber auch der milde Liberalismus ist eine Weltanschauung, nämlich eine solche, in der religiöse Wahrheiten nicht vorkommen. Daran gibt es nichts zu deuteln, und bevor uns islamische Mitbürger in einer Reihe leicht denkbarer Prozesse die weltanschauliche Voreingenommenheit unseres Staates Stück für Stück demonstrieren, sollten wir uns vielleicht offen zu seiner Parteilichkeit bekennen. Denn diese Parteilichkeit ist keine unzumutbare, sie tritt nur angesichts seiner Feinde in Erscheinung, diesen gegenüber aber gleichermaßen. Sie bevorzugt weder Christen noch Muslime, noch kämpferische Atheisten. Sie kürzt nur allen gemeinsam den Anspruch, der Gesellschaft ihren Willen aufzuzwingen. Der liberale Rechtsstaat schützt die Minderheiten voreinander und alle zusammen vor der Mehrheit; daher muss ihm auch zugestanden werden, die Mehrheit vor einer herrschsüchtigen Minderheit zu schützen. Im Übrigen: Wenn der Staat von diesem Recht nicht beizeiten und mit wünschenswerter Deutlichkeit Gebrauch macht, werden die Mehrheitsbürger die Sache selbst in die Hand nehmen und wie in den Niederlanden gewalttätig gegen Moscheen und andere Orte vorgehen, wo sie die Feinde ihrer Freiheit vermuten. Das aber darf der Staat niemals hinnehmen. Den Verlust seines Gewaltmonopols können weder Mehrheit noch Minderheiten wünschen.

Jessen, Jens: Die Tücken der Toleranz, in: DIE ZEIT 48, 18.11.2004, Zugriff am 09.12.2009 (ZEIT ONLINE) unter: http://www.zeit.de/2004/48/01__leit_1_48

M 21 „Wider die falsche Toleranz“

Kelek: ... die traditionellen Normen und Werte der türkischen Community [werden] weitgehend über die Religion legitimiert ... Wenn religiöse Vorstellungen gesellschaftliche Missstände verursachen, muss das auch offen ausgesprochen werden können. Religionen müssen ihre Verantwortung ebenso tragen wie eine verfehlte Politik. Sie bieten für viele nun einmal den Maßstab für Wertorientierungen, für die Vorstellungen von Gut und Böse, die Erziehungsideale, auf welche Weise Jungen und Mädchen aufwachsen sollten usw. Ich verstehe nicht, wie man die Verantwortung der Religion für die geschilderten Missstände ignorieren kann. ... Als ich mit meiner ersten Untersuchung in Berlin mit Schülerinnen und Schülern einer Gesamtschule gesprochen habe, gab es bereits eine massive Kulturdifferenz. Die Jugendlichen definierten sich selbst vorwiegend über die Abgrenzung zu deutschen/europäischen Werten. Das ist ein zentraler Bestandteil ihrer Identität. Heute ist dies nicht anders, es ist sogar extremer geworden. Besonders Jugendliche, die außerhalb der Familie keine Hilfen bekommen, fühlen sich allein gelassen und reagieren darauf mit militanter Abgrenzung.
Schmidt-Salomon: Ihre Studien „Islam im Alltag“ und „Die fremde Braut“ vermitteln ein eindrucksvolles Bild der islamischen Parallelgesellschaft in Deutschland. Offensichtlich

war es tatsächlich ein Fehlschluss zu glauben, die bloße Gewährung von Grundrechten mache Menschen automatisch zu Demokraten. Heißt das nun, dass der Traum von der multikulturellen Gesellschaft ausgeträumt ist?
Kelek: Ich will es einmal so sagen: Ein realistischerer Traum müsste mit einer neuen Vorstellung von Gesellschaft beginnen, einer Gesellschaft, die von uns allen mit Verantwortung getragen wird. Notwendige Grundvoraussetzung dafür wäre, dass alle Seiten erkennen und akzeptieren, dass die Verfassung dieses Landes schützenswert ist und daher auch gegen Angriffe offensiv verteidigt werden muss. Ein solcher interkultureller Konsens würde eine gute Grundlage bieten für ein friedliches Zusammenleben aller hier lebenden Menschen, gleich aus welcher Kultur sie ursprünglich stammten.

Interview mit der deutsch-türkischen Soziologin Dr. Necla Kelek, in: Materialien und Informationen zur Zeit (MIZ) 1/2005, veröff. von der Giordano Bruno Stiftung, März 2005, Zugriff am 04.12.2009 unter: http://giordano-bruno-stiftung.de/Archiv/kelekinterv.pdf

1. **Setzen Sie sich kritisch mit der Toleranzauffassung der Autoren auseinander.**
2. **Diskutieren Sie Beispiele für die missbräuchliche Ausnutzung des Toleranzgebots.**

Rechtliche Grundlage der Zuwanderung

M 22

Klaus Stuttmann, 17.06.2004

Rechtliche Grundlage für die Migration nach Deutschland ist das **Zuwanderungsgesetz** aus dem Jahr 2005. Es beruht auf einem hart umkämpften Kompromissvorschlag zwischen allen Parteien und soll die Zuwanderung von Fachleuten erleichtern sowie die Integration von Ausländern verbessern.

Zum Aufenthalt berechtigen drei **Aufenthaltstitel**: das **Visum** und die **Aufenthaltserlaubnis**, die beide immer befristet sind, sowie die **Niederlassungserlaubnis**, die immer unbefristet ist. Letztere kann nur nach fünf Jahren dauerhaften Aufenthalts bei gleichzeitiger fünfjähriger sozialversicherungspflichtiger Berufstätigkeit erworben werden. Sie wird allerdings nur erteilt, wenn der Antragsteller für seinen Lebensunterhalt selbst sorgen kann. Jugendliche können bis zu ihrem 16. Lebensjahr einwandern, wenn ihre Eltern bereits in Deutschland leben, bis zum 18. Lebensjahr, wenn sie zusammen mit den Eltern neu zuwandern. Die **EU-Bürger** sind von der Aufenthaltsgenehmigungspflicht befreit, ihnen genügt eine Anmeldung beim Einwohnermeldeamt.

Alle Migranten, die einen dauerhaften Aufenthalt anstreben, müssen eine ausreichende **Sprachfähigkeit** in Deutsch und ein politisch-kulturelles Grundwissen nachweisen. Dafür erhalten sie einen Rechtsanspruch auf einen Sprach- und Integrationskurs. Bei Verweigerung können Sanktionen (z. B. Leistungskürzungen) ergriffen werden.

Alle Einwanderer, die eine Niederlassungserlaubnis haben, erwerben damit gleichzeitig das **Recht auf eine uneingeschränkte Berufsausübung**. Besitzer der (befristeten) Arbeitserlaubnis dürfen nur arbeiten, wenn die Arbeitsagentur zustimmt. Der Arbeitsmarkt bleibt damit weitestgehend den Einheimischen und bislang Eingewanderten vorbehalten. Ehepartner bekommen den gleichen Arbeitsmarktzugang, wenn die Ehe in Deutschland seit zwei Jahren besteht. Ansonsten bleibt der bisher bestehende Zuzug beschränkt. Ausnahmen gibt es nur für Hochqualifizierte, Wissenschaftler und Selbstständige, weil Deutschland an ihnen ein wirtschaftliches Interesse hat. Solche Ausländer dürfen einwandern, wenn ein konkretes Arbeitsangebot vorliegt. In diesem Fall erhalten sie von Anfang an eine Niederlassungserlaubnis. Gleiches gilt für Selbstständige, wenn sie mindestens eine Million Euro investieren und zehn Arbeitsplätze schaffen. Sie erhalten zunächst eine Aufenthaltserlaubnis und nach drei Jahren eine Niederlassungserlaubnis. Ausländische Studierende dürfen nach ihrem Studium in Deutschland bleiben, wenn sie einen entsprechenden Arbeitsplatz nachweisen können. Für die Arbeitsplatzsuche erhalten sie nach dem Studium eine bis zu einjährige Aufenthaltserlaubnis.

Im Jahr 2007 wurde das Zuwanderungsgesetz reformiert und an die Richtlinien der Europäischen Union angepasst. Die wesentlichen Neuerungen bestehen u. a. aus der

- Forderung des Nachweises einfacher deutscher Sprachkenntnisse des nachziehenden Ehegatten, um seine Integrationsfähigkeit zu stärken;
- Beschränkung des Ehegattennachzugs durch ein Mindestalter beider Ehegatten von 18 Jahren zum Schutz vor Zwangsehen sowie Vorschriften, die der Bekämpfung von Zwangsehen und Scheinehen dienen;
- Schaffung einer „Erlaubnis zum Daueraufenthalt-EG“ als neuer unbefristeter Aufenthaltstitel neben der Niederlassungserlaubnis;
- Schaffung eines vorübergehenden Aufenthaltsrechts für Opfer des Menschenhandels zur Mitwirkung im Strafverfahren;
- Einbürgerungsvoraussetzung: Nachweis von Kenntnissen der Rechts- und Gesellschaftsordnung, der Sprache und der Lebensverhältnisse in Deutschland.

M 23 Neuregelung der Sprachkenntnisse ist verfassungswidrig

Sprachkenntnisse sind zwar integrationspolitisch wünschenswert und verständlich, dass diese jedoch bereits im Ausland erworben werden müssen, deckt sich nicht mit Art. 6 des GG, der die Familie unter besonderen Schutz stellt. Für viele Paare kann diese Regelung zu einem langfristigen bzw. dauerhaften Nachzugsverbot des Ehepartners oder der ehelichen Kinder führen. Das Kriterium der erforderlichen Sprachkenntnisse im Ausland sollte daher aus dem Aufenthaltsgesetz wieder „ersatzlos gestrichen" werden. Integrationsbemühungen und Vorgaben nach erfolgtem Nachzug sind vollkommen ausreichend und lobenswert. Die Integration muss nämlich erst erfolgen, wenn die gesellschaftlichen Lebensverhältnisse, Normen und Werte sich geändert haben. Integrationserwartungen im Vorfeld, bevor man überhaupt das sich zu integrierende Land erreicht hat, führt nur zu zwangsweisen Integrationsbemühungen, ohne inhaltliche Bekenntnis. Die betroffenen Menschen und Familien könnten es daher als Schikane auffassen, da eine erheblich frühere Familienzusammenführung durch diese Regelung in den meisten Fällen vermieden wird. Beispielsweise Frauen aus Ländern, in denen es nur wenige oder keine Angebote für Sprachkurse gibt, würden diskriminiert werden. Frauen und Männer, die keinen ungehinderten Zugang zu diesen Sprachkursen haben oder die die finanziellen und technischen Mittel nicht haben, werden ebenso diskriminiert wie Analphabeten unter den nachziehenden Familienangehörigen. Denn dem Wortlaut des Gesetzes nach, fallen diese Personen nicht unter die Ausnahmenregelung.

D.O.C. Anwaltskanzlei (Hrsg.): Das neue Zuwanderungsgesetz, veröff. am 09.10.2007 unter: http://www.doc-anwaltskanzlei.de/index.php?id=69&tx_ttnews[pS]=1205255092&tx_ttnews[tt_news]=23&tx_ttnews[backPid]=48&tx_ttnews[sViewPointer]=1&cHash=0f03b889eb

1. Diskutieren Sie die Bewertung des Zuwanderergesetzes durch die Karikatur in M 22.

2. Beziehen Sie zu der Forderung Stellung, die die Pflicht zum vorgängigen Erwerb von Sprachkenntnissen für den Nachzug von Ehepartnern zu streichen.

Zusammenfassung

Die modernen Gesellschaften sind durch einen grundlegenden demografischen Wandel gekennzeichnet. Der Anteil der Jungen nimmt ab und der der Alten nimmt zu. Daraus ergeben sich vielfältige gesellschaftliche und wirtschaftliche Probleme. Beispiele dafür sind der Generationenvertrag in der Sozialversicherung oder der wachsende Mangel an Arbeitskräften. Für diese Entwicklung sind drei Faktoren verantwortlich: eine steigende Lebenserwartung, eine fallende Geburtenrate und eine relativ ausgeglichene Wanderungsbilanz gegenüber dem Ausland. Jede bevölkerungspolitische Einflussnahme muss an diesen Stellgrößen ansetzen. Der Trend, dass Menschen immer älter werden, ist aus ethischen Gründen nur zu begrüßen und deshalb durch gesundheitspolitische Maßnahmen weiter zu stärken. Gleichzeitig sind durch eine moderne Seniorenpolitik solche Voraussetzungen zu schaffen, die es älteren Menschen ermöglichen, ein weitestgehend selbstbestimmtes Leben zu führen. Im Hinblick auf die Geburtenrate ist der familienpolitische Gestaltungsrahmen sehr begrenzt. Zwar können Kinder finanziell stärker unterstützt und die Vereinbarkeit von Beruf und Familie verbessert werden, die Entscheidung für Kinder ist aber eine sehr persönliche und hängt stark von der Ausformung eines partnerschaftlichen Verhältnisses zwischen Mann und Frau ab. Die größte bevölkerungspolitische Wirkung kann nur durch eine Migrationspolitik erzielt werden, die die Zahl der Zuwanderer erhöht. Aber auch sie ist mit Risiken verbunden. In den Abwanderungsländern kann dies zur Abschöpfung der die Gesellschaft tragenden Intelligenz und im Inland zu soziokulturellen Konflikten führen. Um Spannungen zu vermeiden, sind auf beiden Seiten Maßnahmen zu ergreifen, die ausgleichend wirken und alle in die durch das Grundgesetz vorgegebene Ordnung – als gleichberechtigte Bürger – einbinden.

Zusammenfassende Lernaufgaben

Erkennen

1. Stellen Sie die Faktoren dar, die die Entwicklung der Bevölkerung bestimmen.
2. Erläutern Sie das Modell des demografischen Übergangs.
3. Zählen Sie Ursachen für den Rückgang der Geburten in Deutschland auf.
4. Benennen Sie die Gründe für den Anstieg der Lebenserwartung.
5. Beschreiben Sie den Verlauf der Migration in Deutschland.

Werten

1. Beziehen Sie zur Aussagekraft von demografischen Prognosen kritisch Stellung.
2. Diskutieren Sie die Forderung nach durchgängiger Gleichstellung von Mann und Frau als Beitrag zur Erhöhung der Geburtenrate.
3. Beschreiben und kommentieren Sie die politische Grundhaltung, die mit dem Begriff des aktiven Alterns verbunden ist.
4. Beurteilen Sie die Forderung, die Entwicklungsländer sollten ihre Bevölkerungspolitik am Vorbild der entwickelten Länder orientieren.
5. Interpretieren Sie das Toleranzgebot des Grundgesetzes im Zusammenhang mit Integrationskonflikten.

Anwenden

1. Entwerfen Sie ein bevölkerungspolitisches Programm für ein ausgewähltes Entwicklungsland.
2. Entwickeln Sie ein Konzept für eine moderne Familienpolitik in der Gemeinde.
3. Setzen Sie sich in Form eines Rollenspiels mit der Integrationsproblematik von Migranten auseinander.

2. Einstellungen im Wandel

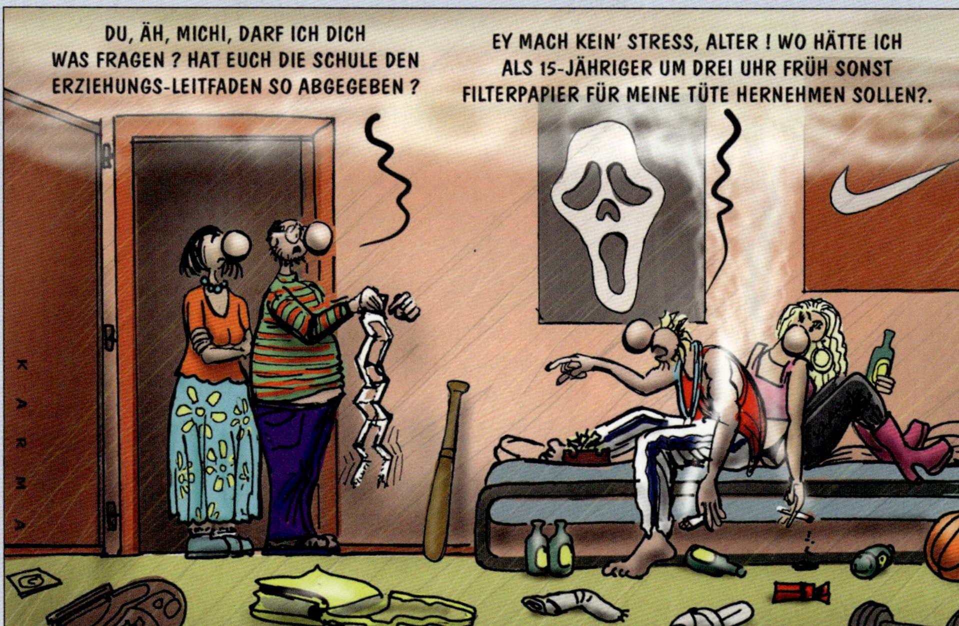

Marco Ratschiller

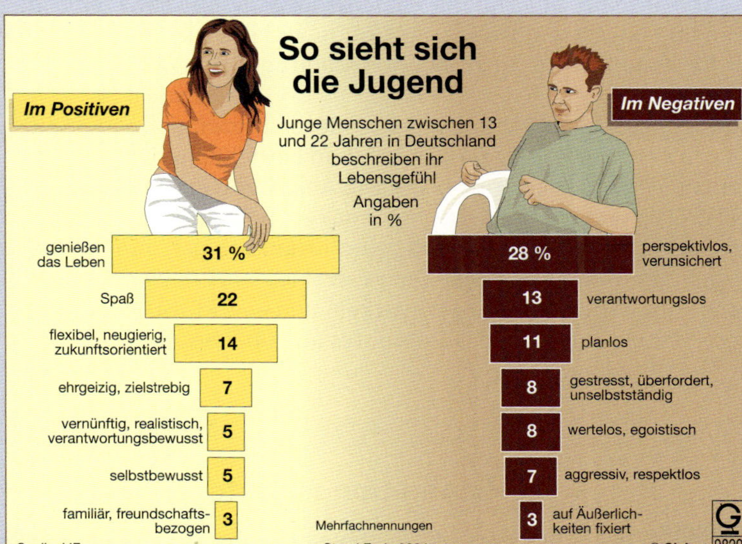

1. **Interpretieren Sie die Karikatur und formulieren Sie die Kernaussagen in Thesen.**
2. **Vergleichen Sie die Thesen mit der Statistik und beurteilen Sie diese im Hinblick auf ihre eigene Lebenserfahrung.**

2.1 Werteverfall oder Wertewandel?

Das Beispiel Jugend

M 1 Gute alte Zeit?

Die Jugend liebt heutzutage den Luxus. Sie hat schlechte Manieren, verachtet die Autorität, hat keinen Respekt vor den älteren Leuten und schwatzt, wo sie arbeiten sollte. Die jungen Leute stehen nicht mehr auf, wenn Ältere das Zimmer betreten. Sie widersprechen ihren Eltern, schwadronieren in der Gesellschaft, verschlingen bei Tisch die Süßspeisen, legen die Beine übereinander und tyrannisieren ihre Lehrer.

Sokrates, griechischer Philosoph (um 469–399 v. Chr.), zitiert nach: Alojado Publishing (Hrsg.), Zugriff am 11.12.2009 unter: http://www.gutzitiert.de/zitat_autor_sokrates_thema_jugend_zitat_11962.html

Die Jugend wird schon immer gern von der älteren Generation kritisiert – ob berechtigt oder nicht. Erst recht geschieht dies seit dem Aufkommen spezieller Jugendkulturen, mit denen sich junge Menschen – oft provozierend – von der Lebensweise ihrer Eltern abgrenzen. Durch sie formen sie ihren eigenen Lebensstil – in der Mode, der Musik, der Sprache und der Lebenseinstellungen. Vieles von dem, was auf diesem Weg kulturell neu entsteht, stößt in der Mehrheitsgesellschaft zunächst auf Ablehnung, wird aber dann im Laufe der Zeit von dieser oftmals übernommen.

In der jüngsten Vergangenheit sind alle zehn Jahre neue Jugendkulturen entstanden: Ende der 60er-Jahre die Hippies und die rebellische Linke, später die Punks und dann in den 90er-Jahren die Techno-Szene. Heute gibt es ein Fülle unterschiedlicher Richtungen wie beispielsweise Hip-Hop oder Gothic. Jugendkulturen entstehen, weil in modernen Gesellschaften die traditionellen Rituale des Übergangs ins Erwachsenenleben (z. B. Konfirmation, Firmung oder Jugendweihe) an Einfluss verlieren und deshalb neue Orientierungsmuster für diesen schwierigen Lebensabschnitt gesucht werden.

Jugendkulturen spielen eine wichtige Rolle bei der Selbstdefinition und Selbstvergewisserung des Einzelnen. Sie prägen die persönlichen Einstellungen bis weit in das spätere Leben hinein und verhindern so eine bruchlose Anpassung an traditionelle Lebensmuster. Durch diese Nachwirkung ins Erwachsenenalter stehen ältere und jüngere Jugendkulturen gleichzeitig nebeneinander und beeinflussen sich gegenseitig: Die Gestaltung des Lebens wird zum offenen Prozess. Dem Einzelnen eröffnet sich dadurch die Chance, eine eigene kulturelle Identität zu entwickeln und eine kritische Haltung gegenüber den dominierenden Strömungen des Zeitgeistes aufzubauen.

M 2

Die Generation Flatrate

sueddeutsche.de: Warum dieser Begriff?

Rohlfs: Die Jugendlichen leben in einer Zeit, in der sie sich jeden Wunsch ständig und überall erfüllen können, per Mausklick oder mit dem Handy. Alles ist immer verfügbar, es gibt ein unbegrenztes Angebot von Waren und Inhalten. Wie beim Telefonieren zum Pauschaltarif – man kann unbegrenzt konsumieren, bezahlen muss man erst danach.

sueddeutsche.de: Aber es geht den Jugendlichen doch nicht nur ums Telefonieren.

Rohlfs: Nein, dieser Flatrate-Gedanke ist inzwischen in sämtlichen Lebensbereichen zu finden. Denken Sie nur an Musik: Wir saßen früher stundenlang vorm Kassettenrekorder, die Finger an den Aufnahmetasten, und warteten, bis im Radio endlich ein bestimmtes Lied kam. Wenn wir Pech hatten, quatschte der Moderator rein, wir drückten die falschen Tasten oder hatten Bandsalat. Wenn man heute ein Lied unbedingt haben will, geht man ins Internet und lädt es runter. Von Anfang bis Ende, ohne Gequatsche. Mit Filmen ist es das gleiche. Man geht nicht mehr in die Videothek, sondern lädt sich den Film im Netz herunter oder schaut ihn sich sich auf Youtube an.

sueddeutsche.de: Und wer eine Information will ...

Rohlfs: ... greift heute nicht mehr zum Lexikon, sondern gibt das Wort bei Google ein. Und ein Jugendlicher, der mehr über seine Flamme herausfinden will, geht einfach auf deren Facebook-Seite im Internet. Er schreibt dann keinen Liebesbrief mehr, sondern schickt einfach direkt eine SMS. Und weil sich die Kommuniktaion beschleunigt hat, wird er auch schnell eine Antwort erhalten. Großartig verabreden muss er sich nicht, man meldet sich einfach von unterwegs. Verabredungen verändern sich, die Sprache verändert sich, die Jugendkultur verändert sich.

sueddeutsche.de: Was halten Sie von dieser Veränderung?

Rohlfs: Die Jugendlichen haben es heute in vielen Dingen einfacher – daran ist erst mal nichts auszusetzen. Nur, dass es früher komplizierter war, seine Freizeit zu gestalten und Freundschaften zu führen, heißt nicht, dass es unbedingt besser war. Nehmen Sie das Beispiel Telefon: In meiner Kindheit, als man nur ein Telefon für die ganze Familie hatte, musste man warten, bis der Bruder fertig telefoniert hat und stand stundenlang auf dem Abstellgleis. Da haben es die Jugendlichen mit ihren Handys einfacher.

sueddeutsche.de: Also ist die Generation Flatrate zu beneiden?

Rohlfs: Einerseits ja. Aber es gibt schon auch Risiken. Eines ist die Anonymität – ein handgeschriebener Liebesbrief ist eben doch persönlicher als eine SMS mit Standardsätzen. Und wer ständig telefoniert oder vorm Laptop sitzt, kann nicht gleichzeitig seinen Freunden gegenübersitzen – das Face-to-Face-Gefühl fehlt. Ein anderes Problem ist, dass viele Jugendliche in dem Irrglauben leben, es sei wirklich alles unbegrenzt. Man kann sich zwar alles herunterladen – aber am Ende kommt die Rechnung.

sueddeutsche.de: Es kann sich also nicht jeder leisten, zur Generation Flatrate zu gehören?

Rohlfs: Nein – denken Sie an die Kinder- und Jugendarmut in Deutschland. Wer nicht genug Geld hat, ist außen vor, wenn es ums Konsumieren geht. Viele Jugendlichen stürzen sich in Schulden, um dazuzugehören. Eltern können diesen sich ständig wandelnden Wünschen ihrer Kinder nicht immer nachkommen. Außerdem stehen die Jugendlichen durch die ständige Erreichbarkeit unter enormem Druck.

sueddeutsche.de: Das geht Erwachsenen aber nicht anders.

Rohlfs: Richtig – die Idee des Lebens zum Pauschaltarif ist nicht nur auf die Jugendlichen beschränkt. Die Grenzen verschwimmen. Schon Kinder halten sich im Internet auf, werden Mitglied in irgendwelchen Online-Clubs.

sueddeutsche.de: Das hört sich nun wieder negativ an.

Rohlfs: Soll es gar nicht. Die Entwicklung birgt ja eben auch Vorteile, viele Wünsche können erfüllt werden. Und die wichtigen Lebensthemen, wie Freundschaft, Zugehörigkeit und Autonomiebedürfnis, werden dadurch nicht verdrängt. Sie sind weiterhin da – genauso wie vor 50 Jahren.

Interview mit Kindheitsforscher Carsten Rohlfs, in: sueddeutsche.de, veröff. am 09.02.2009 unter: http://www.sueddeutsche.de/leben/578/457239/text/

M 3

Von wegen Sprachverfall: Jugendliche sprechen ihre eigene Sprache. Aber warum eigentlich?

Genau genommen gibt es die Jugendsprache nicht. Jede Gruppe entwickelt ihre eigene Sprache. Gymnasiasten sprechen anders als Hauptschüler, Rapper anders als eine Gruppe katholischer Mädchen. Wir müssten also im Grunde von den Jugendsprachen reden. Und die gab es schon immer, seitdem junge Menschen Gemeinschaften bilden. Gut dokumentiert ist das aber erst ab etwa 1750, als damalige Studenten begannen, ihre Wörter zu sammeln. Das waren mitunter Wörter, die heute zu unserem alltäglichen, standardisierten Wortschatz zählen, wie etwa „Schnalle“ oder „Kümmeltürke“.
... Was vulgär ist, ist abhängig von Zeiten, von Kulturen und gesellschaftlichen Gliederungen. Aber männliche Jugendsprache war immer drastisch. Sie lieben es, mit emotional kräftigen Wörtern zu provozieren. Aber das war auch früher so: Der junge Goethe, die Studenten des frühen 19. Jahrhunderts, Friedrich Nietzsche und die Studenten von 1968 haben mit solchen Wörtern zu schockieren versucht. ... Jugendsprache stabilisiert auch eine Gruppe, sie schafft Identität. In der Clique entwickelt man gemeinsame Ansichten, gemeinsame Wertungen, einen gemeinsamen Lebensstil und dazu gehört eben eine gemeinsame Sprache. Sie hat aber natürlich auch die Funktion, sich von anderen Jugendgruppen, den Lehrern und übrigen Erwachsenen abzugrenzen. ... Auf die Jugendsprache wird heute nicht mehr so geschimpft wie früher. Die Kritik, denke ich, ist ohnehin haltlos. Denn an Jugendlichen wird oft kritisiert, was zur allgemeinen gesprochenen Sprache gehört oder was zum allgemeinen Sprachwandel gehört. Bei Jugendlichen, die ja häufig Initiatoren von Sprachwandelprozessen sind, fallen diese Veränderung nur zuerst auf. Wer Gespräche von Jugendlichen analysiert, staunt immer wieder darüber, wie witzig und kreativ sie formulieren können. Jugendliche nehmen die ihnen gebotenen Texte und Äußerungsformen nicht einfach hin, sondern sie nehmen sie auf, wandeln sie um, sie schlüpfen für einen Augenblick in fremde soziale Rollen und kommentieren ironisch von deren Standpunkt aus Themen, die gerade besprochen werden. ... Ich vertrete die These, dass Jugendliche neben Dichtern, Werbetextern und Journalisten, die gut schreiben können, zu den sprachkreativen Gruppen zählen.

Interview mit dem Germanistikprofessor Johannes Schwitalla, in: Mainpost, veröff. am 02.09.2009 unter: http://www.mainpost.de/nachrichten/dailyx/Von-wegen-Sprachverfall-;art984,5273266

1. **Stellen Sie Beispiele für aktuelle Jugendkulturen dar (Mode, Musik, Sprache, Lebenseinstellungen).**
2. **Diskutieren Sie am Beispiel der Generation Flatrate die Chancen und Gefahren von Jugendkulturen.**

Das Beispiel Wirtschaftselite

M 4 Boni (Leistungszuschläge auf das Arbeitsentgelt)

Karl-Heinz Schoenfeld

M 5 Peer Steinbrück über vertraglich vereinbarte Sonderzahlungen, die sich Bankmanager gewähren, obwohl ihre Unternehmen mit Staatsgeldern vor dem Konkurs gerettet werden

Da verschlägt es selbst mir die Sprache. Es sind solche Leute, die Risse in das Fundament der sozialen Marktwirtschaft ziehen. ... Was sich dort zeigt, ist unmoralische Raffgier. Diese Leute haben ihre Institute an die Wand gefahren, und jetzt plündern sie sie auch noch aus. ... Es kann passieren, dass [dadurch] das Desinteresse der Bürger an der Demokratie wächst, die Wahlenthaltung zunimmt und dass sich deklassierte Schichten ausklinken. Die Menschen verlieren Vertrauen, sie sehen die Gerechtigkeit verletzt und stellen fest, wie gierig Teile der Eliten geworden sind. Das gefährdet den Zusammenhalt der Gesellschaft. Das ist brandgefährlich. ... [I]ch frage mich verschärft, wie lange wir den Spagat zwischen sittenwidrig niedrigen Löhnen und sittenwidrig hohen Abfindungen und Vergütungen aushalten können. ... Im vorigen Jahrhundert endete das gelegentlich tödlich. In diesem Jahrhundert kann es dazu führen, dass nicht nur in den Pariser Banlieues [Vorstädte] die Autos brennen, sondern auch in Hamburg-Blankenese oder München-Bogenhausen. ... Ich wundere mich, wie gering bei vielen [Managern] das Verständnis dafür ist, dass sie sich selbst und ihrer Zunft schaden. Mit ihrer Maßlosigkeit bei den Gehältern und Abfindungen schaffen sie sich Gegner, an denen sie und der Finanzkapitalismus irgendwann zugrunde gehen können.

Interview mit dem zum Zeitpunkt des Gesprächs amtierenden Finanzminister Peer Steinbrück, in: stern.de, veröff. am 11.04.2009 unter: http://www.stern.de/politik/deutschland/finanzminister-peer-steinbrueck-die-krise-fordert-geduld-660580.html

Das Thema Werteverfall wird nicht nur im Zusammenhang mit Jugendlichen diskutiert. Zwischenzeitlich werden alle gesellschaftlichen Gruppen einbezogen – auch die Spitzenmanager in der Wirtschaft. Die Kritik an ihnen entzündet sich unter anderem an dem explosionsartigen Anstieg ihrer Vergütungen. Ein Vorstandsvorsitzender eines DAX-Unternehmens verdiente 2005 durchschnittlich 3,9 Millionen Euro: fast 150-mal so viel wie ein durchschnittlich verdienender Arbeitnehmer. Im Jahr 1997 betrug das Gehalt in der Vorstandsetage der größten deutschen Bank das Fünfzigfache des durchschnittlichen Bruttoverdienstes eines Arbeitnehmers in Deutschland, 1998 bereits das Achtzigfache, 1999 das Zweihundertfache und heute fast das Dreihundertfache. Dieser Lohnunterschied gilt vielen als ungerechtfertigt, ja sogar unanständig und als Gefahr für den inneren Zusammenhalt der Gesellschaft – zumal die Arbeitnehmer in den vergangenen Jahren kaum Lohnzuwächse zu verzeichnen hatten.

Bedrohlich gilt dieses Verhalten der Wirtschaftseliten wegen der gesellschaftlichen Vorbildfunktion, die ihnen zugesprochen wird: Was Führungskräfte missachten, können sie von ihren Mitarbeitern nicht einfordern. Hinzu kommt, dass eine effiziente Wirtschaft auf dem gegenseitigen Respekt und der Fairness der Marktteilnehmer beruht. Ohne den „ehrbaren Kaufmann“, ohne Anstand und Loyalität bricht die Vertrauensbasis der Wirtschaft weg und mit ihr der Wohlstand der Menschen. Der innere Frieden wird zerrüttet und mit ihm die Demokratie. Appelle an die Moral der Eliten gelten jedoch als wenig hilfreich: Auch Führungskräfte sind Menschen und damit verführbar. Gefordert werden deshalb verbindliche Regeln, die den Egoismus zügeln und das Gemeinwohl stärken.

M 6 Die liberale Wirtschaft funktioniert nur, wenn die Verantwortlichen einem informellen Wertekanon folgen!

Ein massiver Vertrauensverlust hat die Wirtschaft erfasst, in Europa wie in den USA. Die Krisensymptome sind unübersehbar: Die Finanzmärkte zweifeln an der Glaubwürdigkeit von Managern und Wirtschaftsprüfern. Auf Firmenbilanzen ist kein Verlass mehr. Die Bürger zweifeln an der Integrität von Managern und Politikern. ... Die alten Spielregeln haben an Bedeutung verloren. Anstand, Rechtschaffenheit, Ehrlichkeit, Fairness – diese Werte sind einem rigorosen Egoismus gewichen, der bisher sicher geglaubte Schranken durchbricht. Und es sind gerade die Eliten der Wirtschaft, die zunehmend als Vorbilder versagen. ... Die liberale Wirtschaft funktioniert nur, wenn die Verantwortlichen einem informellen Wertekanon folgen. Rechnungen werden (prompt) bezahlt; Verträge eingehalten; Mitarbeiter, Aktionäre, Wettbewerber, Kunden, Zulieferer und das Finanzamt fair behandelt. Nur wenn sich die große Mehrheit an diese Regeln hält, funktioniert die Wirtschaft reibungslos. Nehmen jedoch die Verstöße überhand und wird Raffgier zum dominierenden Verhaltensmuster – dann wird die Effizienz insgesamt gemindert. Studien der OECD und des Internationalen Währungsfonds (IWF) zeigen: Gesellschaften mit einem hohen Vertrauenspotenzial wachsen schneller. Moral – das ist ein wichtiger Standortfaktor, volkswirtschaftlich gesehen. Aus betriebswirtschaftlicher Sicht ist Moral ein Erfolgsfaktor erster Güte. Mitarbeiter, die bereit sind, untereinander und mit dem Management zu kooperieren, sind produktiver, so eine IWF-Studie. Wer Kunden und Zulieferern trauen kann, hat mehr Planungssicherheit. Eine korruptionsarme Wirtschaft sorgt dafür, dass es im Wettbewerb um die besten Produkte geht, nicht um die besten Kontakte. Staatsausgaben fließen in effizientere Projekte. Der internationale Vergleich zeigt: Zwischen Korruption und Wohlstand gibt es einen eindeutigen Zusammenhang. Besonders sensibel reagieren die Börsen. Wo Misstrauen herrscht, steigen die Zinsen. Die Unternehmensfinanzierung wird teurer – Moral ist auch ein Shareholder-Value-Thema.

Müller, Henrik; Rust, Holger; Schmitt, Jörg: Sittenverfall, in: manager magazin, Heft 6/2002, S. 138

M 7 Regeln statt Moral – die bessere Variante in der Krise

Als hätten diese Leute bloß vergessen, was Moral ist. Unfug. Moral ist zwar existent, aber sie ist statistisch „normal verteilt": Manche haben mehr, manche weniger davon abbekommen. Einer hat nicht weniger Moral, weil er Banker ist. Aber der Anteil der Banker, die im Zuge der „Normalverteilung" einen geringeren Zuschlag an Moral bekommen haben, werden sich austoben, sobald es die Rahmenbedingungen zulassen. Dasselbe gilt für den Politiker, den Polizisten, den Soldaten, den Meister im Betrieb, den Abteilungsleiter bis hin zum Kassenangestellten der Bahn. Deren effektive Handlungsbedingungen lassen ihre (Un-)Moral zum Vorschein kommen oder halten sie im Zaum.

Als wäre je zu Menschenzeiten eine Änderung der moralischen Qualität dadurch erreicht worden, dass man Moral thematisierte. Moral ist – um eine willkürliche Zahl zu nennen – zu 90 Prozent naturgegeben und zu zehn Prozent gestaltbar. Man kann das Thema von beliebig vielen Blickwinkeln betrachten: Es kommt immer dasselbe dabei heraus. Haben 2 000 Jahre Christentum die menschliche Moral gehoben? Nein. Haben humanistische Appelle der Klassik oder des Humanismus die Moral verbessert? Nein. Hat es die Philosophie erreicht? Nein. Die Anrufung der Vernunft? Nein.

Die größten Ausfallerscheinungen in Sachen Moral sind immer dann aufgetreten (und werden es bis zum Ende aller Tage tun), wenn es einen Handlungsrahmen gab oder gibt, der die Ausfälle zugelassen oder gar befördert hat, sei dies nun eine christliche Weltanschauung, die zu den Kreuzzügen geführt hat; die stalinistischen Säuberungen; die nationalsozialistische Freigabe der Hetzjagd auf Juden; die Apartheitspolitik Südafrikas oder die der USA bis in die 60er etc. pp. Der Staat und/oder die Gesellschaft haben sich dabei je Rahmenbedingungen gegeben, die solche Ausfallserscheinungen sanktionsfrei werden ließen oder honoriert haben.

Moral ist, um es abzukürzen, die konkrete Verhaltensweise angesichts bestimmter Rahmenbedingungen zulässigen Handelns. Je feiner und besser komponiert das Regelwerk zur Begrenzung – man könnte auch sagen: zur Befriedung – des Einzelnen, desto „höher" die resultierende Moral. Darin liegt seit jeher die Herausforderung und das Dilemma der Demokratie: Das Austarieren von individueller Freiheit und nötiger Beschränkung. Das wussten die Verfassungsväter der USA besser als alle anderen und komponierten daraus das System der *checks and balances*. Selbstverständlich: keine Garantie für makelloses Gelingen. Aber vom Grundsatz her der bestmögliche Versuch.

Es sollte endlich Schluss sein mit dieser Augenwischerei, die mit der irreführenden Anrufung von „Moral" betrieben wird. Man erstelle kluge Regelwerke (wozu zum Beispiel eine funktionierende Bankenaufsicht gehört) ... und die Moral stellt sich von alleine wieder ein. Das gilt für den Neokapitalismus insgesamt: Er war gekennzeichnet durch ein Übermaß an Freiheiten. Die aber hat schon immer ihre Kinder gefressen. Zäumt die Gier, aber kommt ihr nicht mit der Moral! Wie sagte Schopenhauer zurecht: „Wenn Erziehung und Ermahnung irgendetwas bewirkten, wie könnte dann ein Nero der Schüler Senecas seyn?" Die Moralapostel von Berufs wegen, also die Kirchenleute, Politiker, Philosophen und Gutmenschen werden dieser Chimäre weiter mit Ausdauer nachjagen. Fangt den Hut! Und sagt mir, wenn ihr sie gefunden habt, Eure herbeigeredete flächendeckende Moral.

Blogbeitrag: schlesinger: Regeln statt Moral – die bessere Variante in der Krise, in: der Freitag, veröff. am 19.05.2009 unter: http://www.freitag.de/community/blogs/schlesinger/regeln-statt-moral-die-bessere-variante-in-der-krise

1. Erörtern Sie die Bedeutung ethischer Werte im Verhalten der Wirtschaftselite für die Funktionsfähigkeit des Marktes und den Bestand der demokratischen Ordnung.

2. Nach der Verordnung zum Finanzmarktstabilisierungsgesetz erhalten Unternehmen keine staatlichen Finanzhilfen, wenn die Mitglieder der obersten Führungsebene eine unangemessene Gesamtvergütung erhalten. Als unangemessen gilt eine Vergütung, die den Betrag von 500 000 Euro pro Jahr übersteigt. Diskutieren Sie diese Regelung unter Einbindung der folgenden Auffassung eines Arbeitnehmervertreters im Aufsichtsrat der BASF, der über die Höhe der Vorstandsgehälter entscheidet:
„Ich halte die Gehälter der Vorstandsmitglieder bei der BASF für gerechtfertigt. ... Die Vergütung muss die hohe Verantwortung berücksichtigen. Dazu kommt das hohe Risiko – und das Risiko, diese Stellung zu verlieren. ... Ob da nun eine halbe Million oder drei Millionen Euro angemessen sind, das ist ein schwieriges Feld, das nur von wenigen richtig beleuchtet werden kann. Jedenfalls kann ein Weltkonzern keine niedrigen Gehälter zahlen, denn sonst bekommt er nicht die besten Leute."

Interview mit Robert Oswald: in: Sächsische Zeitung, veröff. am 12.12.2007 unter: http://www.sz-online.de/nachrichten/artikel.asp?id=1688265

2.2 Werte im Wandel

Der Wertewandel als Ausdruck der Moderne

Der Begriff der **Moderne** (lat. modo = eben, jetzt) steht für das Neue im Denken und Handeln der Menschen, das um 1500 n. Chr. durch einen Bruch mit dem Mittelalter entstanden ist, wobei das Wort „Moderne" auch auf andere Zeiten, z. B. Vergangenheit – Gegenwart, bezogen wird. Sieht sich der Mensch im Mittelalter noch als Teil einer gottgewollten Ordnung, in der ihm ein fester Platz mit klaren Verhaltensvorgaben zugewiesen ist, begreift er sich in der Neuzeit als Individuum, das aus eigenem Denken heraus handelt. Verschiedene Faktoren führen zur Abkehr vom mittelalterlichen Denken. Die **Reformation** spielt dabei eine wichtige Rolle. Sie führt zur Kirchenspaltung und damit zur Zersplitterung der Instanz, die nach mittelalterlichem Verständnis als „Sprachrohr" Gottes für die Festlegung der „Wahrheit" zuständig ist. Die Frage nach dem rechten Glauben muss der Mensch nun für sich selbst beantworten. In diesem Zustand des Zweifelns sieht der Philosoph **René Descartes** den eigentlichen Beginn des Menschseins, weil sich durch ihn der Einzelne als selbstverantwortliches Individuum bewusst wird („Cogito ergo sum" = „Ich denke, also bin ich"). Der Aufklärer **Immanuel Kant** trägt diesen Gedanken mit der Feststellung weiter, dass der Mensch zwar ein vernunftbegabtes Wesen ist, also prinzipiell denken kann, aber aus Faulheit und aus Feigheit dem nicht nachkommt. Diesem Zustand der selbstverschuldeten Unmündigkeit entkommt er nach Kant nur, wenn er in die Freiheit entlassen wird und dann aus eigener Kraft sein Leben gestalten muss.

Die Idee der Aufklärung leitet einen Prozess ein, der das Leben der Menschen in allen Bereichen der Gesellschaft zunehmend von Vorgaben befreit und der Eigenverantwortung unterstellt (**Individualisierung**): Der Wissenschaftler wird von religiösen Vorgaben entbunden und setzt seine ethischen Maßstäbe selbst fest. Die Zunftordnung wird durch die Gewerbefreiheit ersetzt und macht die Wettbewerbsfähigkeit zur Sache des einzelnen Handwerkers. Der unfreie Bauer wird schließlich zum „freien" Lohnarbeiter und handelt seine Arbeitsbeziehung mit dem Arbeitgeber selbst aus. Die politische Herrschaft wird dem Volk übertragen und stellt den einzelnen Bürger in die politische Verantwortung. Insgesamt wächst die Verschiedenartigkeit der Lebensgestaltung und damit die Vielfalt der Lebenssituationen (**Pluralisierung**): Die Gesellschaft differenziert sich aus und lässt neue Interessen und Wertvorstellungen entstehen.

Die Individualisierung ist ein offener Prozess und setzt sich bis in die heutige Zeit fort. So kommt unter US-Präsident Ronald Reagan und der britischen Premierministerin Margaret Thatcher in den 80er-Jahren des vorigen Jahrhunderts international eine Politik zum Durchbruch, die im Rückzug des Staates aus dem wirtschaftlichen Geschehen die besten Chancen für Wachstum und Wohlstand der Bevölkerung sieht (**Deregulierung**). In der Folge werden die nationalen Märkte von Regelungen „befreit", die die Marktkräfte im Sinne politischer Ziele zügeln. Diese Öffnung der Märkte vertieft die internationale Verflechtung und schafft einen europäischen (**EU-Binnenmarkt**) beziehungsweise globalen Wirtschaftsraum (**Globalisierung**). Gestützt wird diese Auffassung vor allem durch die Wirtschaftswissenschaftler Friedrich August von Hayek und Milton Friedman, für die die Freiheit der Marktkräfte die einzige Garantie für wirtschaftliche Effizienz ist (**Neoliberalismus**).

1. **Erläutern Sie den geistesgeschichtlichen Hintergrund der Modernisierung.**
2. **Zeigen Sie Beispiele für die Individualisierung in heutiger Zeit auf.**

Die Kehrseite der Freiheit – der Verlust an Sicherheit

Die Modernisierung verläuft nicht konfliktfrei. So verschafft der Europäische Binnenmarkt durch die Aufhebung nationaler Beschränkungen des Arbeitsmarktes dem einzelnen Arbeitnehmer zwar einen größeren beruflichen Handlungsraum, setzt ihn aber auch gleichzeitig der grenzüberschreitenden Konkurrenz der Arbeitskräfte aus. Wer dem nicht gewachsen ist, gehört schnell zu den Verlierern der Modernisierung. Ihre Frustration kann leicht zu politischen Strömungen führen, die die gewonnenen Freiheiten wieder zurükkschrauben und durch repressivere Strukturen ersetzen wollen (**Gegenmoderne).**

M 1 „Eine quasi revolutionäre Situation"

Durch die europäischen Länder läuft eine gemeinsame Konfliktlinie. Auf der einen Seite diejenigen, die ihre berufliche Existenz weitgehend territorial definieren, also nur in Deutschland oder nur in Österreich beruflich tätig werden können und den staatlichen Schutz als Voraussetzung ihrer Existenzsicherung wahrnehmen. Die sind sehr defensiv eingestellt, reagieren auf rechte Parolen und fordern vom Staat, sie gegen Konkurrenten anderer Länder zu schützen. Auf der andere Seite jene, auch relativ große Gruppe, die in der Lage ist, sich grenzübergreifend neue berufliche Chancen zu eröffnen. Ich glaube ohnehin, dass dies in der Epoche der Globalisierung zu einem zentralen Statusmerkmal wird. Es wird zu einer Polarisierung kommen zwischen denen, die Globalisierung als Chance nutzen und jenen, die sich dadurch in ihrer materiellen Existenz bedroht sehen. Das ist eine Spaltung der Gesellschaft.

Interview mit dem Soziologen Ulrich Beck, in: Tom Schimmecks Archiv, veröff. am 01.05.2009 unter: http://www.schimmeck.de/Texte/beck.htm

Mit dem Ausbruch der Weltwirtschaftskrise 2008 ist die Politik der Modernisierung auch grundsätzlich in die Kritik geraten. Sie wird für den größten wirtschaftlichen Zusammenbruch seit der Weltwirtschaftskrise 1929 verantwortlich gemacht. Bemängelt wird vor allem der Glaube, dass der Markt immer wieder aus sich selbst heraus zum Gleichgewicht findet. Demgegenüber wird heute wieder vielfach die Überzeugung vertreten, dass der Markt festen Regeln unterworfen werden muss, um die Gesellschaft vor seiner zerstörerischen Kraft zu schützen. Ob dies allerdings gelingt, wird infrage gestellt, da globale Märkte nur durch globale Regeln von globalen Institutionen im Zaum gehalten werden können.

M 2 „Eine Volkswirtschaft steckt die andere an"

Der Prozess der Entgrenzung, wie wir ihn seit dem Mauerfall erlebt haben, wird sich wohl kaum so fortsetzen. Der Glaube ist erschüttert, dass freie Märkte die Probleme der Menschen lösen, dass es also allen besser geht, wenn wir nur den Markt sich selbst überlassen. ... Es gibt zweifellos Gewinner, denen sich neue berufliche Perspektiven eröffnet haben. Aber nach unseren Untersuchungen überwiegt die Zahl der Verlierer. ... Es sind alle Menschen, die in den vergangenen Jahren bereits Einkommenseinbußen hinnehmen mussten und deren Existenzgrundlage nun bedroht ist. Die Globalisierung hat das Versprechen auf stetig wachsenden Wohlstand für viele ins Gegenteil verkehrt. ... Andererseits kann sich kein Land vom globalen Trend abkoppeln, eine Volkswirtschaft steckt die andere an. Die Interdependenz, auch was Terrorismus oder Klimawandel angeht, nimmt sogar noch zu. ... Leider sind wir gedanklich völlig unvorbereitet in die Krise gegangen. ... Ich stelle nur fest, dass wir mit nationalstaatlichen Mitteln versuchen, auf globale Risiken zu reagieren. Es ist die große Illusion dieser Epoche, sich davon Erfolg zu versprechen. Nationale Antworten helfen uns in einer so vernetzten Welt nicht weiter.

Interview mit dem Soziologen Ulrich Beck, in: SPIEGEL ONLINE, veröff. am 22.03.2009 unter: http://www.spiegel.de/politik/deutschland/0,1518,614328,00.html

1. **Begründen Sie die in M 1 erhobene These, dass die Modernisierung die Gesellschaft spaltet.**
2. **Erörtern Sie die These, dass die Modernisierungsprobleme mit nationaler Politik nicht lösbar sind (M 2).**

Erziehungsziele im Wandel

M 3

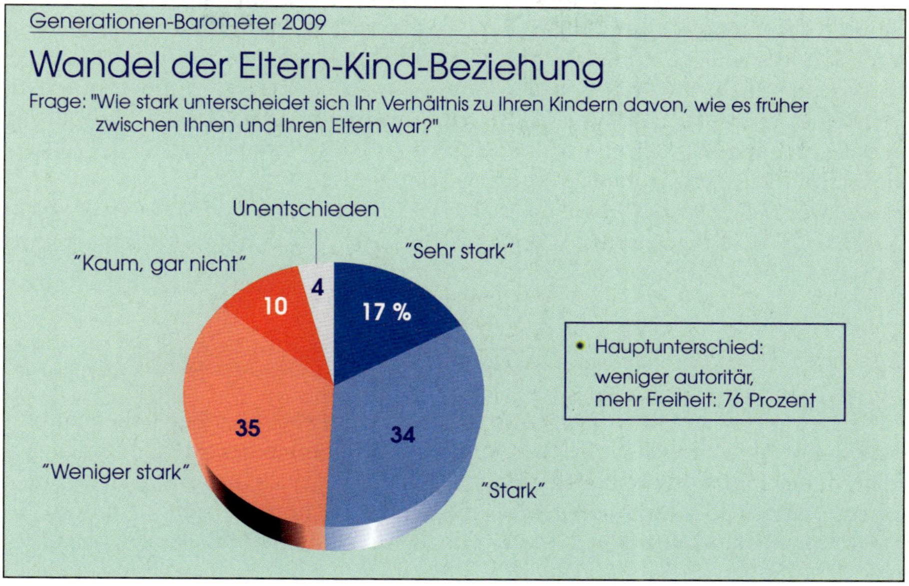

Basis: Bundesrepublik Deutschland, Eltern.
Quelle: Allensbacher Archiv, IfD-Umfrage 5256, Februar/März 2009 © IfD-Allensbach

Die Erziehung ist heute weitaus mehr darauf ausgerichtet, Fähigkeiten zu entfalten, Durchsetzungsfähigkeit und Willensstärke zu fördern, und bewertet Emotionen positiver.

Erziehungsziele, die zurücktreten, sind u.a.

- Fleiß
- Anpassungsbereitschaft
- Bescheidenheit
- religiöse Orientierung

Köcher, Renate: Generationen-Barometer 09, Berlin, 08.04.2009, Zugriff am 09.12.2009 unter: http://www.familie-stark-machen.de/files/generationenbarometer09-pressemappe.pdf

Wertewandel und Erziehung sind eng miteinander verknüpft, weshalb die Erziehungsziele der Eltern regelmäßig abgefragt werden. Im Spannungsfeld von „Gehorsam und Unterordnung" und „Selbstständigkeit und freier Wille" geben sie an, was sie für ihre Kinder eher anstreben. Lagen in den 50er-Jahren beide Erziehungsziele noch gleichauf, hat bis heute die freiheitsbezogene Orientierung die autoritäre weit überflügelt. Die Erziehungsziele spiegeln jedoch noch nicht die Erziehungsrealität wider. Diese wird von der individuellen Geschichte der Eltern, ihrem Bildungsstand und ihrer augenblicklichen Lebenssituation geprägt. Einen großen Einfluss hat aber auch die öffentliche Debatte über die „richtige" Erziehung. Hier besteht die Gefahr, dass kriminelle Einzelfälle verallgemeinert und die auf Selbstverwirklichung ausgerichtete Erziehung pauschal für negative gesellschaftliche Auswüchse verantwortlich gemacht werden.

M 4 Ursachen für den Wandel der Erziehungsziele

Die Wahrscheinlichkeit ist sehr hoch, dass ... drei Generationen ... wesentlich andere Vorstellungen von Kindererziehung haben beziehungsweise hatten. Dies liegt zum einen daran, dass das jeweilige politische und ökonomische Umfeld ein ganz anderes war, und zum anderen auch daran, dass viele technische und praktische Hilfsmittel, die heute selbstverständlich sind, in der ersten Hälfte des vergangenen Jahrhunderts noch nicht zur Verfügung standen. ... Die Einstellung, dass sich Kinder beim Spielen ruhig auch mal schmutzig machen können ..., wird natürlich durch das Vorhandensein von Waschmaschinen und relativ preisgünstiger Kinderkleidung unterstützt.

Leyendecker, Birgit; Drießen, Ricarda: Erziehungsvorstellungen von jungen Eltern: Wie soll mein Kind einmal werden?, in: Das Familienhandbuch des Staatsinstituts für Frühpädagogik (IFP),veröff. am 06.03.2007 unter: http://www.familienhandbuch.de/cms/Erziehungsfragen-Erziehungsvorstellungen.pdf

M 5 Stehen wir vor einer Werterenaissance?

... [Es] verwundert nicht, dass gelegentliche Meldungen über eine Wiederbelebung „traditioneller“ Werte von vielen mit Zustimmung und Gefühlen der Erleichterung begrüßt werden. In der Tat hat in der Bevölkerung die Meinung deutlich zugenommen, auf „traditionelle“ Werte wie „Moral“, „Pflichtbewusstsein“, „Recht und Ordnung“ sowie „Fleiß“ werde in Deutschland zu wenig Wert gelegt. ... Die Gesellschaft im Ganzen beginnt sich als eine Egoistengesellschaft zu verachten, wie man feststellen kann, wenn man die Menschen fragt, was sie von „den anderen“ halten. Umfrageergebnisse, die auf dieser Grundlage aufbauen, sind nicht in erster Linie als Indikatoren einer Werterenaissance zu interpretieren, sondern bilden vielmehr ein massenhaftes Nachvollziehen der schlechten Nachrichten ab, die Meinungsführer im Lande seit Längerem verbreiten.

Klages, Helmut: Brauchen wir eine Rückkehr zu traditionellen Werten?, in: Aus Politik und Zeitgeschichte, B 29/2001, Zugriff am 05.12.2009 unter: http://www.bpb.de/publikationen/OFHC1R,1,0,Brauchen_wir_eine_R%FCckkehr_zu_traditionellen_Werten.html#art1

M 6

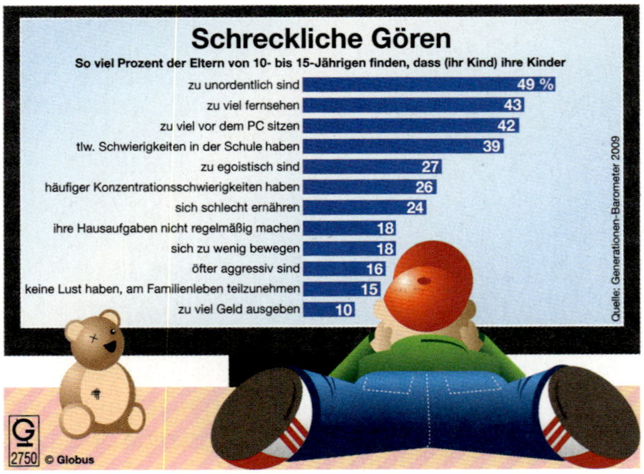

1. **Erläutern Sie an Beispielen den Wandel in der Erziehung.**
2. **Entwerfen Sie einen Leserbrief, in dem Sie zu der Forderung Stellung beziehen, die Erziehung wieder stärker an Werten wie Gehorsam und Unterordnung auszurichten.**

Wertetypen im Wandel

M 7

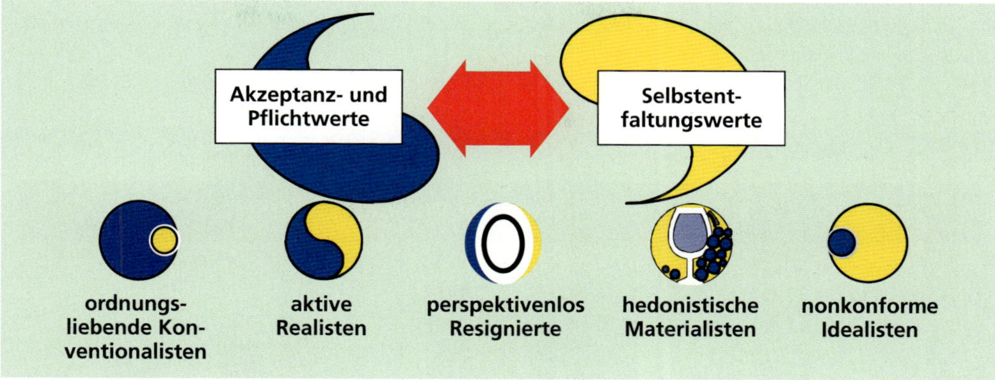

© *Bernd Utpatel*

Um den Wandel von Werteinstellungen messen zu können, wurden fünf Wertetypen entwickelt. Ausgangspunkt der Typisierung ist der Wertekonflikt zwischen Akzeptanz- und Pflichtwerten einerseits und der Selbstentfaltung andererseits. Bei den ordnungsliebenden Konventionalisten dominiert das erstere, bei den nonkonformen Idealisten das zweite. Aktive Realisten suchen einen Kompromiss zwischen beiden Seiten, während sich die hedonistischen Materialisten opportunistisch dem anpassen, was ihnen gerade die größte Steigerung ihres Lebensgenusses verspricht. Die perspektivenlos Resignierten orientieren sich weder an der einen noch an der anderen Seite. Sie sind durch einen Werteverlust gekennzeichnet. Die Wertetypen repräsentieren damit unterschiedliche Fähigkeiten und Neigungen, sich produktiv und sozialverträglich den Herausforderungen des Modernisierungsprozess in der Gesellschaft zu stellen.

M 8 Der aktive Realist als Sollprofil menschlicher Handlungsfähigkeiten

Vorrangig *traditionell* orientierte Menschen … halten sich eher ans Bewährte und lassen wenig Neigung zur Selbstständigkeit und Risikofreude erkennen. Vorrangig *hedonistisch* und *materiell* Orientierte … sind zwar flexibel. Die Dominanz des Lustprinzips und Jagd nach schnellen Gewinnen lassen sie jedoch nicht selten die Grenzen des sozial und legal Verträglichen austesten. Vorrangig *idealistisch* Eingestellte … sind zwar verbale Fortschrittsbejaher, stehen jedoch wegen ihrer oft ideologisch geprägten Sichtweise der Realität der Modernisierung frustrationsanfällig gegenüber. *„Perspektivenlos Resignierte"* … sind die eigentlichen „Stiefkinder" des gesellschaftlichen Wandels; Rückzug, Passivität und Apathie sind für sie typisch. *Aktive Realisten* können dagegen von ihrer mentalen Grundausstattung her am ehesten als hochgradig modernisierungstüchtige Menschen charakterisiert werden. … Menschen, die dieser Gruppe angehören, sind in der Lage, auf verschiedenartigste Herausforderungen „pragmatisch" zu reagieren, gleichzeitig aber auch mit starker Erfolgsorientierung ein hohes Niveau an „rationaler" Eigenaktivität und Eigenverantwortung zu erreichen. Sie sind auf eine konstruktiv-kritikfähige und flexible Weise institutionenorientiert und haben verhältnismäßig wenige Schwierigkeiten, sich in einer vom schnellen Wandel geprägten Gesellschaft zielbewusst und mit hoher Selbstsicherheit zu bewegen. Mit allen diesen Eigenschaften nähern sie sich am ehesten dem Sollprofil menschlicher Handlungsfähigkeiten unter den Bedingungen moderner Gesellschaften an.

Klages, Helmut: Brauchen wir eine Rückkehr zu traditionellen Werten?, in: Aus Politik und Zeitgeschichte, B 29/2001, Zugriff am 05.12.2009 unter: http://www.bpb.de/publikationen/OFHC1R,1,0,Brauchen_wir_eine_R%FCckkehr_zu_traditionellen_Werten.html#art1

M 9

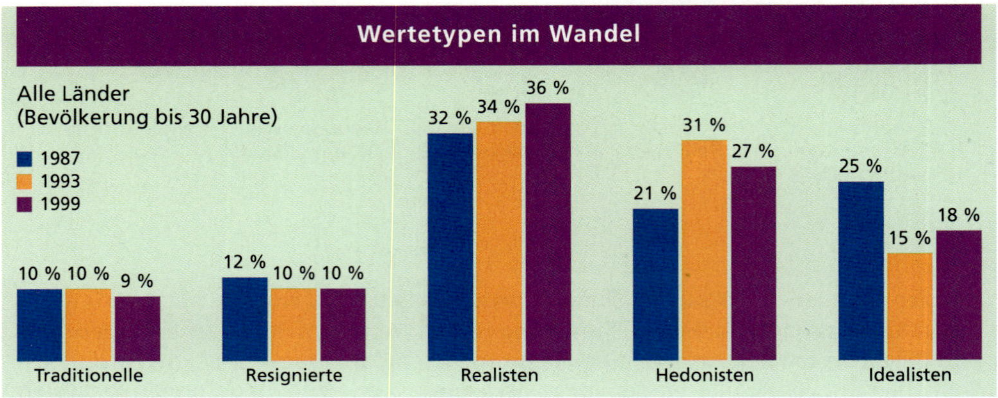

Klages, Helmut: Brauchen wir eine Rückkehr zu traditionellen Werten?, in: Aus Politik und Zeitgeschichte, B 29/2001, Zugriff am 05.12.2009 unter: http://www.bpb.de/publikationen/OFHC1R,1,0,Brauchen_wir_eine_R%FCckkehr_zu_traditionellen_Werten.html#art1

Der aktive Realist gilt als das Leitbild des Wertewandels. Die ihn prägende Wertesynthese hilft ihm, die Anforderungen einer modernen Gesellschaft zu ersetzen. Durch seine Fähigkeit, gegensätzliche Werte produktiv zu verbinden, setzt er sich kritisch von ideologischen Wertesystemen ab und stabilisiert so den Fortgang der Modernisierung. Umfragen der Werteforschung aus den 90er-Jahren zeigen, dass der aktive Realist in der Gesellschaft am stärksten verankert ist und an Bedeutung stetig zunimmt. Diese Entwicklung hält bis heute an (Shell-Studien). Dennoch muss sich die Gesellschaft zur Stärkung ihres inneren Zusammenhalts überlegen, wie sie den Trägern problematischer Werteorientierungen eine Wertehaltung ermöglicht, die die Wahrnehmung von Modernisierungschancen erlaubt. Dies gilt im besonderen Maße für die perspektivlos Resignierten, da sie sonst der Gesellschaft verloren gehen (**Exklusion**).

M 10 Erziehung zum aktiven Realisten

Zunächst spielt hierbei die Erfahrung stabiler familiärer Ordnungsstrukturen und intensive emotionale Zuwendung eine Rolle. ... Zu einer in ausreichendem Maße vorhandenen emotionalen und sozialen Vertrauensfähigkeit kommt bei aktiven Realisten etwas hinzu, was man als ein in der Grundstruktur der Persönlichkeit verankertes Bedürfnis nach produktiver Aktivität bezeichnen kann. Voraussetzung für die Entstehung dieses Bedürfnisses im Prozess der Primärsozialisation ist die Leistungserziehung im Elternhaus, d. h. also die angemessene und anspornende Übertragung von Aufgaben und Verantwortung, die immer wieder Erfolgserlebnisse ermöglicht und produktive Leistung zum verinnerlichten Bedürfnis der Person macht. Dass die „traditionell" erzogenen Konventionalisten zwar eine hohe Leistungsbereitschaft, aber keine Disposition zur Wertesynthese besitzen, kann unter Rückgriff auf die Psychoanalyse mit der Vermutung erklärt werden, dass Leistungsantriebe hier in erster Linie durch ein psychisch verinnerlichtes und allzu strenges Über-Ich ausgelöst werden, das stets zu folgsamer Pflichterfüllung ermahnt.

Klages, Helmut: Brauchen wir eine Rückkehr zu traditionellen Werten?, in: Aus Politik und Zeitgeschichte, B 29/2001, Zugriff am 05.12.2009 unter: http://www.bpb.de/publikationen/OFHC1R,1,0,Brauchen_wir_eine_R%FCckkehr_zu_traditionellen_Werten.html#art1

1. **Vergleichen Sie die Wertetypen im Hinblick auf ihre Rolle im Modernisierungsprozess der Gesellschaft.**
2. **Diskutieren Sie Wege, um den Wertetyp „aktiver Realist" in der Gesellschaft zu fördern.**

Wahlverhalten im Wandel

Die Modernisierung der Gesellschaft, die Herauslösung des Einzelnen aus traditionellen Lebenslagen, schlägt sich auch im Wahlverhalten der Bürger nieder. Insbesondere die großen Volksparteien sind davon betroffen. Sie sprechen gezielt soziale Milieus an und sind dort stark vertreten, wo diese dominieren. Die Sozialdemokratie bei den gewerkschaftlich organisierten Arbeitnehmern in den städtischen Industriegebieten, die Christdemokraten bei den religiös gebundenen Landwirten. Mit der Ausdifferenzierung der Lebenssituationen verändert sich das politische Wahrnehmungsmuster des Wählers: Neue Interessen entstehen und führen zur Bildung neuer politischer Gruppierungen, die Person der Politiker wird gegenüber der Programmatik wichtiger, weil der Wähler die Komplexität der politischen Probleme kaum mehr durchschaut.

M 11

Wähler sind nicht dümmer als früher

Das klassische Links-Rechts-Schema wie überhaupt das politische Koordinatensystem ist nicht mehr so klar wie noch vor Jahrzehnten. Damals lebten die Leute in festgefügten Strukturen und waren geprägt von weltanschaulichen Gruppen wie Kirchen oder Gewerkschaften. Heute ist die Gesellschaft differenzierter. Es gibt eine erhöhte soziale und politische Mobilität. Die Bereitschaft von Menschen, sich dauerhaft zu binden, hat abgenommen, im Privaten ja auch. Die Parteien sind da noch nicht so weit. ... Die traditionelle, übrigens ja viel kritisierte Parteiendemokratie wird sich wandeln müssen. Wie die Gesellschaft, so stehen auch die Parteien unter Modernisierungsdruck. Dabei ist Modernisierung an sich weder gut noch schlecht. Sie führt jedoch dazu, dass die Verhältnisse, dass der politische Prozess unübersichtlicher wird. Vor 40 Jahren hatte die „Tagesschau" noch die Möglichkeit, die Welt zu erklären. Heute können sich alle Bürger anders orientieren. Wir haben es mit einem deutlich veränderten Wähler zu tun, der sich in einer Multi-Options-Welt zurechtfinden muss: mit vielen Kanälen, nicht nur im Fernsehen, ohne Milieus, in die er hineingeboren wurde und die ihm feste Verhaltensmuster vermittelt haben. Verhaltenssicherheit nimmt mit der Komplexität der Verhältnisse ab ... [Die Wähler] reduzieren die Vielfalt und die Komplexität der Welt. Dazu gehört die Wahrnehmung von Politik über Personen, über eine allerdings nachlassende Parteiidentifikation, über Kompetenzzuschreibungen, über Vertrauens- und Sympathiezumessungen. Und im Wahlkampf spielt dann auch die politische Zuspitzung eine Rolle und nicht so sehr das politisch-programmatische Detail. Immer wichtiger werden kurzfristige Aspekte, zum Beispiel die aktuelle wirtschaftliche Lage. ... Die Kommunikationsanforderungen an politische Akteure sind ungleich höher als früher. Nicht nur im Wahlkampf, sondern über die ganze Legislaturperiode. Parteien müssen die Bürger mitnehmen. Aber ich habe den Eindruck, dass die Wählerinnen und Wähler viel weiter sind als die Parteien mit ihren verfestigten Strukturen. ... [Die veränderte Parteienlandschaft] signalisiert, dass das politische System auf komplexere gesellschaftliche Strukturen reagiert. Aber die Parteispitzen zementieren ihre Koalitionsoptionen und reduzieren so ihre Machtperspektiven. Das ist fast eine Art politischer Apartheid. Wenn der Wähler nun für ein anderes Resultat sorgt, als die Parteien sich das wünschen, produziert das automatisch Glaubwürdigkeitsverluste und Parteienverdruss.

Sarcinelli, Ulrich: Wähler sind nicht dümmer als früher, in: Die Rheinpfalz, 26.09.2009, S. 17

1. **„Wähler sind nicht dümmer als früher" – beziehen Sie zu dieser Aussage kritisch Stellung.**
2. **Entwickeln Sie Thesen, warum die Parteienlandschaft immer mehr zersplittert.**

2.3 Familie im Wandel

Funktionswandel der Familie

M 1 Welche Funktionen erfüllt Familie?

Familie steht immer für Bezogenheit auf andere Personen, ist somit ein Gegenspieler zum vorherrschenden Individualismus unserer Kultur. Die moderne Soziologie definiert Familie unter anderem als einen Mechanismus, mit dem man Güter herstellen kann, die es auf dem Markt sonst nicht gibt. Und das finde ich eine sehr interessante Definition. Da geht es um nicht kaufbare Eigenschaften – für den einen ist es Liebe, für den anderen Geborgenheit, für den dritten ist es einfach dieses Ausmaß an Vertrautheit, eine gemeinsame Zukunftsorientierung, das Teilen von Absichten. Das ist nicht dasselbe wie das, was wir mit unseren Freunden und Nachbarn teilen. Dieses Ausmaß an Vertraulichkeit hat man letztendlich erst wieder später, wenn man selbst eine Familie gegründet und mit Menschen lange zusammen gelebt hat.

Interview mit dem Psychologen Prof. Axel Schölmerich, in: wdr.de, veröff. am 13.01.2006 unter: http://www.wdr.de/themen/panorama/gesellschaft/familie/modelle/interview_psychologe.jhtml?rubrikenstyle=familie

Der Begriff „Familie" taucht im deutschen Sprachraum erst um 1700 auf und löste die bis dahin üblichen Ausdrücke „Haus", „Sippe" oder „Geschlecht" ab. Unter ihm werden zunächst alle Personen verstanden, die in einem engen wirtschaftlichen und sozialen Zusammenhang leben, also auch solche, die nicht zur Verwandtschaft gehören wie das

Gesinde, die Lehrlinge oder die Gesellen (Großfamilie). Als „Hausgenossenschaft" stellt sie alles her, was ihre Mitglieder zum Leben brauchen. Jedes Mitglied ist auf die Familie angewiesen und muss deshalb einen Beitrag leisten. Alle sind in den Arbeitsprozess fest eingebunden. Das gilt auch für Kinder und Alte.

Durch die industrielle Revolution wird der Einzelne von der Großfamilie unabhängig. Das Erwerbseinkommen erlaubt ihm, die lebensnotwendigen Güter als billige Massenware über den Markt zu besorgen: Die gesellschaftliche Arbeitsteilung tritt an die Stelle der familiären Eigenversorgung. Arbeiten und Wohnen werden zu getrennten Lebensbereichen. Die in der Regel enge Behausung in den Industriezentren führt zur Aufspaltung der Großfamilie in verschiedene Haushalte. Die wachsenden Einkommensunterschiede spiegeln sich im Lebensstil der Familien wider.

M 2 Die bürgerliche Familie im 19. Jahrhundert

Familie im 19. Jahrhundert

Der Mann übte in der Regel seinen Beruf außerhalb des Hauses aus und war alleine für das Familieneinkommen verantwortlich. Die Frau war ... aus der Berufswelt ausgeschlossen. Ihre Funktion reduzierte sich auf die Pflichten der Hausfrau und Mutter. ... Die Eltern sorgten sich mehr um ihre [der Kinder] Gesundheit und ihr Wohlergehen, wandten sich ihnen voller Liebe zu und freuten sich am Zusammensein mit ihnen. ... Da die Bestimmung der Frau die Ehe war, besuchten Mädchen zunächst nur wenige Jahre lang die Schule; später gewannen Lyzeen, Pensionate und Schulen für „höhere Töchter" an Bedeutung. Generell war die Erziehung darauf ausgerichtet, dass das Mädchen einen Haushalt führen, schwierige Handarbeiten ausüben, dem Mann das Leben versüßen und in der Gesellschaft mit Bildung, französischer Konversation und Talenten wie Klavierspiel und Gesang glänzen konnte. Kam eine Tochter ins heiratsfähige Alter, unterhielten die Eltern einen ausgiebigen Gesellschaftsverkehr (Tanztees, Hausbälle), um sie mit passenden jungen Männern bekannt zu machen. ... Oft wurden Ehen noch arrangiert, wobei – abgesehen von lieblosen Geldheiraten – aber großer Wert auf die Meinung der Tochter gelegt wurde. ... Genauso wie eine verheiratete Frau vor Scheidung sicher war, konnte sich eine verlobte auf das Wort des Mannes verlassen, da die Auflösung einer Ehe oder einer Verlobung gesellschaftlich geächtet wurde.

Textor, Martin R.: Geschichte der Familie – Familienbilder, in: Kindergarten/Sozialpädagogik, Homepage von Ingeborg Becker-Textor und Dr. Martin R. Textor, Zugriff am 05.12.2009 unter: http://people.freenet.de/Textor/Teil1.htm

M 3 Die Arbeiterfamilie im 19. Jahrhundert

Aufgrund des geringen Einkommens ihrer Männer, vereinzelt aber auch wegen deren Trunksucht mussten viele Frauen als Fabrikarbeiterinnen, Zugehfrauen, Wäscherinnen oder Heimarbeiterinnen berufstätig sein. ... Der Arbeitslohn diente also nicht der Emanzipation oder Selbstverwirklichung der Frau, sondern war für das Überleben der Familie

Im Streik, Gemälde von Hubert von Herkomer, 1889

unverzichtbar. ... Unverheiratete Frauen bekamen oft nicht eheliche Kinder – und mussten wie diese Diskriminierung und Stigmatisierung ertragen. ... Säuglinge wurden schnell abgestillt und dann von größeren Geschwistern betreut, die vielfach auch den Haushalt führen mussten. ... Ältere Kinder spielten stundenlang auf der Straße oder organisierten sich in Banden. ... Der Lebensstandard von Arbeiterfamilien war von der Ausbildung und dem Beruf des Mannes, der Arbeitsmarktlage, der Zahl der Erwerbstätigen und der Familiengröße abhängig. Den einen Pol des Spektrums bildeten gut gestellte Familien, ... in denen entsprechend dem bürgerlichen Familienideal (durch Schule, Zeitschriften und Anschauung auch in den unteren Schichten verbreitet) die Mütter daheim bleiben und die Kinder versorgen konnten. Den anderen Pol bildeten arme Familien, ... die in Einzimmerwohnungen oder feuchten Kellern hausten. ... Die übergroße Enge und das Fehlen einer Privatsphäre führten leicht zu Spannungen und Aggressivität, die unhygienischen Verhältnisse und die einseitige Ernährung zu Schwindsucht und Mangelkrankheiten. Aber auch unter diesen Bedingungen fanden sich Paare mit einem stabilen und gefestigten Familienleben, da die ständige Existenzbedrohung vielfach zu innerfamilialer Solidarität führte. Zudem handelte es sich bei Arbeiterehen in der Regel um Liebesheiraten, da die Eltern aufgrund der finanziellen Unabhängigkeit der jungen Leute und wegen der fehlenden Mittel für eine Mitgift kein Mitspracherecht bei der Partnerwahl besaßen. Vielfach nahm die Frau eine starke Stellung in der Familie ein, da sie zum Familieneinkommen beitrug und dieses auch verwaltete.

Textor, Martin R.: Geschichte der Familie – Familienbilder, in: Kindergarten/Sozialpädagogik, Homepage von Ingeborg Becker-Textor und Dr. Martin R. Textor, Zugriff am 05.12.2009 unter: http://people.freenet.de/Textor/Teil1.htm

1. **Vergleichen Sie die Familie im Bürgertum mit der in der Arbeiterschaft im 19. Jahrhundert.**
2. **Diskutieren Sie, welche Bedeutung die Familie in unserer Gesellschaft heute hat.**

Neue Formen der Familie

Mit der Modernisierung der Gesellschaft verliert die Familie als Versorgungsgemeinschaft an Bedeutung: Der aufkommende Sozialstaat unterstützt den Einzelnen in Krankheit und Alter sowie in den Notlagen des Lebens, und das moderne Familienrecht sichert den Unterhalt der Familie auch nach der Trennung der Familienmitglieder. Damit wird der Einzelne von der Familie wirtschaftlich unabhängiger. Folglich lässt auch der soziale Druck nach, in einer traditionellen „Normfamilie" aus Ehepaar mit

Kindern zu leben. Die anderen Familienformen wie die Einelternfamilie, die Stieffamilie oder das gleichgeschlechtliche Paar mit Kindern haben an gesellschaftlicher Akzeptanz gewonnen und sind rechtlich gleichgestellt.

Was die Familie in der Moderne im Wesentlichen zusammenhält, ist die gegenseitige gefühlsbezogene Zuneigung: Die Familie ist eine Gefühlsgemeinschaft. Dies macht das Familienleben nicht einfacher, denn bei jedem Konflikt droht die leicht mögliche Trennung. Verhindern kann dies nur, wer sich auf einen Ausgleich der Spannungen innerhalb der Familie einlässt.

M 4

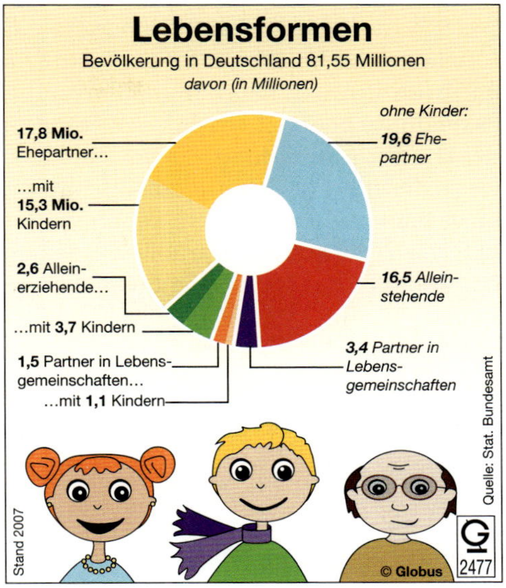

M 5

Die Liebe – Gott der Privatheit

[Was wir] tatsächlich durchleben, durchleiden, würde in der Biologie wohl Metamorphose heißen. Bei der Frage nach der Zukunft familialer Lebensformen wird oft entweder ein antiquierter Familienbegriff auf die Zukunft projiziert oder die Kernfamilie mit irgendeinem verschwommenen Zustand der Familienlosigkeit konfrontiert oder unterstellt, dass ein anderer Familientyp die Kernfamilie ersetzt. Wahrscheinlich ist, dass nicht ein Typus von Familie einen anderen verdrängt, sondern eine große Variationsbreite von familialen und außerfamilialen Formen und Netzwerken des Zusammenlebens nebeneinander entsteht und besteht. Charakteristischerweise werden viele davon – Single-Dasein, voreheliches, nacheheliches, nebeneheliches Zusammenleben, mehrere Elternschaften über ein oder zwei Scheidungen hinweg usw. – als verschiedene Phasen in einen Lebenslauf integriert werden. Was sich dabei allerdings fast durchgängig zeigt, ist der Zwang und Wunsch, ein eigenes Leben zu führen, innerhalb und außerhalb von Ehe, Nichtehe, Nochehe, Neuehe. „Eigenes Leben" darf nicht mit Egoismus, Politiklosigkeit, Desengagement gleichgesetzt werden. Vielmehr entsteht gerade hier ein oft nerviges Ringen um neue Formen und Institutionen des Zusammenlebens und Gemeinwohls. Die scheidungsbedingte „postfamiliale Familie" kann sehr wohl als Ausdruck dieser Suche gelten.

Beck, Ulrich: Die Liebe – Gott der Privatheit. Über das Ringen um neue Formen des Zusammenlebens von Mann und Frau, in: Neue Zürcher Zeitung, veröff. am 03.09.2006 unter: http://www.nzz.ch/2006/09/23/zf/articleEHLP9.html

1. **„Familie ist dort, wo Kinder sind!" Beziehen Sie zu dieser These kritisch Stellung.**
2. **Charakterisieren Sie die Erwartungen an die Mitglieder einer modernen Familie.**

Ehescheidung

Die Ehe ist durch Artikel 6 Grundgesetz (GG) besonders geschützt und wird durch das Familienrecht im Bürgerlichen Gesetzbuch (BGB) geregelt. Sie gilt als lebenslanges Rechtsinstitut und kann deshalb nur durch den Tod oder durch ein richterliches Urteil (Scheidung) beendet werden. Als Tatbestand der Scheidung kommt nur die Zerrüttung der Ehe zur Anwendung, ein Verschulden bleibt ohne Belang. Eine Zerrüttung liegt vor, wenn die eheliche Lebensgemeinschaft nicht mehr besteht und eine Wiederherstellung nicht mehr zu erwarten ist. Leben die Ehegatten bereits seit einem Jahr getrennt, so kann die Zerrüttung festgestellt werden, sofern diese als „nicht heilbar" angesehen wird. Zuständig ist das Amtsgericht (Familiengericht).

M 6

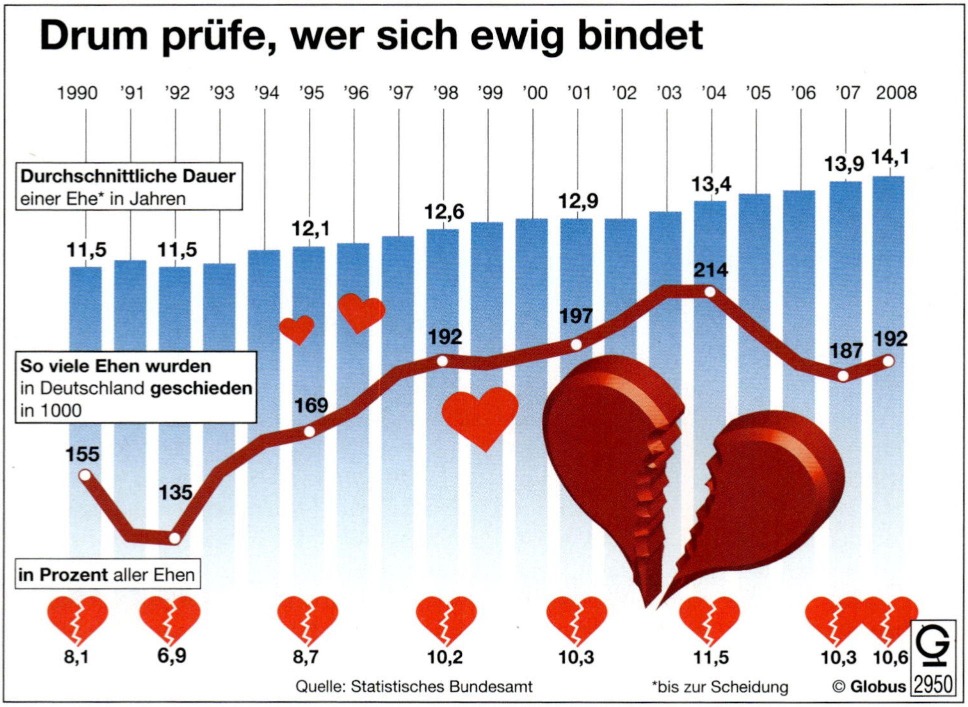

Mit dem Scheidungsverfahren erfolgt ein finanzieller Ausgleich zwischen den Ehepaaren. Der Gesetzgeber hat zwar Regelungen festgelegt, von diesen kann aber einzelvertraglich abgewichen werden. So steht das in der Ehe erworbene Vermögen beiden Ehepartnern als Zugewinngemeinschaft zur Hälfte zu (**Vermögensausgleich**). Der besser verdienende Ehepartner hat dem anderen einen Unterhalt zu zahlen, wenn dieser durch die Scheidung unverschuldet in Not gerät (**Unterhaltsausgleich**). Die in der Ehe erworbenen Rentenansprüche sind hälftig aufzuteilen (**Versorgungsausgleich**). Darüber hinaus sind die elterliche **Sorge**, der **Unterhalt für die Kinder** sowie der **Betreuungsunterhalt** für den erziehenden Ehepartner zu vereinbaren. Trotz dieser Regelungen führt die Scheidung oftmals zur Geldnot, da bei gleichem Verdienst zwei Haushalte zu finanzieren sind. 15 Prozent aller überschuldeten Haushalte geben als Grund ihrer Finanzsituation die Scheidung an.

M 7 Wer ist von Scheidung betroffen?

Ähnlich wie bei der Schließung von Ehen zeigen sich auch bei Ehescheidungen gewisse Einflüsse ungleicher Lebensbedingungen. Anders als bestimmte Bereiche von Prominentenscheidungen in Massenmedien vermuten lassen, werden mit steigendem Status der Ehepartner Scheidungen seltener und nicht häufiger. Die höheren Alltagsbelastungen in den unteren Schichten tragen zum Zerbrechen von Beziehungen bei. Allerdings sollte man diese Tendenzen nicht überbewerten. Andere Faktoren haben einen größeren Einfluss als ungleiche Lebensbedingungen: Kinderlose und in Städten lebende Eheleute sowie berufstätige Frauen werden wesentlich häufiger geschieden als kinderreiche und auf dem Land lebende Ehepartner sowie Hausfrauen.

Hradil, Stefan: Soziale Ungleichheit in Deutschland, 8. Aufl., Opladen, Leske und Budrich, 2001, S. 444 f.

1. **Wegen des Rechtsanspruchs auf einen Kindergartenplatz wurde die finanzielle Unterstützung des Staates für die Betreuung der Kinder zeitlich auf die ersten drei Lebensjahre des Kindes begrenzt. Diskutieren Sie die Neuregelung.**
2. **Fast jede dritte Ehe wird geschieden. Diskutieren Sie mögliche Ursachen.**

Zusammenfassung

Der Wandel der Gesellschaft hat auch immer Auswirkungen auf das Menschenbild. Mit dem Beginn der Neuzeit (ab ca. 1500) wird die Gesellschaft tief greifenden Veränderungen unterworfen, was sich nicht zuletzt in einer bewussten Individualität widerspiegelt. Die Menschen streben nach einem selbstbestimmten Leben. Im Zuge dieser Entwicklung werden sie aus Verhältnissen „befreit“, die ihnen durch gesellschaftliche Vorgaben die eigene Entscheidung abnehmen. Dieser Prozess der Individualisierung erzeugt eine Vielfalt von Lebensformen, Lebensstilen und Lebenslagen. So werden beispielsweise im Bereich von Ehe und Familie gegenseitige Abhängigkeiten verringert, die im Konfliktfall bisher als Klammer den Zusammenhalt gewährleistet haben. Neben die traditionelle „Normfamilie“ treten neue Formen des Zusammenlebens. Die Gleichzeitigkeit von alten und neuen Lebensentwürfen mit ihren unterschiedlichen Lebenseinstellungen ist nicht konfliktfrei. Die Spannung zwischen beiden Strömungen entlädt sich aus traditioneller Sicht häufig in dem Vorwurf, die Gesellschaft leide unter dem Verfall jener Werte, die ihren Bestand sicherten. Durch die Werteforschung wird dies jedoch nicht bestätigt. Zwischen den auf Tradition ausgerichteten Akzeptanzwerten und den auf die Überwindung von Beschränkungen ausgerichteten Selbstverwirklichungswerten hat sich ein Wertetyp (aktiver Realist) als dominant erwiesen, der es versteht, beide Seiten in sich auszubalancieren. Diese Wertesynthese macht ihn für das Neue aufgeschlossen, ohne das Bisherige zu diskreditieren. Damit ist dem aktiven Realisten jenes Verhalten eigen, das eine auf die Gestaltung der Zukunft ausgerichtete Gesellschaft benötigt.

Zusammenfassende Lernaufgaben

Erkennen

1. Beschreiben Sie den Prozess der Individualisierung.
2. Erklären Sie den Begriff „Pluralisierung".
3. Erläutern Sie, wie es zum Entstehen einer „Gegenmoderne" kommen kann.
4. Charakterisieren Sie die fünf Wertetypen der Werteforschung.
5. Erläutern Sie die rechtlichen Folgen einer Scheidung.

Werten

1. Beurteilen Sie den Vorwurf, unter der Jugend von heute gebe es einen Werteverfall.
2. Beziehen Sie zu der These Stellung, der Neoliberalismus zerstöre den Zusammenhalt in der Gesellschaft.
3. Diskutieren Sie die Chancen und Gefahren der Familie als „Gefühlsgemeinschaft".
4. Setzen Sie sich mit der Forderung auseinander, auch gleichgeschlechtlichen Paaren die Adoption fremder Kinder zu ermöglichen.
5. Diskutieren Sie die Folgen einer Scheidung für die betroffenen Ehepartner und ihre Kinder.

Anwenden

1. Problematisieren Sie die Forderung, das Erwachsenenstrafrecht konsequent auf alle Straftäter ab dem 18. Lebensjahr anzuwenden.
2. Erörtern Sie die Gefahren, die mit dem wachsenden Anteil junger Menschen ohne Schulabschluss für die Gesellschaft verbunden sind.
3. Entwerfen Sie ein Programm, in dem die Schule einen Beitrag zum positiven Wertewandel (aktiver Realist) leistet.
4. Entwickeln Sie Erziehungsleitlinien, die junge Menschen befähigen, den Herausforderungen einer modernen Gesellschaft gerecht zu werden.
5. Untersuchen Sie die Wertehaltung der Schüler Ihrer Klasse zu ausgewählten Aspekten.

3 Arbeit im Wandel

Transmissionsanlagen zum Betrieb der Drehbänke bei Borsig. Holzstich. Aus: Illustrierte Zeitung, Leipzig 1848

Fließfertigung von Scheinwerfern 1926

Automatische Fertigung in einer Automobilfabrik

1. Vergleichen Sie die Bilder im Hinblick auf die Veränderungen im Produktionsprozess.
2. Erläutern Sie Veränderungen der Arbeitswelt, die Sie selbst erlebt haben.

3.1 Erwerbsarbeit

Bedeutungswandel der Erwerbsarbeit

Die körperliche Arbeit gilt von der Antike bis ins Mittelalter als etwas Negatives, die vom niederen Volk überwiegend in der Landwirtschaft verrichtet wird. Die Bauern sind an die Scholle (Land, Boden) gebunden und der Herrschaft des Grundherrn unterworfen. Die Bauernbefreiung und die Industrialisierung im 19. Jahrhundert verändern dieses Sozialgefüge. Die Bauern ziehen in die Industrieregionen und werden freie Arbeiter, die den Fabrikherren ihre Arbeitskraft gegen Entgelt anbieten (Arbeitsvertrag). Die Arbeit wird zur Ware, deren Preis sich wie bei anderen Gütern nach Angebot und Nachfrage richtet (Arbeitsmarkt).

Die Fabrik als Arbeitsstätte ist klar vom Wohnbereich getrennt, sodass sich bald die Unterscheidung von Arbeit und Nichtarbeit verbreitet. Mit Arbeit ist die Erwerbsarbeit und mit Nichtarbeit die Freizeit zuzüglich der Hausarbeit gemeint. Die Erwerbsarbeit als Quelle des persönlichen Wohlstands wird zur Grundlage der individuellen und sozialen Identität, vor allem für Männer. Ihr Einkommen reicht jedoch in der Regel nicht aus, um als Alleinverdiener die Familie zu ernähren, sodass Frauen und Kinder mitverdienen müssen. Zur Abwehr sozialer Notlagen werden staatliche Versicherungssysteme geschaffen, deren Beiträge an die Erwerbseinkommen gekoppelt sind. Damit ist die Erwerbsarbeit zugleich Grundlage der sozialen Absicherung.

Arbeit wird zur zentralen Kraft, die das Leben der Menschen bestimmt, und erfährt so eine hohe gesellschaftliche Wertschätzung. Diese Rolle hat die Erwerbsarbeit bis heute behalten. Noch immer gilt sie als Voraussetzung für soziale Anerkennung und damit für Selbstwert, persönliche Identität und gesellschaftliche Teilhabe. Zu Bewusstsein kommt diese hohe Bedeutung der Erwerbsarbeit besonders dann, wenn sie durch Arbeitslosigkeit verloren geht.

M 1 Wie reagieren Menschen, wenn längerfristige Arbeitslosigkeit eintritt?

Nach anfänglichem Schock und Aufbegehren gibt es eine Phase des Befreiungsgefühls, das bald von verstärkter Aktivität und Umtriebigkeit (Bewerbungen, Fortbildungen) abgelöst wird. Bleiben diese Bemühungen erfolglos, nimmt das Interesse ab, Mattigkeit und Hoffnungslosigkeit breiten sich aus. Die Probleme werden von typischen Stressreaktionen wie Schlaflosigkeit, Essstörungen und psychosomatische Erkrankungen begleitet; Alkohol- und Medikamentenmissbrauch sowie wachsende Suizidalität sind messbare Folgen. Dem Leben Arbeitsloser fehlen vor allem Zeitstruktur und soziale Anerkennung als mentale Haltepunkte für eine sinnvolle persönliche Existenz. Arbeitslose antworten darauf mit Gefühlen von persönlichem Versagen. Diese individuelle Schuldzuweisung hat heftige Schamgefühle zur Folge; sie führen zum Rückzug aus sozialen Beziehungen, zum Abbruch der meisten sozialen Kontakte. Der gesamte Lebensrhythmus verlangsamt sich, die Welt der Arbeitslosen wird immer enger, bis depressive und selbstzerstörerische Auswirkungen in einen Zustand weit reichender Apathie (und chronischer körperlicher Erkrankung) einmünden können: Das Gefühl für den persönlichen Wert geht auf diesem Weg verloren.

Morgenroth, Christine: Arbeitsidentität und Arbeitslosigkeit – ein depressiver Zirkel, in: Aus Politik und Zeitgeschichte, B 06–07/2003, Zugriff am 09.12.2009 unter: http://www1.bpb.de/publikationen/2OHJCA,3,0,Arbeitsidentit%E4t_und_Arbeitslosigkeit_%96_ein_depressiver_Zirkel.html

1. Stellen Sie den Bedeutungswandel der Erwerbsarbeit dar.
2. Erläutern Sie den Teufelskreis der Arbeitslosigkeit.

Struktur der Erwerbsarbeit

Zur Gruppe der **Erwerbspersonen** zählen alle in einer Gesellschaft, die sich am Erwerbsleben beteiligen. Sie umfasst also den möglichen Teil der Bevölkerung, der dem Arbeitsmarkt auf der Angebotsseite zur Verfügung steht. Man spricht hier auch vom **Erwerbspersonenpotenzial**. In Deutschland ist das rund die Hälfte der Wohnbevölkerung (**Erwerbsquote**). Alle anderen sind **Nichterwerbspersonen**. Die Erwerbspersonen sind entweder erwerbstätig oder erwerbslos.

Als **Erwerbstätige** werden alle Personen bezeichnet, die in einem Arbeitsverhältnis stehen, selbstständig ein Gewerbe oder eine Landwirtschaft betreiben, einen freien Beruf ausüben oder in einem Ausbildungsverhältnis stehen. Für die begriffliche Zuordnung ist es unerheblich, ob eine regelmäßige oder nur gelegentlich ausgeübte Erwerbstätigkeit vorliegt. Auch spielt keine Rolle, ob es sich um eine hauptberufliche Tätigkeit oder eine Nebentätigkeit (z. B. eines Rentners oder Studenten) handelt. Der zeitliche Umfang oder die Bedeutung der Tätigkeit als Quelle für den Lebensunterhalt bleibt ebenfalls ohne Berücksichtigung. Daher sind auch Personen erwerbstätig, die eine „geringfügige Beschäftigung" oder einen „Mini-Job" im Sinne der Sozialversicherungsregelungen ausüben. Hinzu kommen Soldaten und mithelfende Familienangehörige.

Personen, die kein Arbeitsverhältnis haben, sich aber um eine Arbeitsstelle bemühen, sind **Erwerbslose**. Zu ihnen gehören auch diejenigen, die nicht bei der Arbeitsagentur als Arbeitslose gemeldet sind oder sich in einer Maßnahme zur Förderung der Arbeitsfähigkeit befinden (**stille Reserve**). Ihnen stehen auf der Nachfrageseite die Zahl der **offenen Stellen** gegenüber, gleichgültig ob diese der Arbeitsagentur gemeldet werden oder nicht.

M 2 Arbeitsmarkt: Kräfteangebot und Kräftenachfrage

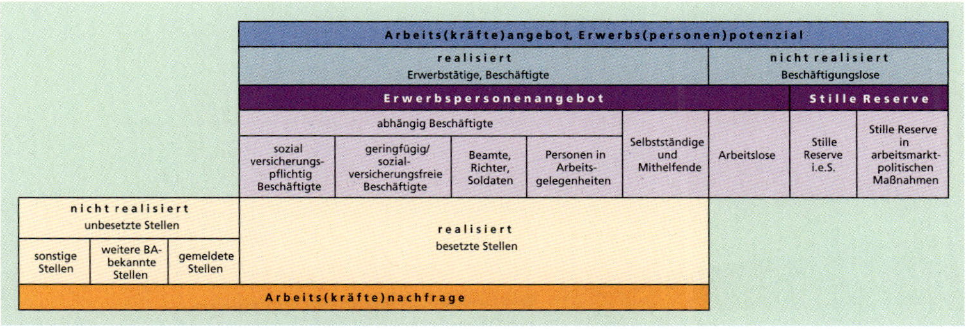

Bundesagentur für Arbeit (Hg.), Arbeitsmarkt 2007, Amtliche Nachrichten der Bundesagentur für Arbeit, 56. Jahrgang, Sondernummer 2, Zugriff am 08.01.2010 unter: http://www.pub.arbeitsagentur.de/hst/services/statistik/000100/html/jahr/arbeitsmarkt_2007_gesamt.pdf

1. **Recherchieren Sie die aktuellen Eckdaten zum Arbeitsmarkt (kostenlose Monatsberichte der Bundesagentur für Arbeit im Internet).**
2. **Stellen Sie die Veränderungen gegenüber den Vorjahren fest und suchen Sie Gründe für diese Entwicklung.**

Erwerbsbeteiligung im Wandel

M 3

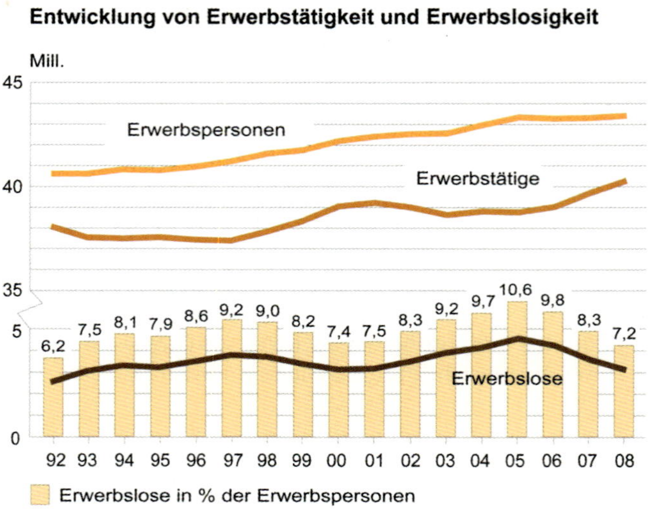

Statistisches Bundesamt (Hrsg.): Entwicklung von Erwerbstätigkeit und Erwerbslosigkeit (2009), Zugriff am 10.12.2009 unter: http://www.destatis.de/jetspeed/portal/cms/Sites/destatis/Internet/DE/Grafiken/Arbeitsmarkt/Diagramme/Erwerb Erwerbslos,templateId=renderPrint.psml

M 4

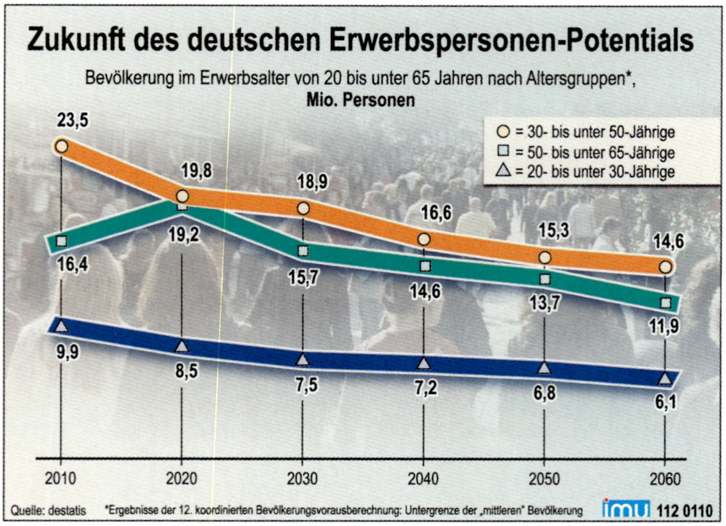

1. **Prognostizieren Sie den weiteren Verlauf des Erwerbspersonenpotenzials.**
2. **Diskutieren Sie mögliche Folgen für den Arbeitsmarkt und die wirtschaftliche Entwicklung.**

3.2 Arbeitslosigkeit

Arbeitslosigkeit als Ausdruck wirtschaftlichen Wandels

Leider finden nicht alle Menschen einen Arbeitsplatz. Besonders viele blieben im Rekordjahr 2005 ohne Arbeit. Damals schnellte im Februar die Zahl der Arbeitslosen erstmals auf über fünf Millionen und ließ die Arbeitslosenquote auf über zwölf Prozent steigen – im Osten sogar auf über 20 Prozent. Rechnet man die nicht gemeldeten Arbeitssuchenden hinzu, ergibt dies nach Schätzungen von Wissenschaftlern fast neun Millionen Arbeitslose. Abgesehen von konjunkturellen Erholungsphasen ist die Arbeitslosigkeit seit den 70er-Jahren des vorigen Jahrhunderts stetig gewachsen. Dies war nicht immer so: In den 60er-Jahren des vorigen Jahrhunderts herrschte auf dem Arbeitsmarkt Vollbeschäftigung. Arbeitskräfte waren im Inland derart knapp, dass sie im Ausland angeworben werden mussten. Mit der Weltwirtschaftskrise 2008 hat die Angst vor Arbeitslosigkeit hingegen wieder zugenommen. Wie der Arbeitslosigkeit begegnet werden kann, hängt von der jeweiligen Ursache ab.

M 1 Der BA gemeldeten Stellen und Arbeitslosigkeit in Deutschland* – in Tausend

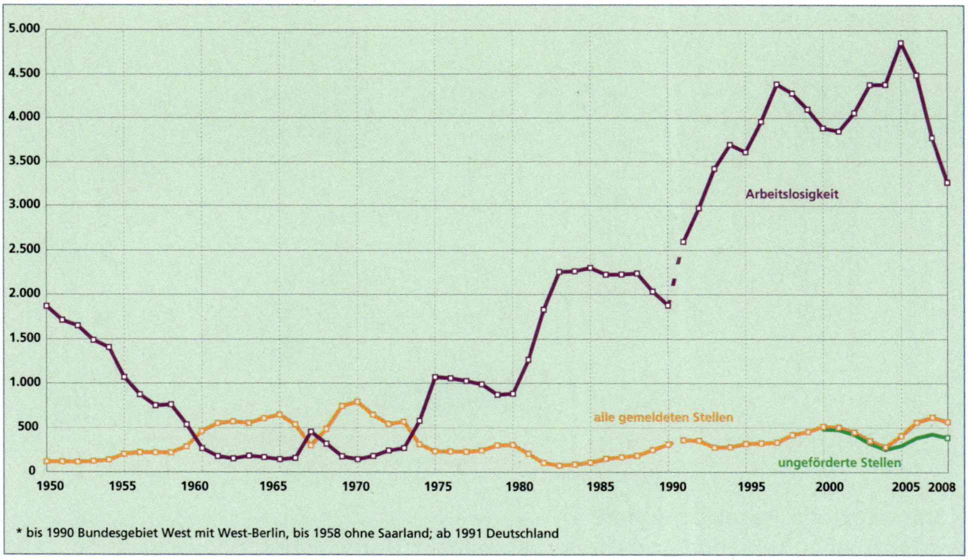

Bundesagentur für Arbeit, Statistik (Hrsg.): Der BA gemeldete Stellen und Arbeitslosigkeit in Deutschland, Zugriff am 10.12.2009 unter: http://www.pub.arbeitsagentur.de/hst/services/statistik/000000/html/start/gif/b_stea_zr.shtml

1. **Aktualisieren Sie die Arbeitsmarktzahlen.**
2. **Teilen Sie die Entwicklung der Arbeitslosigkeit in Phasen ein und recherchieren Sie ihren jeweiligen wirtschaftlichen Hintergrund.**

Formen der Arbeitslosigkeit

Friktionelle Arbeitslosigkeit
entsteht, wenn der Arbeitsplatz von einer Vertragsseite gekündigt wird und noch kein neuer zur Verfügung steht. In der Regel liegt der Zeitraum der Arbeitsplatzsuche weit unter einem Jahr und ist deshalb durch das Arbeitslosengeld I finanziell abgesichert.

Saisonale Arbeitslosigkeit
entsteht, wenn die Produktion (z. B. Landwirtschaft) oder die Nachfrage (z. B. Tourismus) und damit die Beschäftigung auf bestimmte Zeiträume beschränkt sind. Die Löhne und die Arbeitszeit sollten in der Saison relativ hoch sein, um den Einkommensausfall in der Zeit der Nichtbeschäftigung auszugleichen.

M 2

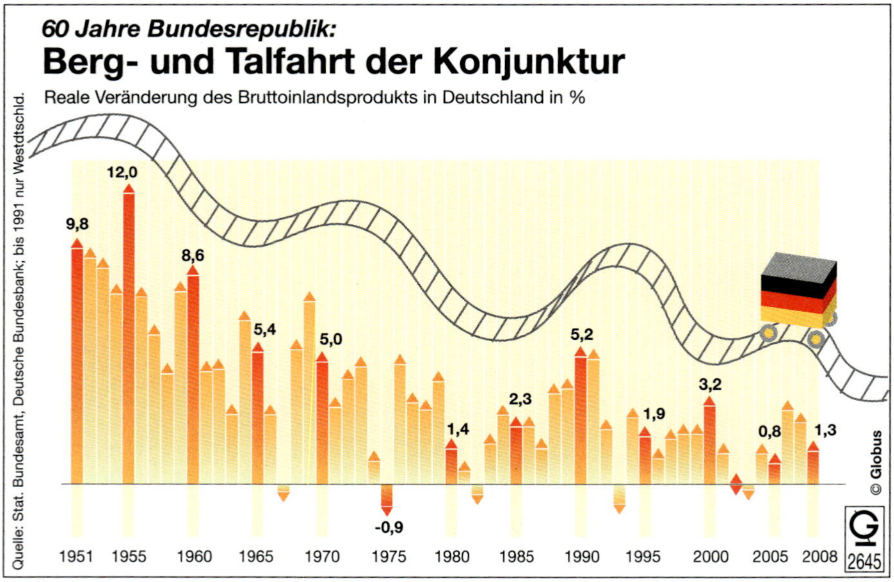

Konjunkturelle Arbeitslosigkeit
entsteht, wenn fehlende Kapazitäten aufgebaut (Aufschwung oder Expansion) oder überschüssige abgebaut (Abschwung oder Rezession) werden. Dieses Wechselspiel gehört zum Wesen einer Marktwirtschaft, weil sich Angebot und Nachfrage über den Preis ausgleichen („unsichtbare Hand"). Die Krisenzeiten gelten als Phasen der Marktbereinigung, weil unwirtschaftliche Betriebe vom Markt ausscheiden und damit auf Dauer nur die effizientesten überleben. Zur Verhinderung eines überstarken Tiefs (Depression) kann der Staat den Abschwung abbremsen, indem er seine Ausgaben erhöht und die zurückgehende private Nachfrage ersetzt. Umgekehrt kann er einer Überhitzung (Preisanstieg bzw. Inflation) vorbeugen, indem er im Aufschwung seine Ausgaben senkt.

1. **Analysieren Sie die aktuelle Situation auf Ihrem regionalen Arbeitsmarkt.**
2. **Vergleichen Sie die Entwicklung des Bruttoinlandsprodukts (M 1) mit der der Arbeitslosigkeit (M 2) und bestimmen Sie die konjunkturellen Phasen (Hoch, Abschwung, Tief, Aufschwung).**

Strukturelle Arbeitslosigkeit entsteht, wenn sich die Wirtschaftsstruktur ändert und sich die Arbeitnehmer in einer Übergangszeit auf das Neue in der Arbeitswelt einstellen müssen. Dies kann darin bestehen, dass sich das Herstellungsprodukt ändert, die Arbeitsprozesse anders verlaufen oder sich die Arbeitsplätze woanders befinden. Um diese Herausforderungen zu bewältigen, müssen die Arbeitnehmer ihre Flexibilität und Mobilität erhöhen und bereit sein, ein Leben lang zu lernen.

M 3

Sakurai, Heiko, 27.09.2004

Eine Ursache für diese Strukturbrüche ist der wissenschaftlich-technische Fortschritt. Durch ihn entstehen neue Technologien, die das bisherige Wirtschaften grundlegend verändern. Zunächst werden die neuen Ideen (Basisinnovationen) in marktgängige Produkte überführt. Ihre Markteinführung stößt die wirtschaftliche Entwicklung an und ihre Ausbreitung beschleunigt das Wirtschaftswachstum. Nach einer Sättigungsphase verliert die Technologie an Potenzial und andere treten an ihre Stelle (Strukturwandel). Nach der „Theorie der langen Wellen" vollzieht sich dieser Vorgang in Schüben von 50 Jahren (Kondratieff-Zyklen).

M 4 Theorie der langen Wellen

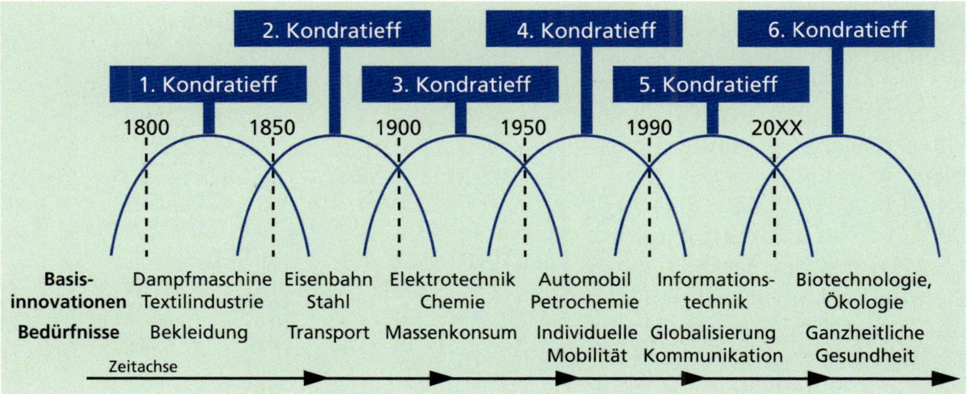

Fisbeck, Hagen: Der KarmaKonsum Gründerpreis 2009, Zugriff am 10.12.2009 unter: http://blog.web-welten.de/category/lohas/

1. **Stellen Sie die Karikatur in einen Zusammenhang mit der Theorie der langen Wellen.**
2. **Diskutieren Sie die These, dass die Umwelttechnologie bei entsprechender Förderung einen langfristigen Wirtschaftsaufschwung einleitet.**

Arbeitslosigkeit – ein Zeichen des Fortschritts?

M 5 Warum sind IT-Spezialisten arbeitslos, während Lehrer verzweifelt gesucht werden

„Weil die Leute bei der Berufswahl das gleiche Herdenverhalten zeigen wie an den Aktienmärkten", sagt Thomas Bauer vom Bonner Institut Zukunft der Arbeit. Wenn Kleinanleger beobachten, dass ein Papier im Wert steigt, kaufen sie die Aktie – oft viel zu spät. Sie erleben dann nur noch den Absturz. Genauso ergeht es den angehenden Studenten. Sie wissen von arbeitslosen Lehrern, hören von Traumgehältern für IT-Experten. Und entscheiden sich fürs falsche Studium: Bis sie das Diplom haben, hat sich die Marktlage umgekehrt. Beispiel Elektrotechnik: 1995 gab es noch mehr als 14 000 Diplomanden, doch die Branche kriselte Die Zahl der Studenten sank. Im Boomjahr 2000 waren es nur 7 800 Absolventen – viel zu wenig für die Zahl der offenen Stellen. … Wenn jetzt alle die Lehrerlücke füllen wollen und Pädagogik studieren, ist die nächste Schwemme programmiert. „Am besten, man studiert genau das, was das Arbeitsamt gerade nicht massenhaft empfiehlt", sagt Arbeitsforscher Bauer. Ohnehin ist es nahezu unmöglich, den Arbeitskräftebedarf in den einzelnen Berufen genau vorherzusehen. Dazu lassen sich nicht einmal die Unternehmen verleiten. „Schwer zu sagen, welche Bereiche gut laufen werden", sagt Oliver Heikaus, Referatsleiter Arbeitsmarktpolitik beim Deutschen Industrie- und Handelstag (DIHT). „Was ich heute empfehle, kann morgen überholt sein. Das Land verändert sich und damit auch das Anforderungsprofil für Bewerber. Mehr als 27 Millionen Deutsche arbeiten heute im Dienstleistungssektor, vier Millionen mehr als noch vor zehn Jahren. Sieben von zehn Erwerbstätigen haben mit Dienstleistungen zu tun – klassische Industrieberufe dagegen sterben aus. Dazu kommt die rasante Geschwindigkeit des Wandels: Immer schneller drehen sich die Märkte, immer kürzer werden die Innovationszyklen. Wurde früher zehn Jahre oder mehr mit einer bestimmten Technik produziert, kann dieses Know-how heute schon nach ein paar Jahren veraltet sein. Dann fehlen plötzlich Arbeitskräfte mit Qualifikationen, von denen vorher niemand etwas ahnte. Deshalb wäre es sogar ein schlechtes Zeichen, wenn für jeden Job gleich der perfekte Bewerber parat stünde – „ein Indiz für technologischen Stillstand", nennt das Horst Entorf, Professor für Volkswirtschaft an der TU Darmstadt. Der *Mismatch* als Beleg für die Innovationskraft des Landes. Tatsächlich werden in der Hochtechnologie heute Jobs für Spezialisten ausgeschrieben, die wohl nur diesen Spezialisten etwas sagen.

M 6

Brost, Marc; Meyer-Timpe, Ulrike; Schulte, Frank: Wissen ohne Wert, DIE ZEIT, 25/2003, veröff. am 12.06.2003 unter: http://www.zeit.de/2003/25/Neue_Jobs?term=Arbeitsmarktpolitik

1. **Begründen Sie die These „Arbeitslosigkeit ist Ausdruck für technologischen Fortschritt".**
2. **Diskutieren Sie die These „Studiere, was gerade nicht am Arbeitsmarkt gefragt ist".**

Wachstumsdefizitäre Arbeitslosigkeit

entsteht, wenn das wirtschaftliche Wachstum zu schwach ist. Je mehr Güter und Dienstleistungen erzeugt werden (Wirtschaftswachstum), desto mehr Arbeitskräfte werden benötigt. Dies gilt aber nur dann, wenn der Zuwachs nicht durch eine höhere Arbeitsproduktivität (Güterausstoß pro Arbeitsstunde) aufgesaugt wird: Werden durch den Einsatz von Maschinen in einer Stunde mehr Güter hergestellt, sinkt die Arbeitskräftenachfrage. Zusätzliche Arbeitsplätze entstehen also erst, wenn das Wachstum der Produktion über dem Produktivitätsanstieg liegt („Beschäftigungsschwelle"). Bei einem Wachstum unterhalb dieser Größe muss mit einem Abbau von Arbeitsplätzen gerechnet werden. Wissenschaftler sehen diese Grenze bei ca. fünf Prozent.

M 7

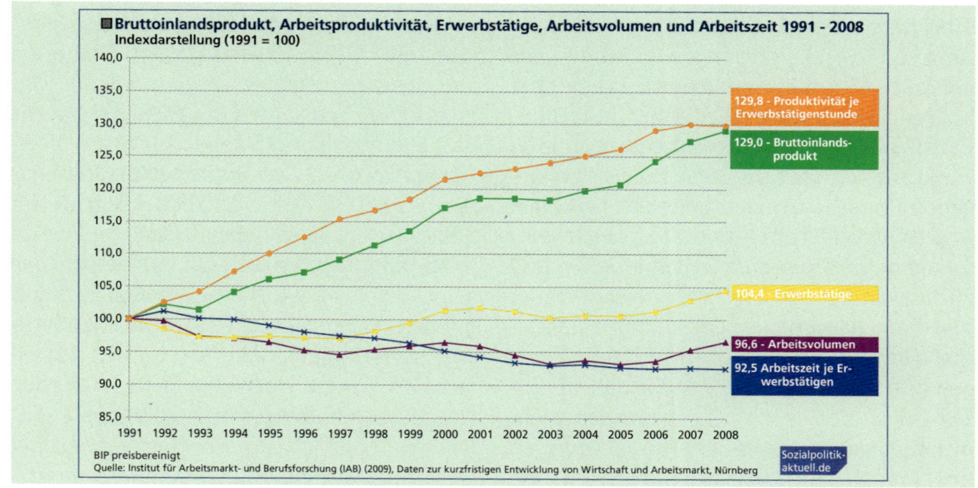

Sozialpolitik-aktuell (Hrsg.): Bruttoinlandsprodukt, Arbeitsproduktivität, Erwerbstätige, Arbeitsvolumen & Arbeitszeit 1991–2008, Zugriff am 06.12.2009 unter: http://www.sozialpolitik-aktuell.de/ds-arbeitsmarkt.html#I.1

Ein Weg, der produktivitätsbedingten Arbeitslosigkeit zu begegnen, wird in der allgemeinen Verkürzung der Arbeitszeit gesehen: entweder durch eine Verringerung der Wochenarbeitszeit oder der Verringerung der Lebensarbeitszeit (z. B. Frühverrentung).

M 6

Schweißroboter in einem Autowerk

1. **Untersuchen Sie, inwieweit behauptet werden kann, in Deutschland gehe die Arbeitslosigkeit auf mangelndes Wirtschaftswachstum zurück.**
1. **Diskutieren Sie die Chancen und Gefahren der Frühverrentung als Instrument zur Bekämpfung der Arbeitslosigkeit.**

3.3 Arbeitszeit

Vor 120 Jahren muss eine Arbeitskraft noch durchschnittlich 65 Stunden in der Woche arbeiten, heute noch 37. Mit der Verkürzung der betrieblichen Arbeitszeit hat jedoch die Zeit nicht automatisch abgenommen, die der Einzelne nebenher zum Erhalt seiner Arbeitskraft aufwenden muss (z. B. Fortbildung). Hinzu kommen Tätigkeiten, die die Betriebe auf die Kunden übertragen (Zusammenbau von Möbeln oder Bearbeiten von Formularen).

M 1

Die Industrialisierung ist ein weltgeschichtlich einmaliger Vorgang

1882 hat die erste aussagekräftige Berufszählung im Deutschen Reich stattgefunden, die auf gut 17 Millionen Erwerbstätige und knapp 1,2 Millionen „Dienende", also Haushaltspersonal, kam. Einer Erhebung von Gewerkvereinen im Jahr 1887 lassen sich Angaben über die damals typischen täglichen Arbeitszeiten entnehmen. Sie lagen zwischen neun Stunden für Bergarbeiter und zwölf Stunden für Schneider, Schuhmacher und Porzellanarbeiter; vor allem in den armen Handwerksberufen wurde am längsten geschuftet. Im Durchschnitt lag die Arbeitszeit bei 10,8 Stunden am Tag, Pausen nicht miteingerechnet, und bei etwa 65 Stunden in der Woche. Ähnlich lange arbeiteten, derselben Erfassung zufolge, die Kaufleute, die meisten davon auch am Sonntag. Im landwirtschaftlichen Sektor, der damals noch rund vierzig Prozent der gesamten Beschäftigten umfasste, sind die Schätzungen schwieriger, elf Stunden im Sommer und acht im Winter scheinen vernünftige Werte, die man dann je nach regionalen Gepflogenheiten hochrechnen muss: In Bayern gab es damals 16 offizielle katholische Feiertage und 35 inoffizielle. Da das Vieh auch am Sonntag versorgt werden musste, fiel aber selbst dann Arbeit an. Dasselbe galt für das Dienstpersonal, denn auch die Herrschaften wollten am Sonntag versorgt werden. ... Bei 2,6 Prozent Arbeitslosigkeit um 1880, worin Krankheitsausfälle enthalten sind, [kommt man] auf ein Arbeitsjahr pro Kopf, das etwa 1470 Stunden hatte. Noch vor dem Ersten Weltkrieg sank diese Zahl, in den Tarifverträgen näherte man sich der 48-Stunden-Woche. Nach dem Ersten Weltkrieg wurde außerhalb der schrumpfenden Landwirtschaft der Achtstunden-Tag wirklich, bei steigender Arbeitslosigkeit, einem gesetzlichen Jahresurlaub von sechs Tagen und einem durchschnittlichen Krankenstand von 12,5 Tagen. ... 1950, als die Bundesanstalt für Arbeit mit ihren Berechnungen begann, lag man dann bei etwa 1000 Arbeitsstunden im Jahr pro Einwohner, 1968 bei etwa 860 und 1990 noch bei 750. Gegenwärtig liegt der offiziell erhobene Wert bei ungefähr 670 Stunden.

Kaube, Jürgen: Ein historischer Trend, in: Frankfurter Allgemeine Sonntagszeitung, veröff. am 14.05.2006

M 2 Heimliche Arbeitszeitverlängerung

Das beginnt im Handel, in dem Bereich, den wir als Selbstbedienung kennen. Das verbreitert sich aber weit hinein in den Bereich von Politik, etwa als sogenanntes e-government, z. B. bei der elektronischen Steuererklärung, in den Bereich des e-commerce, also von internetbasierten Versuchen, Kunden Buchungen und Verkaufsprozesse selber organisieren zu lassen (z. B. Onlinebanking), und sogar in den Gesundheitsbereich, wenn Patienten Vorinformationen einholen müssen, bevor sie einen Arzt sehen. ... [Das Internet] bietet in ganz neuer Weise kostengünstige Möglichkeiten, all diese Gruppen miteinzubeziehen und bisher von den Dienstleistern erbrachte Funktionen auf die Betroffenen „auszulagern" – weswegen gelegentlich auch von einem „Outsourcing auf den Kunden" gesprochen wird.

Interview mit dem Industrie- und Techniksoziologen Prof. G. Günter Voß Mühlbauer, veröff. am 17.04.2009 unter: http://www.heise.de/tp/r4/artikel/30/30193/1.html

1. **Erläutern Sie, weshalb die Menschen heute weniger arbeiten müssen und dennoch über mehr Wohlstand verfügen.**
2. **Erörtern Sie die Chancen und Gefahren des „Outsourcing auf den Kunden".**

Veränderungen in der Arbeitszeitpolitik

M 3

Vor zwanzig Jahren ...

Zehntausende Metaller gingen vom 14. Mai 1984 in den Tarifgebieten Nordwürttemberg/Nordbaden und Hessen sieben Wochen lang in den Ausstand, mehrere Hunderttausend wurden ausgesperrt. Ihr Ziel angesichts von Massenarbeitslosigkeit: Verkürzung der Arbeitszeit von damals 40 Stunden wöchentlich in verbindlichen Schritten auf 35 jeweils mit vollem Lohnausgleich. ... Nach dem 16-wöchigen Streik für die Lohnfortzahlung bei Krankheit 1957 in Schleswig-Holstein war der 1984er Arbeitskampf der längste in der Geschichte der IG Metall. ... Nach [dem Schlichter] Leber benannt ist der Kompromiss, der am 5. Juli 1984 den Durchbruch markierte: Die durchschnittliche Arbeitszeit eines Betriebes musste vom Jahr 1985 an nur noch 38,5 Stunden betragen. Doch erst 1995 wurde der alte Traum Wirklichkeit: Gemeinsam mit den Drukkern durften die Metaller als Erste nach 35 Stunden ins Wochenende gehen. Die Schätzungen über die durch die 35-Stunden-Woche gesicherten Arbeitsplätze bewegen sich bei der IG Metall zwischen 700.0000 und 800.000 bundesweit. Zur Zeit des Leber-Kompromisses betrug die Zahl der Arbeitslosen bundesweit etwa zwei Millionen. ... Die Arbeitgeber werten die Einigung heute als „historische Niederlage". Arnulf Jagenlauf, der damals der Verhandlungskommission unter Hans Peter Stihl angehörte, erinnert sich an die tiefe Bedrückung im Arbeitgeberlager nach Annahme des Leber-Kompromisses. „Wir mussten zähneknirschend nachgeben, weil uns vor allem ausländische Kunden mit Abbruch der Lieferbeziehungen gedroht hatten." Der wirtschaftli-

M 4 und in der Gegenwart

Sakurai, Heiko, 26.06.2004

che Schaden wäre unverhältnismäßig hoch ausgefallen, wäre der Streik fortgesetzt worden, ist der 65-Jährige überzeugt. Die 35-Stunden-Woche habe zum Abbau von Arbeitsplätzen in Deutschland und Verlagerung ins billigere Osteuropa geführt. Der heutige Hauptgeschäftsführer des Arbeitgeberverbandes Südwestmetall meint: „Daran haben wir noch heute zu knabbern."

dpa: Vor 20 Jahren. Streiks für 35-Stunden-Woche, in: Stuttgarter Zeitung, veröff. am 13.05.2004 unter: http://www.stuttgarter-zeitung.de/stz/page/detail.php/728378

1. **Um 4 000 Arbeitsplätze in Deutschland zu retten, einigten sich im Juni 2004 die Siemens AG und die IG Metall auf die Wiedereinführung der 40-Stunden-Woche. Seither sind andere Unternehmen nachgefolgt. Beurteilen Sie das Handeln der Gewerkschaft.**
2. **„Wer die Arbeitszeit verlängert, verkürzt das ehrenamtliche Engagement der Bürger und schadet so der Gesellschaft!" Beziehen Sie zu dieser These kritisch Stellung.**

3.4 Globalisierung des Arbeitsmarktes

Fast jeder vierte Arbeitnehmer in Deutschland produziert für den Weltmarkt. Kein anderes Land in der Welt verkauft zu Beginn dieses Jahrhunderts mehr Güter ins Ausland als Deutschland. Es ist über Jahre hinweg „Exportweltmeister". Die Warenausfuhr ist so groß, dass sie die Wareneinfuhr immer mehr übersteigt (Handelsbilanzüberschuss). Diesen „Erfolg" verdanken die Deutschen wesentlich der Bereitschaft ihrer ausländischen Kunden, sich zu verschulden – auch durch Kredite, die sie selbst vergeben, d. h., der Verkäufer finanziert dem Käufer den Warenkauf gleich mit. Im Jahr 2008 platzt die Kreditblase. Viele können ihre Zinslast nicht mehr tragen und beginnen zu sparen, insbesondere in den USA. Jetzt zeigt sich die Schattenseite der deutschen Exportlastigkeit: Der Absatz und damit die Beschäftigung brechen dramatisch ein – um fast ein Drittel. Und die Gläubiger aus Deutschland müssen einen Teil ihrer Forderungen abschreiben. Viele Experten gehen davon aus, dass der deutsche Export nicht mehr zu den früheren Wachstumsraten zurückkehrt, und fordern deshalb ein neues „Geschäftsmodell" für den Standort Deutschland.

M 1

Was kann Deutschland tun, um seine Abhängigkeit vom Export zu verringern?

Einige Vorschläge liegen inzwischen auf dem Tisch. Sie kommen aber noch ziemlich unausgegoren daher. Die Löhne in Deutschland könnten kräftig angehoben werden, schlagen gewerkschaftsnahe Wissenschaftler wie der Wirtschaftsweise Peter Bofinger vor. Dann hätten die Deutschen mehr Einkommen zur Verfügung, um selbst mehr deutsche Autos zu kaufen. Oder um teurere Autos zu kaufen. Und die deutsche Autoindustrie würde unabhängiger vom Ausland. Doch die Sache hat einen Haken: Wenn die Löhne stark steigen, nehmen auch die Kosten für die Unternehmen zu. Die Folge: Deutsche Autos würden teurer. Dann ließen sie sich im Ausland noch schlechter verkaufen als jetzt.
Die umgekehrte Strategie empfiehlt Hans-Werner Sinn, der Präsident des Ifo-Instituts: Die Deutschen müssten niedrigere Löhne

zulassen. Wenn deutsche Arbeiter für weniger Geld arbeiten, dann könnte manch eine Fabrik aus einem Billiglohnland nach Deutschland zurückgeholt werden. Autohersteller, die jetzt viele Teile in Osteuropa fertigen lassen, produzieren dann wieder mehr in Deutschland. Der Anteil „made in Germany" am Auto steigt. Und Geld, dass bislang ins Ausland fließt, bleibt im Land. Auch dieser Vorschlag hat freilich einen Haken: Dass die Gewerkschaften dabei mitmachen, ist mehr als zweifelhaft.
Ein dritter Vorschlag kommt von Adam Posen, dem Deutschlandexperten unter den amerikanischen Ökonomen. Er meint: Eine Rettung vor dem lang anhaltenden Elend sei nur möglich, wenn die Deutschen viel stärker auf Dienstleistungen setzen. „Ihr müsst mit diesem Exportwahnsinn aufhören." Mehr Dienstleistungen, das bedeutet: Der Staat muss noch mehr Kindergartenplätze schaffen, damit noch mehr Kindergärtnerinnen eingestellt werden. Er muss noch mehr Geld für Altenpflege ausgeben, damit noch mehr Altenpflegerinnen Arbeit finden.
Keine Frage: Je mehr von diesen Dienstleistungsjobs entstehen, desto unabhängiger wird Deutschalnd vom Ausland. Wenn aber der Staat das alles bezahlen soll, wird diese Unabhängigkeit am Ende ziemlich teuer. Ein paar weitere Ideen für die Zeit nach der Krise sind gefragt. Das Nachdenken hat gerade erst begonnen.

Siedenbiedel, Christian: Wie kommt die Welt ins Gleichgewicht?, in: Frankfurter Allgemeine Zeitung, Zugriff am 10.12.2009 unter: http://www.faz.net/s/Rub58241E4DF1B149538ABC24D0E82A6266/Doc~E461B77A2C29F4509A4992111464D2898~ATpl~Ecommon~Scontent.html

1. **Erläutern Sie die Chancen und Gefahren der Exportstärke Deutschlands für den Arbeitsmarkt.**
2. **Diskutieren Sie, wie Deutschland seine Exportlastigkeit verringern kann.**

3.5 Beschäftigungsverhältnisse

Von der typischen zur atypischen Beschäftigung

Seit den 1980er-Jahren fördert die Arbeitsmarktpolitik **atypische Beschäftigungsformen**. Unter diesem Begriff werden sämtliche Beschäftigungsformen zusammengefasst, die vom **Normalarbeitsverhältnis** abweichen. Als normal gilt eine abhängige, unbefristete Vollzeittätigkeit, die ein Einkommen verschafft, das die Existenz sichert und eine Sozialversicherungspflicht begründet. Zu den atypischen Beschäftigungen zählen beispielsweise die Teilzeitbeschäftigung, die geringfügige Beschäftigung, die befristete Beschäftigung oder die unbefristete Vollzeittätigkeit mit einem Einkommen unterhalb der Niedrigeinkommensschwelle („Working Poor"). Damit wird dem Wunsch der Betriebe nachgekommen, die Arbeitsbeziehungen zu flexibilisieren, um sich schneller auf Marktschwankungen einstellen zu können. Den Arbeitslosen sollen sie zugleich Brücken in ein Normalarbeitsverhältnis bauen. Inzwischen gelten ein Drittel der Arbeitsverhältnisse als atypisch, bei den Frauen sogar die Hälfte. Von der Europäischen Union wird dieser Prozess zusätzlich mit dem Programm **Flexicurity** (Flexibilität und Sicherheit) unterstützt. Dessen arbeitsmarktpolitische Leitidee besteht darin, nicht den Bestandsschutz des einzelnen Arbeitsplatzes, sondern die Förderung der Beschäftigungsfähigkeit in den Vordergrund zu stellen. Ziel ist, dass Menschen beim Verlust ihres Arbeitsplatzes schnell wieder in eine Beschäftigung mit Perspektiven kommen. Flexicurity will den traditionellen Gegensatz zwischen mehr Flexibilität einerseits und mehr Sicherheit andererseits aufbrechen, indem es mehr Sicherheit durch mehr Flexibilität anstrebt.

M 1

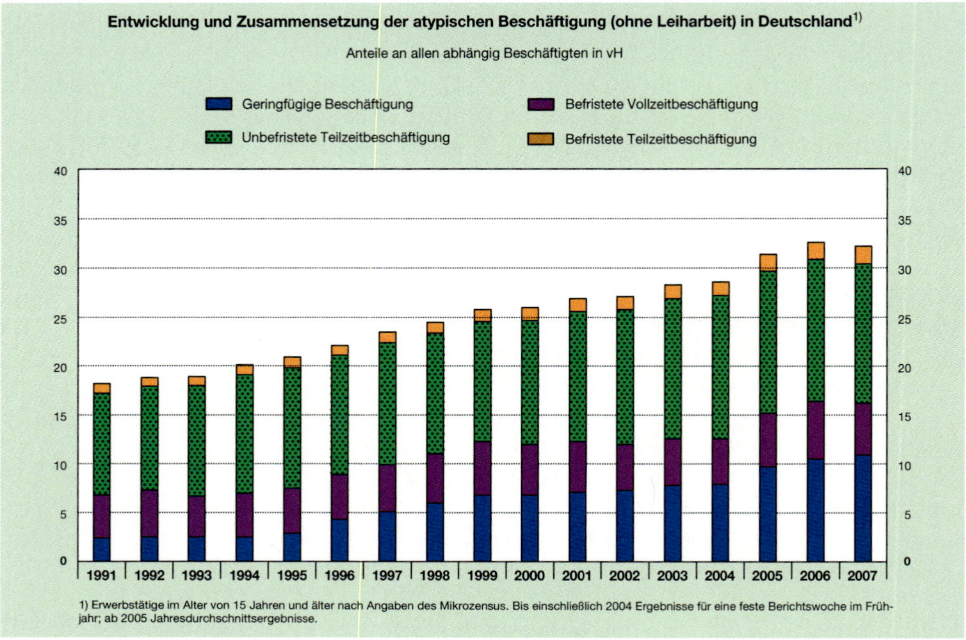

Sachverständigenrat zur Begutachtung der gesamtwirtschaftlichen Entwicklung (Hrsg.): Analyse: Normalarbeitsverhältnisse und atypische Beschäftigung in Deutschland, Zugriff am 06.12.2009 unter: http://www.sachverstaendigenrat-wirtschaft.de/download/gutachten/ga08_ana.pdf

1. **Erläutern Sie Beispiele atypischer Beschäftigung aus Ihrem Lebensalltag.**
2. **Beziehen Sie Stellung zu dem arbeitsmarktpolitischen Slogan: „Sicherheit durch mehr Flexibilität."**

Atypische Beschäftigung – ein Weg zu mehr Arbeitsplätzen?

M 2

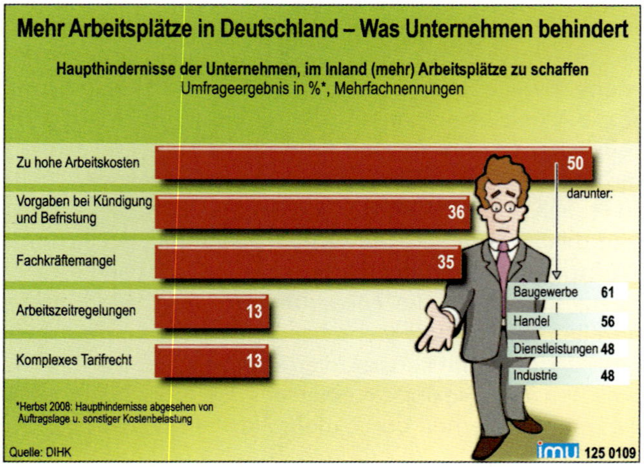

M 3 Sind atypische Beschäftigungsverhältnisse eine Hilfe für Betriebe?

Beinahe 80 Prozent der Betriebe setzen vor allem auf interne Flexibilisierungsinstrumente, um Veränderungen der Auftragslage zu bewältigen. ... Also auf Überstunden, Urlaubsplanung, Arbeitszeitmodelle, Kurzarbeit. Gerade Hightech-Betriebe, die auf hoch qualifizierte Mitarbeiter angewiesen sind, passen sich den Schwankungen des Marktes eher mit geschmeidigen Arbeitszeitänderungen an als mit Entlassungen und Einstellungen.

M 4 Schafft atypische Beschäftigung zusätzliche Jobs?

Zumindest die Arbeitszeitverkürzung über Teilzeitarbeit scheint positiv auf den Arbeitsmarkt zu wirken: ... Hätte die Zahl der Teilzeitstellen seit 1994 nicht erheblich zugenommen, gäbe es heute 2,6 Millionen Jobs weniger. ... Indizien deuten darauf hin, dass Minijobs zunehmend reguläre Arbeit ersetzen.

M 5 Atypische Beschäftigung – ein Weg zum Normalarbeitsverhältnis?

Als Sprungbrett in den klassischen Fulltime-Job wirken Teilzeitarbeit, Minijobs und Leiharbeit nur selten: Zwischen 1995 und 2003 fanden nur 5,4 Prozent der Arbeitsuchenden den Weg aus der Arbeitslosigkeit zu einem Vollzeitjob auf dem Umweg über eine sozialversicherungspflichtige Teilzeitstelle ... Empirische Untersuchungen zeigen, dass der umgekehrte Weg häufiger eingeschlagen wird: In den Jahren 2003 und 2004 wechselten rund 50.000 Arbeitnehmer mehr aus sozialversicherungspflichtiger Beschäftigung in einen Minijob als andersherum. Bei befristet Beschäftigten ist die Bilanz deutlich besser als bei Teilzeit oder Minijob: 40 Prozent aller Zeitverträge werden in unbefristete umgewandelt.

Hans Böckler Stiftung (Hrsg.): Vielfalt in der Arbeitswelt: Immer öfter ohne soziales Netz, in: Böckler Impuls 10/2006, S. 4–5, Zugriff am 10.12.2009 unter: http://www.boeckler.de/pdf/impuls_2006_10_4-5.pdf (M 3 bis M 5)

1. **Bewerten Sie die Ergebnisse der Umfrage unter Arbeitgebern zum Arbeitsmarkt (M 3 bis M 5).**
2. **Setzen Sie sich mit der These auseinander, dass durch atypische Beschäftigung die Arbeitslosigkeit reduziert wird.**

3.6 Arbeitsanforderungen

Verschiebung der Beschäftigungssektoren

M 1

In den letzten 100 Jahren wurden enorme Produktivitätssteigerungen erzielt
Immer mehr Menschen werden von einem Hektar landwirtschaftlicher Nutzfläche ernährt. Der Hektarertrag für Weizen zum Beispiel lag vor gut 100 Jahren bei 18,5 Dezitonnen. Heute (2008) liegt der Hektarertrag mit rund 81 Dezitonnen mehr als viermal so hoch.
Ein Landwirt ernährt heute 134 Mitbürger
Ein Landwirt erzeugte 1900 Nahrungsmittel in einem Umfang, um etwa 4 Personen ernähren zu können. 1950 ernährte ein Landwirt 10 und 2006 sogar 127 Personen (ohne

Ernährung aus Auslandsfuttermitteln). Trotz dieser starken Produktivitätssteigerung blieb Deutschland stets ein Nettoimportland an Agrar- und Ernährungsgütern.

Deutscher Bauernverband in Zusammenarbeit mit dem Verein information.medien.agrar und der Zentralen Markt- und Preisberichtsstelle ZMP (Hrsg.): Situationsbericht 2009, Zugriff am 06.12.2009 unter: http://www.situationsbericht.de/pdf2009/Kap_01_02.pdf

In der Wirtschaftsgeschichte verändert sich die Struktur der Wirtschaft und mit ihr die Bereiche, in denen die Erwerbstätigen ihre Beschäftigung finden. Zunächst arbeiten die Menschen überwiegend in der Landwirtschaft, dem primären Beschäftigungssektor (Rohstoffgewinnung), danach im Waren produzierenden Gewerbe, dem sekundären Beschäftigungssektor (Rohstoffverarbeitung) und schließlich im Dienstleistungsbereich, dem tertiären Beschäftigungssektor. Diese Entwicklung hält bis heute an und wird sich nach Meinung von Experten fortsetzen (**Drei-Sektoren-Modell**).

M 2

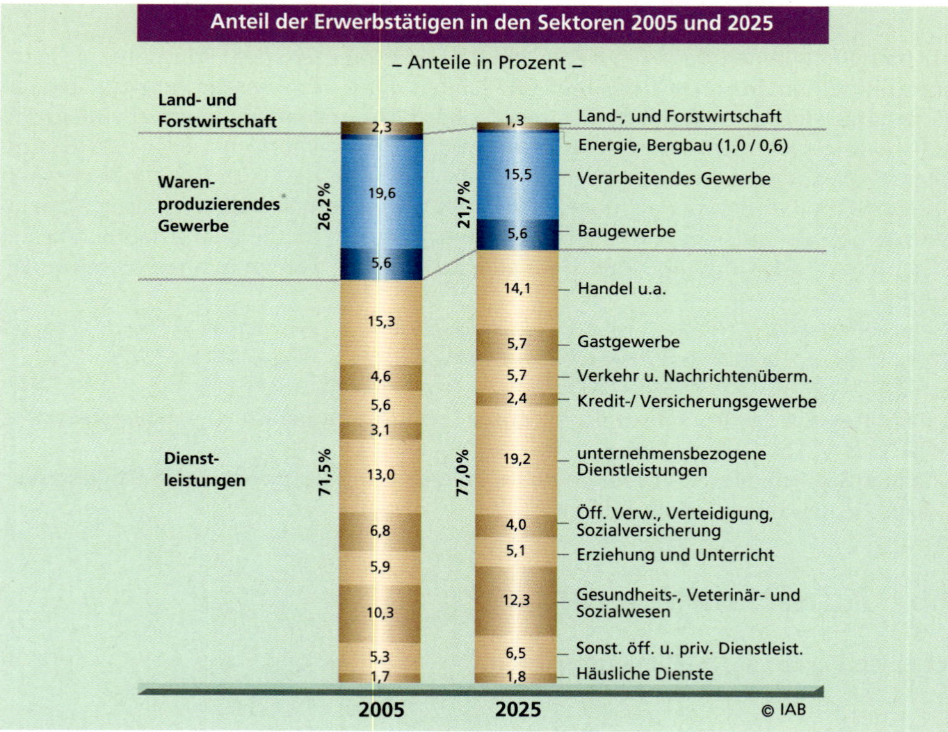

IAB-Kurzbericht 26/2007: Anteil der Erwerbstätigen in den Sektoren 2005 und 2025, Zugriff am 10.12.2009 unter: http://doku.iab.de/kurzber/2007/kb2607.pdf

1. **Erläutern Sie die Ursachen für den Wandel in der Landwirtschaft.**
2. **Der demografische Wandel wird nach Expertenmeinung die Nachfrage nach Produkten und damit auch die Tätigkeitsstruktur grundlegend verändern. Diskutieren Sie, welche Beschäftigungsbereiche durch die Alterung der Gesellschaft zunehmen werden und welche Veränderung die Produkte erfahren.**

Informatisierung der Arbeit

Mit der Informations- und Kommunikationstechnik beginnt eine neue Phase im Wandel der Arbeitsinhalte: Die Verarbeitung von Informationen wird zum Schwerpunkt der Erwerbstätigkeit (**Informatisierung**). Die Arbeit wandelt sich zur **wissensbasierten Dienstleistung**. Von dieser Entwicklung sind alle Sektoren betroffen. In allen Bereichen werden zunehmend Arbeitsprozesse elektronisch gesteuert und vom Menschen nur noch überwacht. In der Landwirtschaft analysieren computergesteuerte Maschinen den Boden und geben den Dünger bedarfsgenau ab. In der industriellen Produktion formen Roboter passgenaue Autoteile, und in den traditionellen Dienstleistungen unterstützen Computer die Beratung der Kunden. Das Internet treibt diese Entwicklung weiter voran. Durch die elektronische Vernetzung entstehen virtuelle Räume, in denen nur noch über elektronische Medien kommuniziert und kooperiert werden kann. Wegen dieser hohen Bedeutung der informationsbezogenen Tätigkeiten wird das traditionelle Drei-Sektoren-Modell um einen vierten Sektor erweitert. In ihm werden alle Informationsdienstleistungen zusammengefasst und als eigenständiger quartärer Beschäftigungssektor ergänzt. Schon heute wird diesem neuen Sektor jeder zweite Arbeitsplatz zugeordnet.

M 3

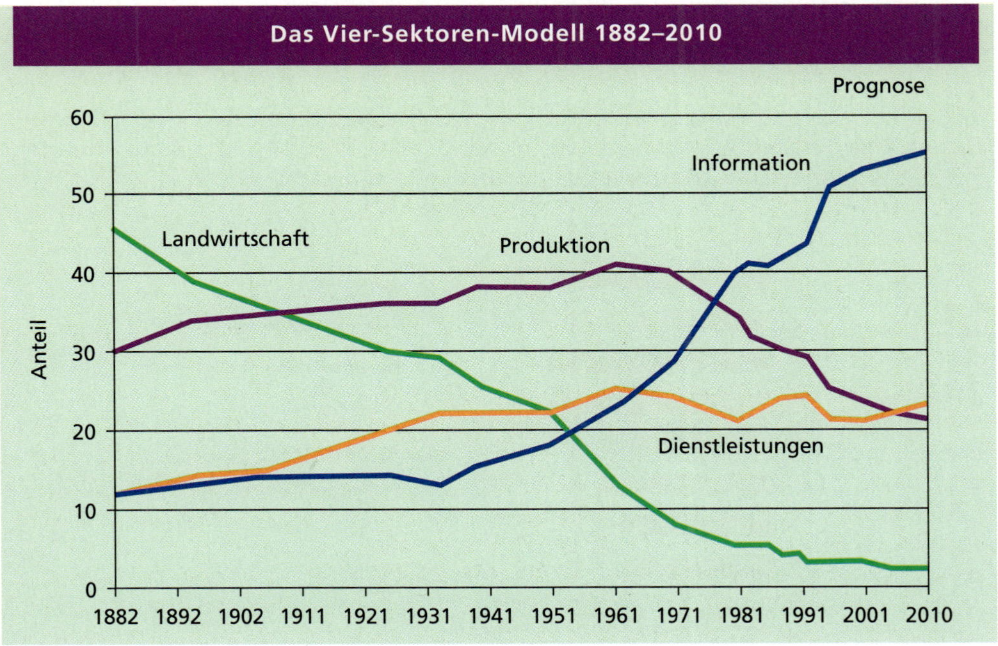

Drostal, Werner: Demografie und Arbeitsmarkt 2010 – Perspektiven einer dynamischen Erwerbsgesellschaft, in: Bullinger, Hans-Jörg (Hrsg.): Zukunft der Arbeit in einer alternden Gesellschaft, Stuttgart, Fraunhofer-/RB-Verl., 2001, S. 33

1. **Zeigen Sie Beispiele aus Ihrer Lebenswelt auf, die den Aufschwung der Informationsdienstleistung belegen.**
2. **Soziale Netzwerke haben im Internet vor allem bei jüngeren Benutzern einen rasanten Zulauf. Über solche Online-Dienste werden kurze Nachrichten auf einer Website veröffentlicht und über verschiedene mobile Kanäle an andere weitergeleitet. Diese Möglichkeit wird zunehmend auch von Unternehmen genutzt. So**

können sie Projektarbeiten koordinieren und mit ihren Mitarbeitern bzw. ihren Kunden in Kontakt treten. Diskutieren Sie die Risiken und Chancen dieser Form der Informatisierung der Arbeitswelt.

Qualifikationswandel in der Erwerbsarbeit

Die Zunahme der Informationsdienstleistungen verändert zugleich die Anforderungen, die an die Beschäftigten gestellt werden. Sie müssen sich neue Kompetenzen aneignen und bisherige vertiefen. Die Dynamik des ökonomisch-technischen Fortschritts macht dies zur dauerhaften Aufgabe und damit die Bereitschaft, ein Leben lang zu lernen, zur Grundlage der Beschäftigungsfähigkeit. Arbeitsmarktexperten prognostizieren deshalb einen Anstieg der höher qualifizierten Tätigkeiten und einen Rückgang derjenigen mit mittlerem oder gar einfachem Qualifikationsniveau.

M 4

Stellenangebot

Bürokauffrau/Bürokaufmann

Wir erwarten:
- eine kaufmännische Ausbildung/technisches Verständnis
- sehr gute Englisch- und PC-Kenntnisse
- Kommunikations- und Organisationsstärke
- ein hohes Maß an Arbeitsbereitschaft
- vertriebsorientiertes Denken
- kommunikative Kompetenz
- ein sicheres und freundliches Auftreten
- verbindliches Auftreten, Zielorientiertheit und Überzeugungskraft

M 5 Derzeitige und künftige Bedeutung von Qualifikationsanforderungen an kaufmännische Bürotätigkeiten – Derzeit weniger geforderte Aspekte Durchschnittswerte derzeit und erwartete Veränderungen in den nächsten drei Jahren

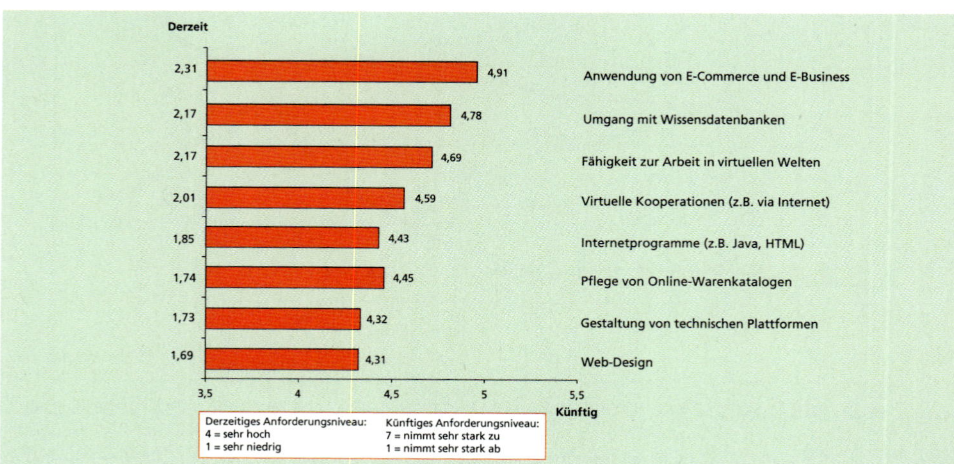

Kuwan, Helmut; Gensike, Miriam: Qualifikationsentwicklung im Bereich „kaufmännische Bürotätigkeiten". Ergebnisse der Betriebsbefragung im Rahmen der ADeBar-Studie, München, November 2003, unter: http://www.frequenz.net/uploads/tx_freqprojerg/EB27227_kaufm_frequenz.pdf. Finanziert durch das BMBF.

1. **Prüfen Sie nach, ob sich die behauptete Zunahme der jeweiligen Qualifikation mit Ihrer Erfahrung deckt.**
2. **Neuere Studien besagen, dass die Zahl der Schüler zunimmt, die ohne Abschluss die Schule verlassen. Diskutieren Sie die Gefahren, die sich daraus ergeben.**

Von Stellenbewerbern erwarten die Betriebe ganz allgemein den Nachweis von beruflicher Handlungskompetenz. Darunter verstehen sie diejenigen Kenntnisse, Fähigkeiten und Fertigkeiten, die zur verantwortungsvollen Bewältigung tätigkeitsbezogener Probleme erforderlich sind. Da sich die betrieblichen Aufgaben und damit die zu ihrer Lösung notwendigen Anforderungen stets ändern, ist mit Handlungskompetenz auch gemeint, dass der Beschäftigte in der Lage ist, sich neu erforderliche Kenntnisse, Fähigkeiten und Fertigkeiten anzueignen. Dies setzt wiederum die innere Bereitschaft voraus, sich gemeinsam mit anderen betrieblichen Fragen zu stellen und sich engagiert mit ihnen auseinanderzusetzen.

M 6

Derzeitige und künftig erwartete Anforderungen, die derzeit im Arbeitsalltag von Fachkräften im Bereich „kaufmännische Bürotätigkeiten" in sehr großem oder eher großem Umfang verlangt werden

	Anforderungen derzeit[1]	Zu-/Abnahme der Anforderungen[2]
Anforderung	Ø	Ø
Orientierung an Interessen und Belangen der Kunden	3,43	5,19
Fähigkeit zur Kommunikation mit Kunden bzw. Auftraggebern	3,41	4,96
Fähigkeit, Prioritäten zu setzen und zu erkennen, was wichtig und was nicht wichtig ist	3,24	4,71
Fähigkeit, sich schnell in immer neue Aufgabenstellungen einzuarbeiten	3,08	4,76
Gesamtverständnis für Abläufe im Unternehmen und die Bedürfnisse anderer Abteilungen	3,06	4,85
Fähigkeit zur parallelen Bearbeitung mehrerer Aufgaben unter hohem Zeitdruck	3,04	4,76
Unternehmerisches Denken und Kosten-Nutzen-Überlegungen im Arbeitsalltag	3,00	4,94
Fähigkeit, gemeinsam mit Kunden verbesserte Lösungen zu finden	3,00	4,84
Die Fähigkeit zum Umgang mit ständig wechselnden Aufgabenstellungen	2,98	4,64
Befähigung zum kontinuierlichen und systematischen Erwerb neuen Wissens im Arbeitsalltag	2,98	4,76
Selbstständig zu entscheiden, wie die Arbeit gemacht wird	2,97	4,46
Persönliches, nicht dokumentiertes Erfahrungswissen	2,95	4,32

[1] 4 = sehr groß, 3 = eher groß, 2 = eher gering, 1 = sehr gering, 0 = überhaupt nicht gefordert
[2] 7 = nimmt sehr stark zu, 6 = nimmt stark zu, 5 = nimmt etwas zu, 4 = bleibt etwa gleich
3 = nimmt etwas ab, 2 = nimmt stark ab, 1 = nimmt sehr stark ab

Kuwan, Helmut; Gensike, Miriam: Qualifikationsentwicklung im Bereich „kaufmännische Bürotätigkeiten". Ergebnisse der Betriebsbefragung im Rahmen der ADeBar-Studie, München, November 2003, unter: http://www.frequenz.net/uploads/tx_freqprojerg/EB27227_kaufm_frequenz.pdf. Finanziert durch das BMBF.

1. **Formulieren Sie praktische Beispiele, die die aufgeführten Anforderungen veranschaulichen.**
2. **Schätzen Sie Ihre Fähigkeiten zur Bewältigung der in M 5 und M 6 aufgelisteten Anforderungen in einer Skala zwischen 1 (sehr gut) und 6 (ungenügend) ein.**

Wissensgesellschaft

Die gesellschaftlichen Trends, denen die Arbeitswelt in ihrer Entwicklung folgt, werden zumeist mit Schlagworten belegt, die das Neue zum Ausdruck bringen sollen. Solche Umschreibungen sind beispielsweise die Begriffe postindustrielle, Erlebnis-, Dienstleistungs- oder Informationsgesellschaft. Zur Kennzeichnung der verstärkten Durchdringung beruflicher Tätigkeiten mit Wissen wird heute der Terminus „Wissensgesellschaft" gebraucht. Behauptet wird mit ihm jedoch nicht, dass heute Wissen zur beruflichen Tätigkeit gehört. Das war schon immer so. Mit dem Begriff „Wissensgesellschaft" ist vielmehr gemeint, dass heute der Umgang mit Wissen auf eine sehr systematische, technisch anspruchsvolle und kritisch reflektierte Art erfolgt. Es geht also nicht nur um die vermehrte Kenntnis von Fakten und Zusammenhängen, es geht vielmehr um die Fähigkeit, sich diese anzueignen und deren Aussagekraft kritisch zu hinterfragen. Vor diesem Hintergrund zielt der Begriff der Wissensgesellschaft auf eine Kultur der Mündigkeit als notwendige Voraussetzung des Fortschritts.

M 7 Die Bedeutung von Wissen

Für Wissensgesellschaften bewahrheitet sich immer mehr die sokratische Einsicht: „Ich weiß, dass ich nichts weiß." Wissen selbst entsteht erst aus der Fähigkeit des Menschen, zu einer bestimmten Frage Informationen zu sammeln, zu bewerten und in sinnvolle Zusammenhänge zu stellen; hernach hat er die Chance, über die Ergebnisse zu reflektieren und zu diskutieren. Als Wissen bezeichnet man zunächst einen Erkenntniszustand, der sich aus allgemeiner intersubjektiv-vermittelter [= durch Übereinkunft] Sicherheit ergibt. Dennoch ist jeder Wissensstand nach dem Wissenschafts-Philosophen Karl R. Popper (1902 bis 1994) nur vorläufiger Natur. Auch noch so viel Wissen darf daher nicht zu der Annahme verleiten, die Zukunft zu kennen und daher verlässlich planen zu können. Der Terminus enthält somit kein Wesenselement von beständiger Sicherheit, sondern dient eher als Strukturbegriff und kennzeichnet eine weitere Ausdifferenzierung moderner Gesellschaften. ... Im letzten Jahrhundert hat sich die Schaffung neuen Wissens (besonders technischen Wissens) exponentiell beschleunigt. Immer mehr Menschen können sich an der Wissensschöpfung und am Wissenskonsum beteiligen und so neues Wissen aufbauen. Idealtypisch ist eine Gesellschaft erst dann eine Wissensgesellschaft, wenn alle oder möglichst viele über solche Voraussetzungen verfügen, die ihnen erlauben, das Angebot an Informationen kritisch und uneingeschränkt zu nutzen, um sich ein eigenes Urteil im Sinne eines vernünftigen Arguments bilden zu können. ... Allgemein zielt der Begriff Wissensgesellschaft somit auf die dominant werdende Bedeutung des Wissens für die sozio-strukturelle und sozioökonomische Entwicklung der Gesellschaft ab und stellt die Wissensproduktion und Wissensintensität der Produkte und Dienstleistungen in den Vordergrund. Das Wirtschaftswachstum einer solchen Gesellschaft ist vor allem wissensbasiert ... Wissen ist so zu einem weiteren wichtigen Produktions- und Wohlstandsfaktor mutiert. Jede Gesellschaft, jedes Unternehmen hat ihre bzw. seine eigene kulturabhängige Form der Wissensschöpfung und Weitergabe. Die (betriebliche) Wertschöpfung erfolgt vorrangig durch die Schaffung von Wissenskapital durch ein Wissensmanagement. Ein Indikator für die Wissensintensität der Beschäftigung ist der Anteil der akademischen, technischen und gleichrangigen Berufe an allen Berufen. ... Auch der Wissensgehalt der Produkte wird immer höher. Der Anteil des Produktionsfaktors Wissen an der Wertschöpfung wird nach Befragungen des Fraunhofer-Instituts für Arbeitswirtschaft und Organisation auf über 50 Prozent geschätzt – mit steigender Tendenz.

INSM-Initiative Neue Soziale Marktwirtschaft GmbH (Hrsg.): Lexikon: Wissensgesellschaft, in: Wirtschaft und Schule, Zugriff am 06.12.2009 unter: http://www.wirtschaftundschule.de/Lexikon/W/Wissensgesellschaft.html

1. Erläutern Sie, was mit dem Begriff „Wissensgesellschaft" gemeint ist.
2. Diskutieren Sie die Folgen der Wissensgesellschaft für den Einzelnen und die Gesellschaft (M 7).

Zusammenfassung

Mit der Industriegesellschaft wurde die Existenzsicherung des Menschen aus den Fesseln der mittelalterlichen Grundherrschaft gelöst und als Erwerbsarbeit dem freien Spiel von Angebot und Nachfrage unterworfen. Die Arbeit wurde zur Quelle von Wohlstand und sozialer Sicherheit und damit zum Träger von Identität und sozialer Anerkennung. Die Schattenseite dieser Entwicklung spiegelt sich in der Arbeitslosigkeit wider. Sie untergräbt nicht nur die materielle Sicherheit der Arbeitnehmer, sondern auch ihre persönlichen und sozialen Bezüge. In der Bundesrepublik hat sich der Arbeitsmarkt in krisenhaften Schüben von einer Phase der Vollbeschäftigung zu einem Zustand der Massenarbeitslosigkeit entwickelt. Die Gründe dafür sind vielfältig, und die Lösungsansätze werden je nach Interessenlage unterschiedlich bewertet. Tendenziell zeigt sich, dass die anhaltende Arbeitslosigkeit zu einer Flexibilisierung des Arbeitsmarktes führt. So werden immer mehr Normalarbeitsverhältnisse durch atypische Beschäftigungsformen ersetzt. Langfristig wird für den Arbeitsmarkt jedoch eine umgekehrte Problemlage prognostiziert. Durch den demografischen Wandel geht die Erwerbsquote zurück, sodass mit einem Mangel an Arbeitskräften zu rechnen ist. Dies betrifft jedoch nicht alle Branchen und alle Qualifikationsniveaus. Für die Zukunft wird von einer Wissensgesellschaft gesprochen, in der die Tätigkeiten von Wissen durchdrungen sind: Wissen im Sinne der eigenständigen Erzeugung und kritischen Reflexion von Kenntnissen, Fertigkeiten und Fähigkeiten. Eine Prognose, die nur als eine Herausforderung an die lebenslange Lernbereitschaft und -fähigkeit der Arbeitskräfte verstanden werden kann.

Zusammenfassende Lernaufgaben

Erkennen

1. Stellen Sie die Funktionsweise des Arbeitsmarktes dar.
2. Erläutern Sie die Bedeutung der Erwerbsarbeit in unserer Gesellschaft.
3. Strukturieren Sie die Angebots- und Nachfrageseite am Arbeitsmarkt.
4. Stellen Sie das Vier-Sektoren-Modell dar.

Bewerten

1. Um Arbeitslosengeld zu erhalten, müssen junge Arbeitslose in der Regel eine Maßnahme besuchen, die den Arbeitsrhythmus widerspiegelt. Beurteilen Sie diese Vorgabe.

2. Diskutieren Sie die Forderung, den Kündigungsschutz zu lockern, um die Arbeitslosigkeit zu bekämpfen.
3. Erörtern Sie die Forderung, die virtuelle Zusammenarbeit in den Betrieben zu stärken.
4. Problematisieren Sie die Wissensgesellschaft vor dem Hintergrund der Lesekultur in unserer Gesellschaft.

Anwenden

1. Entwickeln Sie ein Konzept, das junge Menschen vor den gefährlichen Nebenwirkungen der Arbeitslosigkeit schützt.
2. Formulieren Sie pädagogische Leitsätze, die junge Menschen in ihrer Ausbildung auf die Anforderungen der Wissensgesellschaft vorbereitet.
3. Entwerfen Sie einen Katalog von Fragen, die ein Arbeitgeber an einen Stellenbewerber richten könnte, und formulieren Sie Antworten, von denen Sie glauben, dass er sie erwartet.
4. Gestalten Sie ein Plakat zum Thema „Arbeit im Wandel".

4 Sozialstaat im Wandel

Elendsquartiere vor den Toren Berlins 1872

Slum in Indonesien

Sozialstaat

Die Sozialstaatlichkeit der Bundesrepublik wird in Artikel 20 Absatz 1 GG festgelegt. Der Sozialstaat ist darauf gerichtet, soziale Sicherheit und Gerechtigkeit herzustellen und zu erhalten. Der Staat ist mitverantwortlich für den Ausgleich sozialer Unterschiede zwischen den Bürgern und verpflichtet, in sozialen Notlagen Hilfe zu leisten.

Martensen, Uta: Parlamentsdeutsch, Erläuterungen zu parlamentarischen Begriffen – 2003

1. Vergleichen Sie die Bilder mit den sozialen Verhältnissen in Ihrer Lebenswelt.
2. Diskutieren Sie in Ihrer Klasse, was unter „sozialer Gerechtigkeit" verstanden wird.

4.1 Entwicklung des Sozialstaats

Die Entwicklung des Sozialstaats hängt eng mit der Industriealisierung im 19. Jahrhundert zusammen. Sie wird durch eine **freie Marktwirtschaft** angetrieben, in der sich Angebot und Nachfrage ungehindert entfalten. Der Staat hält sich aus dem Marktgeschehen heraus und sorgt lediglich für die Einhaltung der rechtlichen Rahmenbedingungen („**Nachtwächterstaat**"). Begründet wird dieses System mit der Theorie, dass sich der Wohlstand in einer Gesellschaft vermehrt, wenn alle ihre eigenen Interessen verfolgen: Der Wettbewerb zwingt jeden Unternehmer bei „Strafe des Untergangs", seine Produkte immer besser und günstiger zu machen. **Adam Smith**, einer der Vordenker der Marktwirtschaft, vergleicht den Markt deshalb mit einer „unsichtbaren Hand", die alle Einzelinteressen in Richtung Gesamtinteresse lenkt. Heute ist dieses Denken vor allem noch in den USA spürbar.

Im 19. Jahrhundert zeigt sich jedoch bald die Schattenseite der kapitalistischen Konkurrenzverhältnisse. Weil immer mehr Menschen in die Industriezentren drängen, übersteigt das Angebot an Arbeitskräften die Nachfrage. Die Folge: Der Arbeitslohn sinkt, Frauen und Kinder müssen zum Erhalt der Familie durch eigene Arbeit beitragen, die Arbeitszeiten erstrecken sich fast auf den ganzen Tag und am Arbeitsplatz gibt es kaum Vorkehrungen, die die Arbeitskräfte vor Unfällen oder schädlichen Einwirkungen schützen. Die **Ausbeutung** der Arbeiterschaft liegt jedoch nicht im Sinne der Unternehmer. Viele versuchen, durch karitative Maßnahmen wie den Bau von Wohnungen die Not zu lindern. Verantwortlich für das soziale Elend sind die Marktverhältnisse: Sie erlauben nur Löhne, die die Produkte nicht überteuern. Gegen diese Zustände wehren sich die Arbeiter. Der Tradition der „handwerklichen Gesellenvereine" folgend, schließen sie sich in Gewerkschaften und Arbeiterparteien zusammen. In Anlehnung an **Karl Marx**, einen Vordenker der Arbeiterbewegung, streben sie als politisches Ziel eine sozialistische Wirtschaft an. Die Produktion soll nicht mehr der Willkür der anonymen Marktkräfte unterliegen, sondern zentral durch den Staat gelenkt werden (**Plan- oder Zentralverwaltungswirtschaft**). Diesem Modell folgen später die kommunistischen Staaten, beispielsweise die UdSSR oder die DDR.

Unter dem Druck der **sozialen Frage** erhält die Arbeiterbewegung starken Zulauf. Der bestehende **Obrigkeitsstaat** empfindet dies als Bedrohung. Unter Reichskanzler **Otto von Bismarck** werden daraufhin Ende des 19. Jahrhunderts die Arbeiterorganisationen verboten („**Sozialistengesetze**") und zum Ausgleich die gesetzliche Sozialversicherung eingeführt. Mit dem Eingriff des Staates in die Arbeitswelt wird der Grundstein für den in Deutschland heute typischen Sozialstaat gelegt. Sein Merkmal ist das Bemühen, die negativen Auswüchse der Marktwirtschaft durch sozialpolitische Maßnahmen abzufedern (**soziale Marktwirtschaft**). Nach der Aufhebung der Sozialistengesetze 1890 verabschiedet sich die Arbeiterbewegung in weiten Teilen von ihren sozialrevolutionären Zielen und baut zusammen mit den anderen demokratischen Parteien den Sozialstaat aus. Zusätzlich wird neben der sozialen Sicherheit die soziale Teilhabe der Arbeitnehmer durch Mitbestimmungsrechte gestärkt und die Gewerkschaft als gleichberechtigter Verhandlungspartner verankert. Die negativen Erfahrungen mit den politischen Folgen von sozialer Not führen schließlich dazu, dass der Sozialstaat 1949 im Grundgesetz zum Verfassungsgebot erhoben wird.

1. **Erläutern Sie die aufgeführten Wirtschaftssysteme.**
2. **Beziehen Sie zu der These Adam Smith' Stellung, der Markt sorge dafür, dass die Wohlfahrt in einer Gesellschaft steigt.**

Leitbildwechsel in der Sozialpolitik

M 1 Prinzipien der Sozialpolitik

Individualprinzip	Sozialprinzip
Der Einzelne sichert sich selbst vor Lebensrisiken ab (z. B. private Lebensversicherung).	Die Gesellschaft sichert den Einzelnen vor Lebensrisiken ab (z. B. gesetzliche Rentenversicherung).
Subsidiaritätsprinzip	**Solidaritätsprinzip**
Die Gesellschaft hilft erst, wenn sich der Einzelne nicht mehr selbst helfen kann (z. B. einkommensabhängige Zuschüsse).	Die gegenseitige Hilfe ist verpflichtend, wodurch die Starken die Schwachen unterstützen (z. B. gesetzliche Krankenkasse).
Finalprinzip	**Kausalprinzip**
Die Leistungen werden im Ermessen des individuellen Bedarfs erbracht (z. B. Jugendschutz).	Die Leistungen werden für festgelegte Eintrittsfälle erbracht (z. B. Kindergeld).

Zu Beginn dieses Jahrtausends verbreitet sich über Parteigrenzen hinweg eine neue Vorstellung über die Art von Hilfe, die ein in Not geratener Bürger vom Staat erhalten soll. Bis dahin stand der rechtliche Anspruch auf Versorgung (**fürsorgender Sozialstaat**) im Vordergrund der Sozialpolitik. Als bloßem „Umverteilungsstaat" wird diesem System nunmehr unterstellt, es untergrabe die Bereitschaft zur Eigenvorsorge und mache die Betroffenen von staatlichen Leistungen langfristig abhängig. Unter dem Schlagwort **aktivierender Sozialstaat** wird deshalb ein stärkerer Ausgleich zwischen der Hilfe durch Transferleistungen (**Solidarität**) und der Förderung der Selbstverantwortung (**Subsidiarität**) angestrebt. Das diesbezügliche Reformprogramm („**Agenda 2010**") führt zu tief greifenden Änderungen und ist gesellschaftlich umstritten. Ein Beispiel ist die Neuregelung der Zumutbarkeit von Arbeit für die Empfänger des steuerfinanzierten Arbeitslosengeldes II.

M 2

M 3 Sozialgesetzbuch II (SGB II) § 10 Zumutbarkeit

(1) Dem erwerbsfähigen Hilfebedürftigen ist jede Arbeit zumutbar, es sei denn, dass
1. er zu der bestimmten Arbeit körperlich, geistig oder seelisch nicht in der Lage ist,
2. die Ausübung der Arbeit ihm die künftige Ausübung seiner bisherigen überwiegenden Arbeit wesentlich erschweren würde, weil die bisherige Tätigkeit besondere körperliche Anforderungen stellt,
3. die Ausübung der Arbeit die Erziehung seines Kindes oder des Kindes seines Partners gefährden würde; die Erziehung eines Kindes, das das dritte Lebensjahr vollendet hat, ist in der Regel nicht gefährdet, soweit seine Betreuung in einer Tageseinrichtung oder in Tagespflege im Sinne der Vorschriften des Achten Buches oder auf sonstige Weise sichergestellt ist; die zuständigen kommunalen Träger sollen darauf hinwirken, dass erwerbsfähigen Erziehenden vorrangig ein Platz zur Tagesbetreuung des Kindes angeboten wird,
4. die Ausübung der Arbeit mit der Pflege eines Angehörigen nicht vereinbar wäre und die Pflege nicht auf andere Weise sichergestellt werden kann,
5. der Ausübung der Arbeit ein sonstiger wichtiger Grund entgegensteht.

(2) Eine Arbeit ist nicht allein deshalb unzumutbar, weil
1. sie nicht einer früheren beruflichen Tätigkeit des erwerbsfähigen Hilfebedürftigen entspricht, für die er ausgebildet ist oder die er ausgeübt hat,
2. sie im Hinblick auf die Ausbildung des erwerbsfähigen Hilfebedürftigen als geringerwertig anzusehen ist,
3. der Beschäftigungsort vom Wohnort des erwerbsfähigen Hilfebedürftigen weiter entfernt ist als ein früherer Beschäftigungs- oder Ausbildungsort,
4. die Arbeitsbedingungen ungünstiger sind als bei den bisherigen Beschäftigungen des erwerbsfähigen Hilfebedürftigen,
5. sie mit der Beendigung einer Erwerbstätigkeit verbunden ist, es sei denn, es liegen begründete Anhaltspunkte vor, dass durch die bisherige Tätigkeit künftig die Hilfebedürftigkeit beendet werden kann.

(3) Die Absätze 1 und 2 gelten für die Teilnahme an Maßnahmen zur Eingliederung in Arbeit entsprechend.

Bundesrepublik Deutschland/Bundesministerium der Justiz (Hrsg.): Sozialgesetzbuch II (SGB II) § 10 Zumutbarkeit, Zugriff am 11.12.2009 unter: http://www.gesetze-im-internet.de/sgb_2/__10.html

M 4 Klomänner und Schuhputzerinnen mit Diplom

Bislang galt der Grundsatz einer freien Wahl des Wohnortes, jetzt soll dieser zur Disposition gestellt werden. Noch schlimmer ist aber, dass auch unterqualifizierte Angebote und Lohneinbußen in Kauf genommen werden sollen. Das bedeutet konkret, dass jede/r Erwerbslose, unter Androhung des Leistungsentzugs, gezwungen werden kann, irgendwo in Deutschland für weit weniger Geld eine Arbeit zu verrichten, die ggf. weit unter ihren/seinen Befähigungen liegt. Wenn auch dieser Job verloren geht (was heutzutage immer möglich ist, zumal viele Stellen ja von vornherein befristet sind), wird das Arbeitslosengeld natürlich auf der Grundlage der letzten Beschäftigung bemessen, was zu einer fortgesetzten Spirale nach unten führen kann. Einmal im minderqualifizierten Bereich ist dann auch eine noch niedrigere Tätigkeit zumutbar, ein Heer von Tütenpackern im Supermarkt, Klomännern und Schuhputzerinnen mit Diplom steht bereits in Startlöchern, um den [Anzugträgern] aus den Versicherungen, Banken und Kommunikationseliten willfährig Dienstleistungen zu erweisen. Wer sich weigert, bekommt nach Hartz ein „filigranes System individueller Sanktionen" zu spüren. Durch Anhebung der 325-Euro-Grenze für Minijobs in Privathaushalten auf 500 Euro, ist für die Kaste der Besserverdienenden übrigens auch wieder ein angemessener Nachschub an Dienstboten, Putzfrauen und Gärtnern gewährleistet.

Stahl, Enno: Das Hartz-Papier und seine sozialen Folgen, Zugriff am 05.12.2009 unter: http://www.ennostahl.de/t_essays.php?id=7

M 5

1. **Bewerten Sie die Sozialstaatsprinzipien aus Sicht des Grundgesetzes.**
2. **Diskutieren Sie die Chancen und Gefahren der neuen Zumutbarkeitsregelung.**

4.2 Soziale Leistungen

M 1

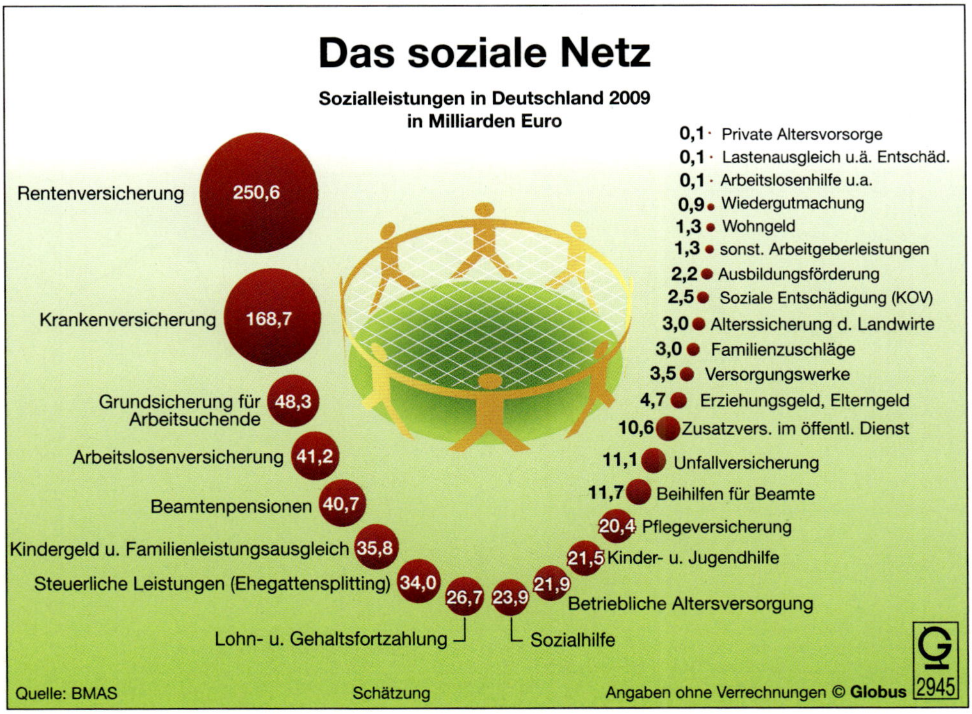

Nur wenige Länder geben für soziale Aufgaben mehr Geld aus als Deutschland. Zurzeit sind es über 750 Milliarden Euro. Das entspricht fast 30 Prozent des Bruttoinlandsprodukts (**Sozialleistungsquote**). Als **Sozialleistungen** gelten alle Ausgaben öffentlicher und privater Stellen, die beim Eintreten bestimmter sozialer Tatbestände, Risiken oder Bedürftigkeiten auf individueller Basis oder auf Haushaltsebene erbracht werden. Sie werden entweder als Geld- oder als Sachleistung gewährt. Ihre Zuwendung erfolgt aufgrund von gesetzlichen, satzungsmäßigen oder tarifvertraglichen bzw. freiwilligen Regelungen.

Im **Sozialbericht** gibt die Bundesregierung regelmäßig Auskunft, welche Leistungen erbracht und wie diese finanziert werden (**Sozialbudget**). Zugleich stellt sie den bisherigen Verlauf mit Prognosen für die nähere Zukunft dar. So sind seit 1991 die Sozialleistungen um über 70 Prozent gewachsen, wobei der stärkste Anstieg auf die Zeit unmittelbar nach der Wiedervereinigung und der damaligen Überleitung des westdeutschen Sicherungssystems auf die neuen Länder entfiel. Bei der Finanzierung der Sozialleistungen trägt der Staat den größten Anteil, und dies mit wachsender Tendenz. An zweiter Stelle stehen die Arbeitgeber. Ihr Beitrag nimmt jedoch tendenziell ab, weil die Sozialversicherungsabgaben gesenkt und andere betriebliche Sozialkosten wie die Lohnfortzahlung im Krankheitsfall zurückgingen. An letzter Stelle stehen die Versicherten. Zu ihnen zählen die Arbeitnehmer, die Leistungsempfänger (z. B. die Rentner mit ihrem Eigenbeitrag zur Krankenversicherung) und die Selbstständigen (zumeist mit Zahlungen an Versorgungswerke). Die Beitragslast der letzten Gruppe blieb trotz gesunkener Sozialversicherungsbeiträge konstant, weil gleichzeitig die Aufwendungen für die private Altersvorsorge anstiegen.

M 2 Entwicklung der Sozialleistungen und des Bruttoinlandsprodukts

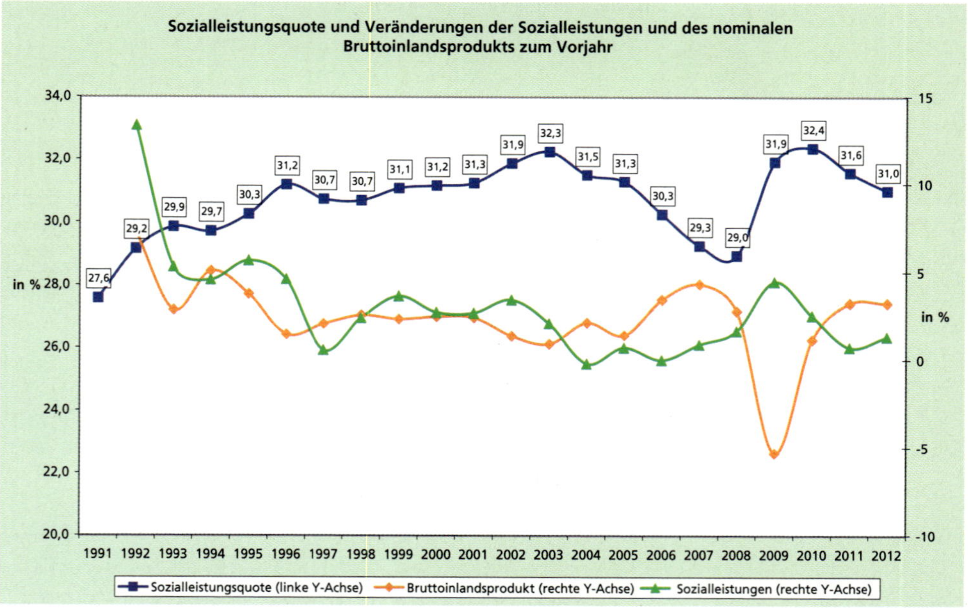

Bundesministerium für Arbeit und Soziales (Hrsg.): Sozialbericht der Bundesregierung 2009: Schaubild 2: Sozialleistungsquote und Veränderungen der Sozialleistungen und des nominalen Bruttoinlandsprodukts zum Vorjahr, S. 276

M 3 Finanzierung nach Arten

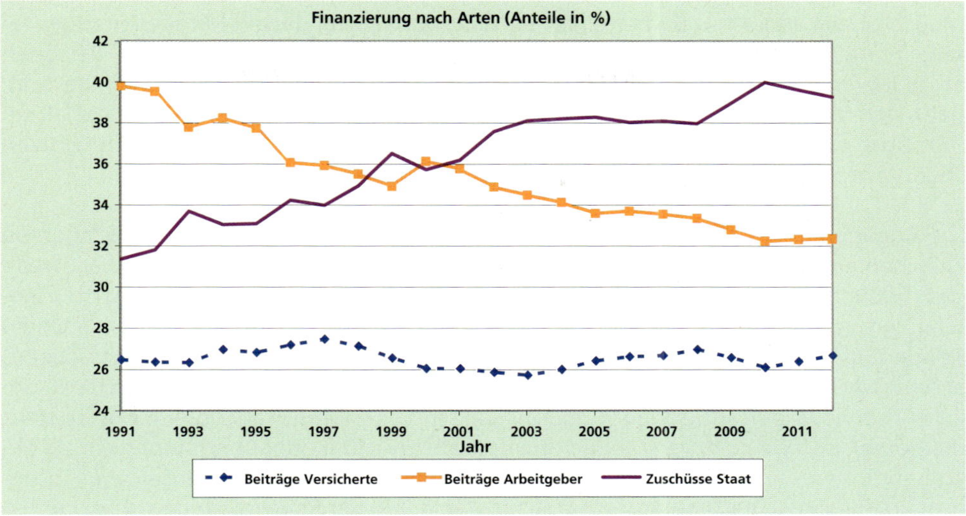

Bundesministerium für Arbeit und Soziales (Hrsg.): Sozialbericht der Bundesregierung 2009: Schaubild 4: Finanzierung nach Arten (Anteile in %), S. 320

1. **Vergleichen Sie die Entwicklung der sozialpolitischen Indikatoren (M 1, M 2).**
2. **Diskutieren Sie die Chancen und Gefahren die sich aus den Tendenzen bei der Finanzierung der Sozialleistungen ergeben.**

4.3 Einkommen und soziale Gerechtigkeit

Durchschnittseinkommen

M 1 Kern sozial gerechter Politik …

… ist es, ökonomische und soziale Teilhabe- und Verwirklichungschancen für alle Mitglieder in der Gesellschaft zu ermöglichen … Entscheidend für den Erfolg einer solchen Politik ist eine wirksame Aktivierungspolitik mit Angeboten etwa für Betreuung, Bildung und Weiterbildung, um die Beteiligten zu befähigen, so weit wie möglich vom Bezug von Transferleistungen unabhängig zu werden. Alle müssen die Chance erhalten, ihre individuellen Möglichkeiten auszuschöpfen.

Bundesministerium für Arbeit und Soziales (Hrsg.): Lebenslagen in Deutschland. Der 3. Armuts- und Reichtumsbericht der Bundesregierung, Zugriff am 11.12.2009 unter: http://www.bmas.de/portal/26742/property=pdf/dritter__armuts__und__reichtumsbericht.pdf

Die Zahlen über die Sozialleistungen des Staates zeichnen nur ein ungenaues Bild über die soziale Wirklichkeit einer Gesellschaft. Sie sagen beispielsweise nichts aus über die Chancen zur Teilhabe am gesellschaftlichen Leben. Diese werden wesentlich durch das Einkommen bestimmt, weshalb das jeweilige Verhältnis zum Durchschnittseinkommen und die Stellung in der Einkommensschichtung wichtige Orientierungsgrößen bei der sozialpolitischen Beurteilung von Lebenslagen sind.

Grundlage für die Berechnung des **arithmetischen Durchschnitteinkommens** ist das sogenannte **bedarfsgewichtete Äquivalenzeinkommen**. Hierbei werden die Einkünfte eines Haushalts addiert und über einen Verteilungsschlüssel dessen Mitglieder zugewiesen. Ein Haushalt, der aus einem Hauptverdiener (Gewichtungsfaktor 1), zwei Personen ab 15 Jahren (Gewichtungsfaktor 0,5) und einem Kind (Gewichtungsfaktor 0,3) besteht, hat einen Verteilungsschlüssel von 2,3 (1 + 0,5 +0,5 + 0,3). Verfügt dieser Haushalt im Jahr über 42 000 Euro, dann geht jedes Haushaltsmitglied mit einem Einkommen von 18 261 Euro (42 000 Euro:2,3) in die Durchschnittsberechnung ein.

Die Angaben über das Nettoäquivalenzeinkommen schwanken. Im Jahr 2006 lagen sie zwischen einem Jahreseinkommen von 15 600 und 17 600 Euro. Ursache ist die jeweilige Erhebungsart des Forschungsinstituts. So werden bei einigen Untersuchungen die Einkommensvorteile aus selbst genutztem Wohneigentum nicht einbezogen, wodurch ein Teil der Bevölkerung im mittleren Einkommensbereich weniger wohlhabend erscheint, als er tatsächlich ist. Oder aber die ausgewählten Haushalte werden nicht durch persönliche Interviews befragt, sondern über postalisch zugestellte Fragebögen. Hier besteht die Gefahr, dass sie nicht verstanden und deshalb unrichtig oder überhaupt nicht zurükkgesandt werden. Die Befragungstechnik kann dadurch fehlerhaft werden, weil insbesondere Personen aus bildungsfernen Schichten mit in der Regel niedrigem Einkommen in der Stichprobe unterrepräsentiert sind.

Ausgangspunkt für die Bestimmung der Einkommensverteilung ist das **Medianeinkommen**. Es gibt das bedarfsgewichtete Äquivalenzeinkommen desjenigen an, der genau in der Mitte der Bevölkerung steht. Von ihm aus gesehen, hat die eine Hälfte weniger, die andere mehr Einkommen. Im Gegensatz zum arithmetischen Mittel wird der Median nicht größer, wenn sich die Einkommen an den äußeren Rändern ändern. Damit schützt er vor statistischen Verzerrungen: Steigt beispielsweise das Einkommen der reichsten Bevölkerungsschicht sprunghaft an, so erhöht sich der arithmetische Durchschnitt, obwohl der Großteil der Bevölkerung nicht über mehr Geld verfügt.

1. **Begründen Sie Abweichungen und Differenzen statistischer Aussagen über die Einkommenssituation.**
2. **Problematisieren Sie den Aspekt „Einkommen" als Messlatte zur Bewertung der sozialen Gerechtigkeit in einer Gesellschaft.**

Armut in der Gesellschaft

Armut und soziale Ausgrenzung bleiben vielfach im Dunkeln, weshalb sie die Bundesregierung in Zeitabständen genauer untersuchen lässt. Analysiert wird nicht nur die ungleiche Teilhabe, etwa auf dem Arbeitsmarkt oder bei der Verteilung von Einkommen und Vermögen, sondern auch die Ursachen, auf die sie zurückzuführen ist.

M 5 Relative Armut

Armutsschwellen

Die Armutsschwellen lagen laut SOEP 2005 für...

Alleinstehende	bei**	880 Euro
Alleinerziehende mit Kind*		1.143 Euro
Paare		1.319 Euro
Paare mit einem Kind*		1.583 Euro
Paare mit zwei Kindern*		1.847 Euro
Paare mit drei Kindern*		2.111 Euro

*Kinder unter 14 Jahren; **monatliches Nettoeinkommen
Sozio-oekonomisches Panel, Berechnung Becker 2008 | ©Hans-Böckler-Stiftung 2008

Hans Böckler Stiftung (Hrsg.): Armutsschwellen, Zugriff am 05.12.2009 unter: http://www.box5.boeckler-boxen.de/4488.htm

Schwellen der Armut		
Relative Armut	Bekämpfte Armut (soziokulturelles Existenzminimum)	Absolute Armut (physisches Existenzminimum)
Einkommen, das weniger als 60 Prozent des mittleren Einkommens beträgt	Einkommen, das durch die Unterstützung des Systems der sozialen Sicherung erreicht wird	Einkommen, das nicht reicht, um das körperliche Überleben zu sichern (Mindeststandard)
Armutsrisikoquote = Anteil der Personen unterhalb der Armutsrisikoschwelle		

M 3 Risikoquote der relativen Armut vor und nach Sozialtransfers 2005

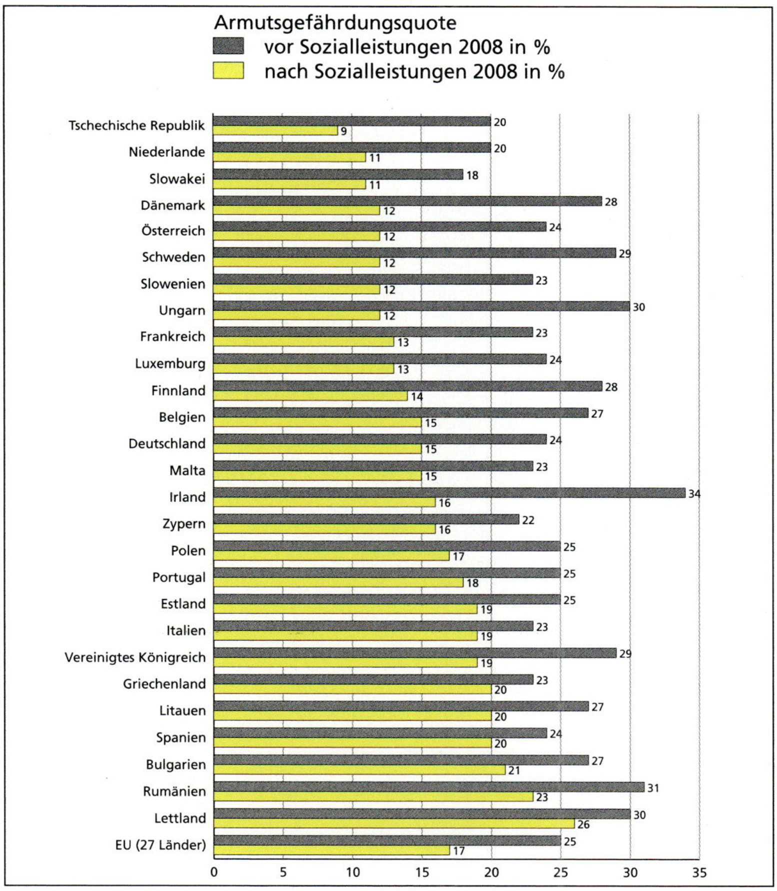

Bundesministerium für Arbeit und Soziales (Hrsg.): Lebenslagen in Deutschland. Der 3. Armuts- und Reichtumsbericht der Bundesregierung: Schaubild 2: Reduktion des Armutsrisikos der Gesamtbevölkerung durch Sozialtransfers, Quelle: EU-SILC 2006, Zugriff am 11.12.2009 unter: http://www.bmas.de/portal/26742/property=pdf/dritter__armuts__und__reichtumsbericht.pdf

1. Stellen Sie die Wirkung der Sozialleistungen auf die Bekämpfung der Armut dar.
2. Entwickeln Sie eigene Vorschläge, wie die Armut bekämpft werden kann.

Einkommensverteilung

Die Sozialstruktur der Bundesrepublik Deutschland wurde in der Soziologie lange mit dem Schlagwort der **nivellierten Mittelschichtgesellschaft** (Helmut Schelsky) charakterisiert. Gemeint ist, dass die mit der Industriealisierung entstandenen Klassenunterschiede einebnen, weil immer größere Teile der Bevölkerung zur Mittelschicht auf- bzw. absteigen. Die Mitte als soziale Kategorie prägt die gesellschaftliche Identität. Wer sich ihr zuordnet, sieht sich als tragende Säule der Gesellschaft und entwickelt ihr gegenüber ein positives Verhältnis. Befördert wird das Wachstum der Mittelschicht durch steigenden Wohlstand (Wirtschaftswunder) und eine Zunahme höherer Bildungsabschlüsse (Bildungsexpansion). Zwischenzeitlich zeigen sich jedoch Anzeichen für eine Trendumkehr. Die Mittelschicht schrumpft und Umfragen vermelden, insbesondere seit der Weltwirtschaftskrise 2008, eine verstärkte Angst vor sozialem Abstieg.

M 4

Einkommensschichtung in Deutschland[1] 1984 bis 2006

In Prozent, Einkommensposition auf Basis des jahresspezifischen Median

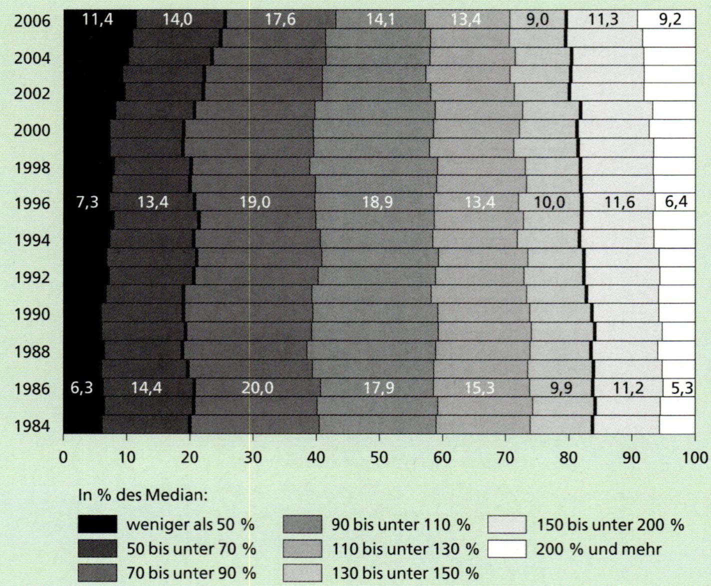

1 Ab 1992 Deutschland insgesamt.

Quelle: SOEP, Personen in Privathaushalten, retrospektiv erfragte bedarfsgewichtete Haushaltsnettoeinkommen des Vorjahres. **DIW** Berlin 2008

Grabka, Markus M.; Frick, Joachim R.: Schrumpfende Mittelschicht – Anzeichen einer dauerhaften Polarisierung der verfügbaren Einkommen?, in: Wochenbericht (DIW Berlin), Heft 10/2008, veröff. am 05.03.2008 unter: http://www.diw.de/documents/publikationen/73/79586/08-10-1.pdf

1. **Analysieren Sie die Struktur und die Entwicklung der Einkommensverteilung.**
2. **Soziologen behaupten, die Mittelschicht werde im Gefolge der Globalisierung abschmelzen. Diskutieren Sie die gesellschaftlichen Folgen, die damit verbunden sind.**

Debatte: Bedingungsloses Grundeinkommen?

Ein Ausweg aus Armut und sozialer Ausgrenzung wird im bedingungslosen Grundeinkommen gesehen. Befürworter und Gegner verteilen sich über Parteien und gesellschaftliche Gruppen hinweg. Der Kerngedanke ist einfach: Jeder Bürger erhält ohne Vorbedingung Geld in Höhe des soziokulturellen Existenzminimums. Reicht es ihm nicht aus, kann er durch Arbeit sein Einkommen erhöhen. Die Finanzierung soll über höhere Verbrauchssteuern erfolgen, um die Sozialkosten vom Arbeitseinkommen zu trennen (z. B. Mehrwertsteuer) und das Sozialsystem durch die Besteuerung der Importe vom Weltmarkt abzukoppeln.

M 5

Pro: „Freiheit statt Vollbeschäftigung"

Nach 20 Jahren ziemlich erfolglosen Kampfes gegen hohe Arbeitslosigkeit müssen wir uns die Frage stellen: Wie kann man ohne Arbeitsplatz ein sinnvolles Leben führen? Genau betrachtet ist Arbeitslosigkeit ja keine Niederlage, sondern ein Sieg. Die Produktivitätssteigerung erlaubt es, mit einem Minimum an menschlicher Arbeit ein Maximum an Wohlstand zu erzielen. Freiheit statt Vollbeschäftigung – das ist heute die Alternative. ... Gerade dann werden viele erst arbeiten wollen, weil sie sich endlich den Lohn nicht mehr vom Arbeitgeber vorschreiben lassen müssen, sondern selbstständig über eine gerechte Vergütung verhandeln können. Sie riskieren dabei nichts, weil sie ja ihr Grundeinkommen haben. [Die „billigen" Jobs] werden richtig teuer werden, gerade weil sie gemacht werden müssen und weil man dann niemanden mehr einfach mit einem Hungerlohn abspeisen kann. Das ist ja das Besondere am Grundeinkommen, dass es auch den Arbeitnehmer zum Unternehmer macht, und zwar gerade den Arbeitnehmer, der besonders schwere und unschöne Arbeit leistet. ... Sicher werden dann einige nur noch vor der Glotze hängen und faulenzen. Das tun sie allerdings auch heute schon. Es gibt da keinen Kausalzusammenhang, nur: Wer arbeiten wollen wird – und das ist die Mehrheit –, wird es viel freier und selbstbestimmter tun können als heute.

Interview mit dem Soziologen Ulrich Beck, in: Der Tagesspiegel, veröff. am 30.11.2006 unter: http://www.tagesspiegel.de/magazin/wissen/gesundheit/art300,2278921

M 6

Kontra: „Freibier für alle"

Es ist nicht die Aufgabe der Gewerkschaften, die aus dem Erwerbsleben Ausgegrenzten mit Trostpflastern für ihre Ausgrenzung zu versorgen. Es geht den Gewerkschaften nicht um Stilllegungsprämien für Arbeitskräfte, sondern um die Integration aller Arbeitswilligen in das Erwerbssystem. Nicht zuletzt hat das etwas zu tun mit dem gewerkschaftlichen Verständnis von der Würde des Menschen. Die pauschale Unterstützung von Nicht-Hilfebedürftigen geht prinzipiell zu Lasten jener, die aufgrund ihrer individuellen Bedarfs- und Lebenslage einer abgestimmten Unterstützung bedürfen. Die Finanzierungslasten eines bedingungslosen Grundeinkommens für alle müssten die Summe aller eingesparten staatlichen Transferleistungen erheblich überschreiten, wenn das Grundeinkommen das Existenzminimum absichern soll. Ein Grundeinkommen unterhalb der Schwelle des Existenzminimums wäre gegenüber dem Status quo keine Besserstellung, sondern dreist getarnter Sozialabbau. ... Die individuelle Entscheidung, nicht am Erwerbsleben teilhaben zu wollen, gehört nach dem Grundverständnis der Gewerkschaften – und wohl auch nach allgemeiner Auffassung der meisten Bürgerinnen und Bürger – nicht zu den Tatbeständen, die eine gesellschaftliche Unterstützungsleistung auslösen sollten ... Das vorerst letzte gesellschaftliche Großexperiment, einen gesamten Staat als eine Art Beschäftigungsgesellschaft zu organisieren, ist bekanntermaßen gescheitert. Die Lehre daraus kann es nicht sein, nunmehr eine Gesellschaft anzustreben, bei der zum Nachteil der wirklich Durstigen die knappen ökonomischen Ressourcen durch Freibier für alle verschwendet werden.

Schabedoth, Hans-Joachim: Freibier hilft den Durstigen nicht, in: Frankfurter Rundschau, veröff. am 26.06.2007 unter: http://www.fr-online.de/in_und_ausland/politik/dokumentation/?em_cnt=1161437&

1. **Vergleichen Sie die Argumente zur Grundsicherung und beziehen Sie selbst Stellung.**
2. **Formulieren Sie einen eigenen Vorschlag zur Problemlösung.**

4.4 Sozialversicherung in der Krise

Strukturprobleme

Die Träger der Sozialversicherung (Kranken-, Unfall-, Renten-, Arbeitslosen- und Pflegeversicherung) erfüllen als öffentlich-rechtliche Körperschaft unter der Rechtsaufsicht des Staates alle Verwaltungsaufgaben in Eigenverantwortung (**Selbstverwaltung**). Ihre Organe werden zu gleichen Teilen von Arbeitnehmern und Arbeitgebern durch Wahlen bestimmt (**Sozialwahl**). Als Pflichtversicherung kann sich ihr niemand entziehen, der vom Gesetz erfasst ist. Dadurch werden die finanziellen Lasten der Lebensrisiken auf viele Schultern verteilt. Die Leistungen werden über annähernd gleiche Beiträge der Arbeitnehmer und der Arbeitgeber finanziert (**Umlagefinanzierung**). Eine Ausnahme bildet die Unfallversicherung, die ausschließlich von den Arbeitgebern unterhalten wird. Die Beitragssätze beziehen sich auf die Bruttolöhne und werden wie die Leistungen mit Ausnahme der Krankenversicherung durch den Gesetzgeber festgelegt. Rechtsgrundlage der Sozialversicherung ist das **Sozialgesetzbuch**.

Die Arbeitslosigkeit stellt die Sozialversicherung vor große finanzielle Schwierigkeiten, da den Leistungen ein immer geringeres Beitragsaufkommen gegenübersteht. Dieses Finanzproblem wird sich durch das wachsende Ungleichgewicht zwischen jungen Erwerbstätigen und Menschen im Ruhestand in Zukunft noch verschärfen (vgl. S. 84). Als Lösung bietet sich zunächst an, die Leistungen zu kürzen. Dies ist jedoch nicht nur sozialpolitisch problematisch, sondern auch politisch schwer durchsetzbar: Die große Zahl der betroffenen Wähler kann einer solchen Politik leicht das Mandat entziehen. Als weiterer Ausweg kann der Beitragssatz erhöht werden. Hier wird jedoch beklagt, dass die zusätzlichen Kosten für die Arbeitgeber (**Lohnnebenkosten**) die internationale Wettbewerbsfähigkeit gefährden und den Anreiz zur illegalen Arbeit (**Schwarzarbeit**) erhöhen. Beides verstärkt die Arbeitslosigkeit und verschlimmert folglich nur das Defizit im Haushalt der Sozialversicherung.

Als Problemlösung wird von Seiten der Arbeitgeber gefordert, ihren Anteil an den Beiträgen zu senken. Das erhöht nach ihrer Ansicht die Absatzchancen deutscher Produkte, was wiederum die Zahl der Beschäftigten erhöht. Die Gewerkschaft sieht das anders. Sie fordert höhere Löhne, um über eine höhere Nachfrage die Arbeitslosigkeit und damit das Defizit in den Sozialkassen zu bekämpfen.

M 1

1. **Bewerten Sie die Forderung, den Beitragssatz für diejenigen zu erhöhen, die durch ihre Lebensführung bewusst ein höheres Gesundheitsrisiko eingehen (z. B. Raucher) und dadurch die Kosten für die Gemeinschaft in die Höhe treiben.**
2. **Erstellen Sie jeweils eine politische Rede, in der Sie sich für und gegen Leistungskürzungen aussprechen.**

Debatte: Lohnnebenkosten senken?

M 2 Die Sicht der Arbeitgeber

Niedrigere Sozialbeiträge sind vor allem auch ein wirkungsvoller Beitrag zur Entlastung der Arbeitnehmer und damit für mehr Kaufkraft bzw. bessere Möglichkeiten zum Sparen und Vorsorgen. Bei den meisten Arbeitnehmern machen die Sozialversicherungsbeiträge den größten Teil ihrer Lohnabzüge aus. Dies gilt gerade für Geringverdiener und Familien, weil bei ihnen die Lohnsteuerbelastung vergleichsweise gering ist. Bis zu einem Jahresbruttolohn von rund 40.000 Euro sind bei Ledigen die Sozialabgaben höher als die Lohnsteuer. Bei Ehegatten liegt die Grenze bei über 60.000 Euro. Jeder vierte Arbeitnehmer zahlt sogar überhaupt keine Lohnsteuer. Von einer Senkung der Sozialabgaben würden daher deutlich mehr Arbeitnehmer profitieren als von einer Senkung der Lohnsteuer ... Eine Senkung der Sozialbeiträge stärkt die Arbeitsanreize, weil dadurch der Abstand vom Arbeitseinkommen zum Vergleichseinkommen ohne Arbeit (z. B. zum Arbeitslosengeld II) steigt. Die hohe Belastung von Löhnen und Gehältern durch Sozialabgaben reduziert den Abstand zwischen Nettolöhnen und Transfereinkommen und wirkt damit als Einstiegsbarriere in den Arbeitsmarkt. Wie Untersuchungen zu den Lohnansprüchen von Empfängern von Arbeitslosengeld II zeigen, steigt bei höheren Nettolöhnen die Bereitschaft zur Arbeitsaufnahme.

BDA (Hrsg.): Arbeit entlasten – Beschäftigung sichern. BDA-Positionspapier zur Senkung der lohnbezogenen Sozialbeiträge, Oktober 2009, Zugriff am 05.09.2009 unter: http://www.arbeitgeber.de/www/arbeitgeber.nsf/res/Arbeit_entlasten-Beschaeftigung_sichern.pdf/$file/Arbeit_entlasten-Beschaeftigung_sichern.pdf

M 3 Die Sicht der Gewerkschaft

Wenn alle die Löhne drücken, verbessern sie ihre Konkurrenzposition nicht, aber schwächen die gesamtwirtschaftliche Nachfrage noch weiter. Denn Löhne sind eben nicht nur

Kosten, sondern bilden zugleich den größten Block der Kaufkraft. Wenn Unternehmer, der Einzelhändler oder der Mittelständler über zu hohe Lohnkosten klagen, stellt sich die Frage: Sind die Kosten zu hoch oder gibt es einfach zu wenige Aufträge? Denn eins ist klar: Wer genug Aufträge hat, kann auch gute Löhne und Gehälter zahlen und verdient immer noch genug. Vor ein paar Jahren lief die Konjunktur noch wesentlich besser, obwohl die „Lohnnebenkosten" nicht niedriger waren. Auch heute gibt es in der Bundesrepublik trotz gleicher „Lohnnebenkosten" – und gleichem Kündigungsschutz – Regionen mit höherer und Regionen mit geringerer Arbeitslosigkeit. ... Die Senkung der „Lohnnebenkosten" durch Leistungskürzungen ist ... purer Sozialabbau. Nur die Arbeitgeber profitieren von der Senkung der Beiträge. Für die Beschäftigten wird es viel teurer als vorher, weil sie sich jetzt ganz auf eigene Kosten versichern oder hohe Zuzahlungen leisten müssen. Viele Bezieher niedriger Einkommen werden sich das nicht leisten können und künftig noch schlechter abgesichert sein. So werden die sozialen Sicherungssysteme nicht zukunftsfähig, sondern ihre Leistungsfähigkeit und das Vertrauen der Versicherten zerstört. Der entscheidende Hebel für mehr Wachstum und Beschäftigung ist die Stärkung der Inlandsnachfrage. Hierzu müssen die Kaufkraft der privaten Haushalte und die öffentlichen Investitionen nachhaltig erhöht werden. Immer wieder wird der Anschein erweckt, nur die Nettoeinkommen der Beschäftigten brächten kaufkräftige Nachfrage hervor. Die Sozialbeiträge seien davon nur Abzüge, die Kaufkraft mindern. Aber das stimmt nicht. Auch die Sozialbeiträge sind genauso wie die Nettoeinkommen nicht nur Kosten, sondern auch Nachfrage. Abgaben verschwinden nicht im ökonomischen Nirvana, sondern fließen unmittelbar in den Wirtschaftskreislauf zurück. Sozialleistungen sind sogar in höherem Maße nachfragewirksam als Nettoeinkommen, weil davon weniger gespart werden kann.

Lohnnebenkosten senken – Kaufkraft stärken, in: Argumente, Heft 2/2004 (Wirtschaftspolitik ver.di), Zugriff am 11.12.2009 unter: http://www.dgbhalberstadt.de/page5/page6/files/lohnnebenkost.pdf

1. Vergleichen Sie die Argumente zur Forderung, die Lohnzusatzkosten zu senken.
2. Formulieren Sie einen eigenen Vorschlag zur Problemlösung.

4.5 Soziale Sicherheit im internationalen Vergleich

Viele Wege, viele Probleme

Die sozialen Sicherungssysteme befinden sich weltweit im Umbruch. Das planwirtschaftliche Modell der staatlichen Vollversorgung der Bürger spielt heute international kaum mehr eine Rolle. Die ehemaligen kommunistischen Staaten des Ostblocks befinden sich – mit allen damit verbundenen Schwierigkeiten – fast durchweg im Übergang zur Marktwirtschaft. Aber auch der betont marktwirtschaftliche Weg der USA ist in Bedrängnis geraten. Die wach-

M 1

sende Arbeitslosigkeit nach dem Wirtschaftseinbruch 2008 macht es vielen ihrer Bürger schwer, sich privat vor den Lebensrisiken abzusichern. Der Wohlfahrtsstaat kontinentaleuropäischer Prägung steht ebenfalls unter Druck. Die steuerfinanzierte Variante findet ihre Grenze an der wachsenden Staatsverschuldung und die lohnbezogene Beitragsfinanzierung an der demografischen Entwicklung. In der internationalen Diskussion über Wege aus der Krise des Sozialstaats zeichnet sich eine Annäherung der Systeme ab. In den USA gibt es starke Kräfte für eine staatliche Krankenversicherung und in Deutschland für eine Stärkung der privaten.

M 2

Lebensängste im Sozialstaat

Der Wohlfahrtsstaat ist in seinen derzeit erreichten Ausmaßen nicht mehr nachhaltig zu finanzieren. Der breiten Schicht von Beziehern mittlerer Einkommen muss mehr Selbstverantwortung zugemutet werden. Die Krankenversicherungsreform böte die Möglichkeit hierzu: generelle Begrenzung der Versicherungspflicht auf eine Grundversorgung (wie in der Rentenversicherung). Senkung der Pflichtbeiträge, dadurch Eröffnung eines finanziellen Spielraums und private Zusatzversicherung nach individueller Wahl. Mehr Vertrauen in die Politik und damit auch der Abbau von Lebensängsten wird nur zu erreichen sein, wenn der Bevölkerung die Misere und die Grenzen des Sozialstaats deutlich vor Augen geführt und wenn für jeden Einzelnen gangbare und zumutbare Wege aus der Sackgasse eröffnet werden. Wer sich selbst helfen kann, wird verstärkt auf eigenverantwortliches Verhalten verwiesen werden müssen, kombiniert mit einem Sinken der Zwangsabgaben. In anderen Ländern ist dieser Weg schon erfolgreich beschritten worden. Solidarität für diejenigen, die sich nicht selbst zu helfen vermögen, versteht sich von selbst. Anzustreben ist eine langfristig angelegte, berechenbare, stetige Sozialpolitik, die es jedermann ermöglicht, die sinkende staatliche Vorsorge mit eigenen finanziellen Anstrengungen nach eigenem Ermessen zu ergänzen. Nur so entsteht neues Vertrauen, und nur so werden sich Lebensängste überwinden lassen.

Lebensängste im Sozialstaat, in: Frankfurter Allgemeine Zeitung, 01.02.2007, S. 9, Zugriff am 11.12.2009 unter: http://www.fazfinance.net/Aktuell/Wirtschaft-und-Konjunktur/Lebensaengste-im-Sozialstaat-0482.html

1. **Erläutern Sie die internationalen Ansätze in der Sozialpolitik.**
2. **Beziehen Sie zu den Aussagen in M 2 kritisch Stellung.**

Zum Vergleich: Das Gesundheitssystem der USA

In den USA hat sich der Bürger grundsätzlich selbst um seinen Krankenversicherungsschutz zu kümmern. Nur US-Bürger über 65 Jahren sind durch ein staatliches Programm abgesichert. Für Menschen mit extrem niedrigem oder keinem Einkommen übernimmt der Staat in medizinischen Notfällen die Kosten einer Behandlung. Die reguläre medizinische Betreuung ist selbst zu finanzieren. Wer fest bei einer Firma angestellt ist, kommt meistens automatisch in den Genuss einer betriebsbezogenen Gruppenkrankenversicherung mit Prämienrabatt. Unter Umständen übernimmt der Arbeitgeber sogar die Beiträge. Eine Alternative zur privaten Versicherung, die genauso wie bei uns arbeitet, sind die sogenannten Health Maintenance Organisations (HMOs). Sie bilden ein geschlossenes System mit ausgewählten Ärzten und Krankenhäusern. Die Mitglieder zahlen einen festen Beitrag und werden dafür in den kooperierenden Einrichtungen behandelt.

Als großer Nachteil des Gesundheitswesens in den USA wird die Vielzahl der Bürger ohne Krankenversicherung gesehen, weil sie deren Beiträge nicht bezahlen können. So fallen Arbeitslose nach mehr oder weniger kurzer Zeit aus dem Versicherungsschutz ihres Betriebes heraus und sind auf die teuren privaten angewiesen. Fast 46 Millionen sind davon betroffen. Viele Versicherte haben zudem ihren Versicherungsschutz auf einen Höchstbetrag begrenzt, um ihre Prämie zu reduzieren. Bei schweren Erkrankungen kann dies leicht zu finanziellen Schwierigkeiten führen. Trotz der privatwirtschaftlichen Ausrichtung des Gesundheitswesens in den USA ist es dennoch weltweit das mit Abstand teuerste. Die Ausgaben belaufen sich auf weit über eine Billiarde Dollar, das entspricht fast einem Fünftel des Bruttoinlandsprodukts (BIP). Bei den anderen Industriestaaten liegt der Anteil im Durchschnitt unter zehn Prozent.

Auf der anderen Seite bietet das Gesundheitswesen in den USA den Vorteil, dass die Patienten auf die modernsten und neuesten Behandlungsmöglichkeiten zurückgreifen können. Dies ist nach Auffassung von Experten das Ergebnis der exzellenten US-Forschung im medizinischen Sektor. Ein Beleg sind die vielen Nobelpreise im Bereich Medizin, die an Wissenschaftler vergeben werden, die in den USA forschen. Die Forschung wird von der Gesundheitsindustrie massiv vorangetrieben, weil sie sich von deren Erkenntnissen neue medizinische Produkte und damit bessere Absatzchancen auf dem Gesundheitsmarkt verspricht.

M 3

Kampf um die Krankenversicherung für Arme

Zwischen 500 Milliarden und über einer Billion Dollar stehen auf dem Preisschild für die Reform ... Das Verständnis, worum es überhaupt geht, hat sich seit Wahlkampfzeiten freilich gewandelt. Damals standen die 45 bis 47 Millionen Bürger ohne jede Krankenversicherung im Mittelpunkt; das entspricht 15 Prozent der Gesellschaft, aber nur zehn Prozent der Bürger, die auch tatsächlich wählen gehen. Heute dagegen, unter dem Druck der Wirtschaftskrise, muss Obama stärker auf die Ängste jener Amerikaner Rücksicht nehmen, die bereits eine Krankenversicherung haben, aber nicht noch mehr zahlen wollen, nur damit auch die Habenichtse abgesichert werden. Das Interesse an Kostendämpfung ist weiter verbreitet als der Wunsch nach Solidarität.

Marschall, Christoph von: Obama kämpft um die Reform der Krankenversicherung, in: ZEIT ONLINE, veröff. am 17.08.2009 unter: http://www.zeit.de/online/2009/31/obama-gesundheitsreform

1. **Vergleichen Sie das Gesundheitssystem der USA mit dem deutschen.**
2. **Beurteilen Sie das politische Dilemma Präsident Obamas im Kampf für eine Reform der Krankenversicherung.**

Finanzierung der Sozialleistungen in der EU

M 4

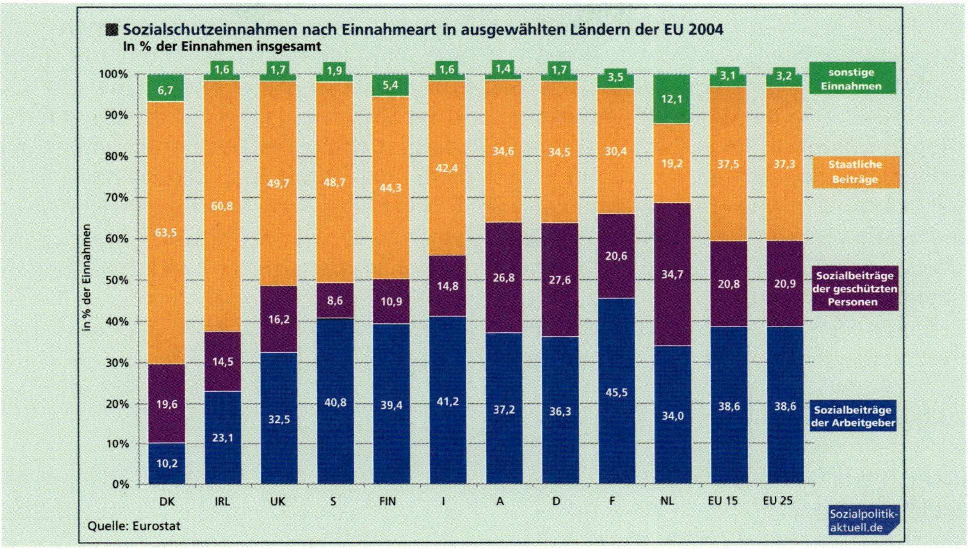

Sozialpolitik-aktuell (Hrsg.), Zugriff am 05.12.2009 unter: http://www.sozialpolitik-aktuell.de/tl_files/sozialpolitik-aktuell/_Politikfelder/Europa-Internationales/Datensammlung/PDF-Dateien/abbII7.pdf

M 5

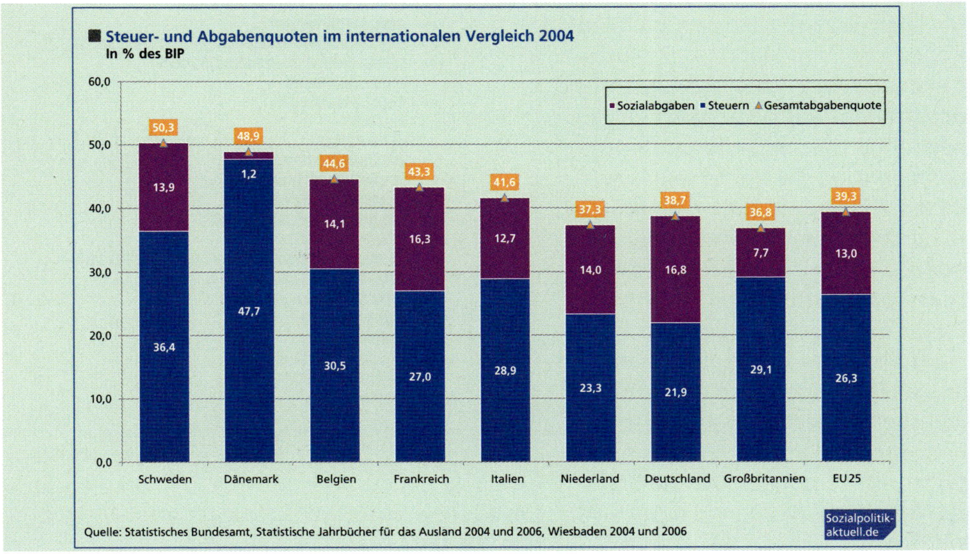

Sozialpolitik-aktuell (Hrsg.), Zugriff am 05.12.2009 unter: http://www.sozialpolitik-aktuell.de/tl_files/sozialpolitik-aktuell/_Politikfelder/Europa-Internationales/Datensammlung/PDF-Dateien/abbII26.pdf

1. Vergleichen Sie die Stellung Deutschlands unter den anderen EU-Staaten.
2. Vergleichen Sie M 4 und M 5 mit M 1 auf Seite 180.

Steuerfinanzierung in Dänemark

In Dänemark gibt es nur eine gesetzliche Krankenversicherung. In ihr ist jeder versichert, der dort Steuern zahlt, auch Ausländer. Sie wird komplett vom Staat geplant und geleitet. Die Leistungen werden über die Einkommenssteuer aufgebracht. Die Dänen können zwischen zwei Varianten wählen. Das Hausarztmodell und das Modell mit freier Arztwahl. Beim ersten gibt es keinerlei Selbstbehalt. Dafür ist der Arztwechsel nur unter Einschaltung der Gemeindeverwaltung und der Einhaltung einer Sperrfrist von sechs Monaten möglich. Für Fachärzte ist eine Überweisung nötig. Fast alle Dänen sind so versichert. Das zweite Modell wird nur von ca. zwei Prozent der Bevölkerung bevorzugt. Bei ihm herrscht eine uneingeschränkte freie Arztwahl. Die Ärzte unterliegen dann nicht mehr dem vorgegebenen Tarifabkommen zwischen Staat und Ärzteschaft, sondern können die Gebühren frei festlegen. Der Patient muss in Vorkasse treten und erhält nur den Betrag vom Staat zurück, der nach Hausarztmodell fällig ist. Das Krankenhaus ist in beiden Modellen frei wählbar. Um die Patientenströme zu lenken, werden über das Internet die Wartezeiten für Operationen bekannt gegeben.

Beitragsfinanzierung in den Niederlanden

In den Niederlanden gibt es eine Vielzahl konkurrierender Versicherungsgesellschaften. Jeder Bürger ist verpflichtet, sich eine auszuwählen und bei ihr eine Krankenversicherung mit einem gesetzlich vorgegebenen Standardpaket abzuschließen. Jeder Versicherer setzt die Höhe der Prämie (Pauschbetrag) selbst fest und bietet sie allen Bürgern zu den gleichen Konditionen am Markt an. Bedürftige können einen staatlichen Zuschuss beantragen. Aus dem Pauschbetrag bestreitet das Versicherungsunternehmen rund die Hälfte seiner Ausgaben. Die andere wird – je nach Risikoprofil der Versicherten – aus dem nationalen Ausgleichsfonds finanziert. Für Versicherte mit chronischer Erkrankung erfolgt beispielsweise eine höhere Erstattung als für normale. Der Fonds speist sich aus einkommensbezogenen Beiträgen der Arbeitgeber und aus Steuermitteln, die für soziale Leistungen wie die Unterstützung von Kindern eingebracht werden.

M 1

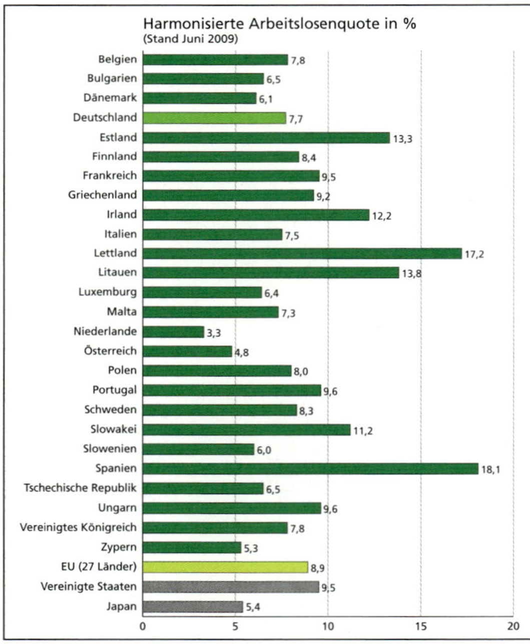

Arbeitslosenquote der Eurozone auf 9,7 % gestiegen, in: eurostat pressemitteilung, 153/2009, veröff. am 30.10.2009 unter: http://epp.eurostat.ec.europa.eu/cache/ITY_PUBLIC/3-30102009-AP/DE/3-30102009-AP-DE.PDF

1. **Vergleichen Sie die beiden Systeme untereinander sowie mit dem deutschen und dem der USA.**
2. **Diskutieren Sie, welches System dem Gedanken der sozialen Gerechtigkeit am nächsten kommt.**

4.6 Soziale Teilhabe

Neben der Hilfe in sozialen Notlagen zielt der Sozialstaat auch auf einen Machtausgleich zwischen Kapital und Arbeit. So wurde unter der Leitidee „Wirtschaftsdemokratie" ein System von Institutionen geschaffen, das es Arbeitnehmern und Arbeitgebern erlaubt, ihre Interessenkonflikte relativ gleichberechtigt untereinander auszuhandeln (**Sozialpartner**). Sei es auf der Ebene kollektiver Arbeitsverträge (**Tarifautonomie**) zwischen Gewerkschaft und Arbeitgeberverbänden, der Mitbestimmung zwischen den Betriebsparteien (Betriebsrat und Geschäftsleitung) oder des Zusammenspiels von Arbeit und Kapital im Aufsichtsrat von Kapitalgesellschaften.

Gewerkschaften als Schutzmacht

Das System der sozialen Teilhabe stützt sich auf Gewerkschaften, in denen sich Arbeitnehmer freiwillig zusammenschließen, um ihre Interessen gegenüber den Arbeitgebern gemeinsam zu vertreten. Besonders stark vertreten sind sie traditionell bei den Facharbeitern im produzierenden Gewerbe und im öffentlichen Dienst. Durch die breite Verankerung in der Arbeitnehmerschaft sehen sich die Gewerkschaften zugleich als Anwalt aller abhängig Beschäftigten, Arbeitslosen und Rentner. Die seit Langem rückläufige Zahl der Mitglieder gefährdet jedoch diese Rolle der Gewerkschaften, sei es als „Gegenmacht" zu den Arbeitgebern oder als „Schutzmacht der kleinen Leute".

M 1 Gewerkschaften sind kein Interessenverband wie viele andere

Zwischen 1950 und 1980 nahm die Mitgliederzahl der DGB-Gewerkschaften von etwa 5,5 Millionen auf fast 7,9 Millionen zu. Nach der Vereinigung im Jahre 1989 wurde ein Höchststand von 11,8 Millionen erreicht. Seitdem sinkt die Mitgliederzahl unentwegt auf derzeit 7,5 Millionen ... Arbeitsplatzvernichtung und die gravierende Veränderung der betrieblichen Strukturen haben das Tempo der Mitgliederverluste nicht allein bestimmt. In vielen Fällen ist der Mitgliederrückgang erheblich größer als der Abbau von Arbeitsplätzen. ... Gegenmacht zu organisieren ist und bleibt das Wesenselement für Organisationen, die den Anspruch erheben, Gewerkschaften zu sein. So hat es das Bundesverfassungsgericht und auch das Bundesarbeitsgericht definiert. Von struktureller Machtungleichheit ist dort die Rede. Die Fähigkeit zur Gegenmacht müssen die Gewerkschaften hüten, weil Macht nur durch Gegenmacht begrenzt werden kann. Die Gefahr besteht, dass Gewerkschaften im Bemühen um Dialogfähigkeit und Konsensbereitschaft ihre politischen Ziele vernachlässigen, und das in einer Phase der erneuten Brutalisierung durch das Kapital. Viele Mitglieder erwarten von ihrer Gewerkschaft klare und überzeugende politische Positionen. Die Verwirklichung ist oftmals nur durch die Parlamente möglich. Die sogenannten Volksparteien sehen in den Gewerkschaften grundsätzlich keine Bündnispartner. Deshalb sollte in den Gewerkschaften zukünftig über die Notwendigkeit diskutiert werden, ob nicht ein allgemeinpolitisches Mandat und eine Kompetenzerweiterung angestrebt werden müssen. Wenn alles in die politische Mitte strebt, dann brauchen die Gewerkschaften eine eigene Vertretung in den Parlamenten. Nochmals: Gewerkschaften sind politische Organisationen. Sie sind kein Interessenverband wie viele andere. Man muss sich nur einmal vorstellen, in den vergangenen mehr als 100 Jahren hätte es keine Gewerkschaften gegeben. Historische Errungenschaften garantieren allerdings keine Zukunft. Und die hat längst begonnen.

Franz Kersjes: Zukunftschancen der Gewerkschaften, 2002, Zugriff am 05.12.2009 unter: http://www.weltderarbeit.de/

1. **Beziehen Sie zu den Aussagen des Autors in M 1 kritisch Stellung.**
2. **Entwerfen Sie eine Rede, mit der Sie junge Menschen für die Gewerkschaft gewinnen wollen.**

Teilhabe durch den Tarifvertrag

M 2

Das zentrale Ziel der Gewerkschaften ist die Verbesserung der Arbeitsbedingungen ihrer Mitglieder (Lohnhöhe, Arbeitszeit usw.). Ihr wichtigstes Druckmittel ist der Streik. Damit entscheidet die Zahl der Mitglieder über die Kampfkraft. In der Regel einigt sie sich mit den Arbeitgebern kampflos. In zähen Verhandlungen schließen sie eine Vereinbarung (**Tarifvertrag**), die die Arbeitsbedingungen der Gewerkschaftsmitglieder einer bestimmten Branche in einem bestimmten Gebiet verbessern (Flächentarifvertrag). Als Gegenleistung erhalten die Arbeitgeber von der Gewerkschaft die Zusage, für einen bestimmten Zeitraum nicht zu streiken (**Friedenspflicht**). Die Tarifergebnisse werden zumeist auch auf die Beschäftigten übertragen, die nicht in der Gewerkschaft sind.

M 3 Die Gewerkschaften, so wie wir sie kannten, sind verstorben

Die Schutzmacht der kleinen Leute gibt es heute nicht mehr, weil denen, die sich heute Gewerkschaft nennen, die Macht fehlt, um anderen Schutz zu bieten. In Wahrheit sind die Nachlassverwalter selbst schutzbedürftig. Als Prellbock gegen Unternehmerwillkür haben die Gewerkschaften sich selbst einst bezeichnet, sie waren die Lohnmaschine, zuweilen auch die gesellschaftspolitische Gegenmacht. Heute sind diese Gewerkschaften Teil der Geschichte. Das Entstehen eines weltweiten Arbeitsmarkts, das Hinzutreten von 1,2 Milliarden neuen Beschäftigten und die Bereitschaft von weiteren Millionen Menschen, koste es, was es wolle, zu arbeiten, hat die Makler der Ware Arbeitskraft ihrer einst mächtigen Position beraubt. Die Gewerkschaften ... verfügten jahrzehntelang über eine Kostbarkeit sondergleichen; der gut ausgebildete Industriearbeiter war durch nichts zu ersetzen. ... Es war den Maklern der Gewerkschaft ein Leichtes, den Unternehmern immer neue Lohnprozente abzujagen. Die Fabrikbesitzer hatten keine andere Wahl, als bei den Gewerkschaften einzukaufen, denn es gab den nationalen und bestenfalls noch den westlichen Arbeitsmarkt, aber keinen Weltarbeitsmarkt mit dieser einzigartigen Angebotsfülle. Die Arbeit war nach den beiden Weltkriegen knapp und für dieses knappe Gut besaßen die Gewerkschaften praktisch ein Monopol. Sie nutzten es nach Kräften. ... Die Arbeitszeit schmolz, die Löhne stiegen. ... Dieses Spiel ist vorbei. Seit Längerem läuft dieser Erfolgsfilm rückwärts: Die Arbeitszeit steigt, die Löhne stagnieren oder schmelzen. ... Seit zehn Jahren verlassen pro Jahr im Schnitt 250.000 Menschen die Gewerkschaften des DGB, was jedes Mal fast einer halben Volkspartei entspricht. Ein Viertel aller Mitglieder des DGB ist schon weg. Die Selbstauflösung hat damit begonnen. Die verbliebenen Mitglieder sind nicht mehr das, was man eine starke Truppe nennt. Die Jüngeren fehlen fast völlig; über ein Viertel sind Rentner oder Arbeitslose, was der Statistik gut tut, nicht aber der Kampfeskraft. Rentner und Arbeitslose können schimpfen, aber nicht streiken.

Steingart, Gabor: Tragödie der Gewerkschaften. Der Erfolgsfilm läuft rückwärts, in: SPIEGEL ONLINE, veröff. am 15.09.2006 unter: http://www.spiegel.de/wirtschaft/0,1518,436480,00.html

1. **Erläutern Sie die These, wonach die Zeit der Gewerkschaften vorbei sei.**
2. **Als Folge der Weltwirtschaftskrise 2008 wird von einer Wiedererstarkung der Gewerkschaften gesprochen. Beziehen Sie zu dieser These Stellung.**

Teilhabe durch den Betriebsrat

Die Demokratie soll vor den Toren der Betriebe nicht enden. Deshalb besitzt die Belegschaft das Recht, in die betrieblichen Entscheidungen eingebunden zu werden (**Betriebsverfassungsgesetz**). Dazu wählt sie eine Interessenvertretung (**Betriebsrat**), die sie gegenüber der Geschäftsleitung vertritt. Der Einfluss reicht vom **Recht auf Unterrichtung** in wirtschaftlichen Angelegenheiten (z. B. Betriebsverlagerungen) über **Zustimmungsrechte** in personellen Angelegenheit (z. B. Versetzung) bis zur **gleichberechtigten Mitbestimmung** in sozialen Angelegenheit (z. B. Urlaubsplan). Die Absprachen werden in **Betriebsvereinbarungen** festgehalten und sind rechtsverbindlich. Die Krisenzeit der vergangenen Jahre hat die Rolle der Betriebsräte erheblich gestärkt: Die in Not geratenen Unternehmen sind auf Zugeständnisse und Ideen der Belegschaft angewiesen und suchen deshalb die Kooperation mit deren Interessenvertretung (vgl. S. 160).

M 4

Sakurai, Heiko, 20.01.2004

M 5

Der Betriebsrat als Co-Manager

[Die IG Metall] erhofft sich wieder mehr Ansehen – und Mitglieder – in den Betrieben, wenn die Betriebsräte und gewerkschaftlichen Vertrauensleuten dort mehr Macht haben. „Der Betriebsrat muss der Geschäftsführung nicht glauben, wenn die erklärt, dem Unternehmen gehe es schlecht", so [der Politikwissenschaftler] Esser. „Er hat Einsicht in die konkreten Zahlen und soll dann auch Sondervereinbarungen treffen können." Die Gewerkschaft halte sich im Hintergrund und sorge „nur dafür, dass alles im Rahmen bleibt". Dieser Strategiewechsel verändert auch die Rolle der Betriebsräte. ... Bei dem Industriepumpenhersteller Sihi in Itzehoe haben Betriebsrat und Gewerkschaft dieses Ziel ... erreicht. Mit der Drohung, die Arbeit niederzulegen, verhinderten sie eine Betriebsverlagerung nach China und überzeugten die Geschäftsführung von einem „Innovationsprogramm für Kosteneinsparungen und Prozessoptimierung". Abgesichert durch eine Standortgarantie – niemand musste befürchten, sich selbst wegzurationalisieren –, entwickelte die gesamte Belegschaft in Zusammenarbeit mit dem Management Vorschläge für Produkte, Arbeitsprozesse und sogar Unternehmenskultur. Entschieden wurde in der Geschäftsführung unter Beteiligung des Betriebsrats und der Gewerkschaft.

Willms, Beate: Arbeiter als Kapitalisten, in: taz.de, Zugriff am 05.12.2009 unter: http://www.taz.de/1/zukunft/wirtschaft/artikel/1/arbeiter-als-kapitalisten/

1. **Beurteilen Sie die Rechte des Betriebsrats vor dem Hintergrund des Demokratiegebots des Grundgesetzes.**
2. **Diskutieren Sie die Forderung, den unternehmensübergreifenden Flächentarifvertrag durch einen betriebsbezogenen zu ersetzen.**

Teilhabe durch Mitbestimmung im Aufsichtsrat

Die Industrialisierung führt zu einem hohen Kapitalbedarf bei den Unternehmen. Über Kapitalgesellschaften wird deshalb das Eigenkapital in Anteilscheine zerlegt und zum Kauf angeboten. Die wichtigste Form ist die **Aktiengesellschaft** (AG), deren Anteilscheine (**Aktien**) an der Börse frei gehandelt werden. Die wesentlichen Entscheidungen des Unternehmens trifft der Vorstand. Er wird vom Aufsichtsrat gewählt und kontrolliert. Seine Mitglieder werden wiederum von den Anteilseignern in der Hauptversammlung bestimmt. Da neben den Anteilseignern auch die Belegschaft von den Entscheidungen des Vorstands betroffen ist, stellen sie in großen Unternehmen (2 000 Beschäftigte) die Hälfte der Mitglieder im Aufsichtsrat. Die Gleichberechtigung (**Parität**) ist jedoch nach Auffassung der Gewerkschaften nur formal, da die Kapitalvertreter bei Stimmengleichheit eine zusätzliche Stimme besitzen und die leitenden Angestellten der Arbeitnehmerseite zugeschlagen werden. Seit ihrer Einführung steht die Mitbestimmung in der Kritik. Vor allem von Unternehmerseite wird sie als Kostenfaktor und Hemmschuh bei der Entscheidungsfindung gesehen. Mit der Wirtschaftskrise 2008 hat sich das Bild etwas geändert.

M 6

IG-Metall-Chef Berthold Huber: „Arbeitnehmer sind die besseren Aktionäre"

Wir wollen die Möglichkeiten der Mitwirkung der Belegschaften erweitern, die sollen etwas zu sagen haben in den Unternehmen. ... Beschäftigte sind gute Aktionäre, interessiert am langfristigen Erfolg der Unternehmen. Wenn es einen stabilen Anker gibt, dann sind es die Beschäftigten. In der Krise bringen die Arbeitnehmer Opfer, nehmen Lasten ab. Dafür verlangen sie nun eine Gegenleistung. ... Wir haben das Unternehmen geschützt. Dafür hat die Belegschaft jetzt den Anspruch darauf, dass die Arbeitsplätze gesichert werden und sie am Unternehmen beteiligt wird. ... Es geht nicht abstrakt um Macht. Unser Antrieb ist die Stabilisierung der Arbeitsplätze. ... Die Anteile könnten in Stiftungen gebündelt werden oder in Beteiligungsgesellschaften, die dann Ansprüche formulieren, wie jeder andere Investor das auch tut. ... Wir brauchen ein Gegengewicht gegen den Angriff der angelsächsischen Investoren auf deutsche Unternehmen. Wir haben oft genug erlebt, dass [sie] Unternehmen ausgenommen haben, große Opfer von der Belegschaft gefordert haben, ohne dafür eine Gegenleistung zu bieten. Da haben wir gesagt: So nicht. Wir müssen uns eine ganz neue Handhabe überlegen, wie wir mit dieser Situation umgehen. Eines der großen Probleme ist die dünne Eigenkapitaldecke, da können Arbeitnehmer helfen, wenn sie als Eigentümer beteiligt werden: Arbeitnehmer bieten geduldiges Kapital, verfolgen ein anderes Modell als der nackte Shareholder-Value-Kapitalismus. ... Wir reden von einer Beteiligung der Mitarbeiter von vielleicht fünf Prozent! ... Unser Ziel als Ankerinvestor ist ein Wechsel in ökologische Themen, die Verteidigung der technologischen Spitzenposition in Deutschland. Und wir wollen, dass die Leute fair beteiligt werden.

Interview mit IG-Metall-Chef Berthold Huber, in: Frankfurter Allgemeine Zeitung, 23.08.2009, Zugriff am 10.12.2009 unter: http://www.faz.net/s/RubD16E1F55D21144C4AE3F9DDF52B6E1D9/Doc~E36D460FEA22D4C708F8DB45D2548E016~ATpl~Ecommon~Scontent.html

M 7

Hans Böckler Stiftung (Hrsg.): Corporate Governance made in Germany: Mitbestimmung als Standortvorteil, in: Böcklerimpuls 2/2005, Zugriff am 11.12.2009 unter: http://www.boeckler.de/pdf/impuls_2005_02_corp_gov.pdf

1. **Erläutern Sie die Vor- und Nachteile einer gleichberechtigten Mitbestimmung im Aufsichtsrat von Kapitalgesellschaften.**
2. **Diskutieren Sie den Vorschlag, auch Verbraucherschützer in den Aufsichtsrat von Unternehmen einzubinden.**

Zusammenfassung

Die Idee des Sozialstaats, Menschen durch solidarische Hilfe vor sozialen Notlagen zu schützen und ihnen durch Schutz- und Mitbestimmungsrechte eine gleichberechtigte Teilhabe am gesellschaftlichen Leben zu ermöglichen, prägt Europa seit der Industrialisierung. Im Spannungsfeld zwischen der kommunistischen Rundumversorgung der Bürger durch den Staat und dem Primat der Eigenverantwortung im marktradikalen Konzept hat sich ein sozialpolitisches Konzept herausgebildet, das die marktwirtschaftliche Eigenverantwortung mit dem Anspruch auf staatliche Hilfe verbindet. Unter dem Druck der Globalisierung kommt jedoch das europäische Sozialstaatsmodell zur Jahrtausendwende in finanzielle Schwierigkeiten. Hierbei bilden sich zwei Denkrichtungen heraus, um die Probleme zu überwinden. Die eine geht von der Überzeugung aus, dass die Kosten des Sozialstaats reduziert werden müssen. Nur so bleibt der Standort Europa konkurrenzfähig und kann durch den Verkauf seiner Waren die notwendigen Sozialleistungen finanzieren. Ergänzt wird diese Strategie durch den Gedanken des „aktivierenden Sozialstaats“. Er beruht auf der Vorstellung, dass ein Übermaß an kollektiven Leistungen den Menschen an der Entfaltung seiner eigenen Kräfte behindert und so seine Selbstentfaltung blockiert. Gegen dieses oft als „neoliberal“ titulierte Konzept wird vorgebracht, dass gerade durch die Kürzung sozialer Leistungen die Arbeitslosigkeit erhöht wird, weil dies die Binnennachfrage und damit die Absatzchancen schmälert. Zudem unterschätzt diese Denkrichtung die produktivitätssteigernde Wirkung des sozialen Friedens und überschätzt die Selbsthilfekraft der Betroffenen. Mit Beginn der Weltwirtschaftskrise ist das Thema soziale Sicherheit wieder stärker ins politische Blickfeld geraten. Es zeigt sich, dass die sozialen Schichten nicht mehr wie in der Nachkriegszeit verschmelzen, sondern eher auseinandertreiben: Wachsende Armut steht wachsendem Reichtum gegenüber – eine Herausforderung für die Gesellschaft.

Zusammenfassende Lernaufgaben

Erkennen

1. Grenzen Sie die einzelnen Wirtschaftssysteme voneinander ab.
2. Zählen Sie die wichtigsten Sozialleistungen in Deutschland auf.
3. Stellen Sie die Mitbestimmung in Deutschland dar.
4. Erläutern Sie das Gesundheitswesen in den USA.

Werten

1. Beurteilen Sie das Konzept „aktivierender Sozialstaat“ vom Standpunkt des Grundgesetzes.
2. Erörtern Sie die Gefahren, die mit der einer wachsenden Spaltung der Einkommen verbunden sein können.
3. Bewerten Sie die gesellschaftliche Rolle der Gewerkschaften.
4. Diskutieren Sie die Vor- und Nachteile steuerfinanzierter Krankenversicherungen.

Anwenden

1. Erstellen Sie eine Tabelle mit allen Gütern und Dienstleistungen, die Sie dem soziokulturellen Existenzminimum zuordnen.
2. Entwerfen Sie ein Programm zur Armutsbekämpfung.
3. Erstellen Sie ein Fähigkeitsprofil für Betriebsräte.
4. Entwerfen Sie ein Rede, mit der Sie ausländische Investoren von den Vorteilen der deutschen Mitbestimmung überzeugen wollen.

Sachwortverzeichnis

Bildquellenverzeichnis

akg-images, Berlin: 135, 136
Hans-Böckler-Stiftung, Düsseldorf: 170, 185
AOK-Mediendienst, Berlin: 71 links oben
Bergmoser + Höller Verlag AG, Aachen: 44, 45
Bundesagentur für Arbeit, Nürnberg: 143, 145
Bundesinstitut für Bevölkerungsforschung, Wiesbaden: 102
Deutsche Stiftung Weltbevölkerung, Hannover: 72 oben, 97 (2x)
Deutscher Bundestag: 7 unten, 27 (Lichtblick/Achim Melde), 56 (Lichtblick/Achim Melde)
Deutsches Institut für Wirtschaftsforschung, Berlin: 172
Fotolia: 8 (drx), 141 unten, (Small Town Studio), 149 unten (Rainer Plendl)
imu-Infografik, Duisburg: 83 unten, 89, 101, 144 unten, 154 unten
Institut für Arbeitsmarkt- und Berufsforschung der Bundesagentur für Arbeit, Nürnberg: 96, 156
Institut für Demoskopie Allensbach, Allensbach: 129
MEV Verlag, Augsburg: 71 rechts oben
picture-alliance/akg-images: 7 oben (2x), 9, 10 (2x), 11, 13, 28, 34, 37, 141 oben, 163 oben
picture-alliance/dpa: 32, 62, 68, 163 unten
picture-alliance/dpa-infografik: 79, 80, 92, 104 oben, 119 unten, 130, 137, 138, 146, 148, 167 unten
picture-alliance/dpa/dpaweb: 72 unten
picture-alliance/imagestate/HIP: 36
picture-alliance/ZB: 73
Project Photos GmbH & Co. KG, Augsburg: 72 Mitte
Robert Bosch GmbH, Gerlingen: 71 unten, 141 Mitte
Sachverständigenrat, Wiesbaden: 154 oben
Sozialbericht der Bundesregierung 2009: 168, 169
Statistisches Bundesamt, Wiesbaden: 75, 77, 104 unten, 105, 144 oben (DESTATIS)
Süddeutsche Zeitung Photo, München: 58 (AP)
TNS Infratest Sozialforschung GmbH, München: 158, 159
Universität Duisburg-Essen (www.sozialpolitik-aktuell.de): 95, 149 oben, 179 (2x)
Frans Jozef Valenta: 76

Zeichnungen/Karikaturen:

Michael Abel: 112
Bildungsverlag EINS/Hans Hermann-Kropf, TGA: 82
Bildungsverlag EINS/Lene Ruppert: 20
Kostas Koufogiorgos: 167 oben, 182
Gerhard Mester: 65, 109 (2x)
Burkhard Mohr: 83 oben
Felix Mussil: 54
Erich Paulmichl: 165
Marco Ratschiller/karmacartoons.com: 119 oben
Thomas Plaßmann: 175
Heiko Sakurai: 147 oben, 151, 183
Karl-Heinz Schoenfeld: 123
Klaus Stuttmann: 84, 115, 176